KB200125

세상을 구원하는
예수의 사랑법

한 번에
한 사람

한 번에 한 사람

지은이 | 카일 아이들먼
옮긴이 | 정성묵
초판 발행 | 2022. 2. 16
4쇄 발행 | 2022. 9. 20
등록번호 | 제1988-000080호
등록된 곳 | 서울특별시 용산구 서빙고로65길 38
발행처 | 사단법인 두란노서원
영업부 | 2078-3333 FAX | 080-749-3705
출판부 | 2078-3332

책값은 뒤표지에 있습니다.
ISBN 978-89-531-4132-2 03230

독자의 의견을 기다립니다.
tpress@duranno.com www.duranno.com

두란노서원은 바울 사도가 3차 전도 여행 때 에베소에서 성령 받은 제자들을 따로 세워 하나님의 말씀으로 양육
하던 장소입니다. 사도행전 19장 8-20절의 정신에 따라 첫째 목회자를 돕는 사역과 평신도를 훈련시키는 사역,
둘째 세계선교™와 문서선교단행본 · 잡지 사역, 셋째 예수문화 및 경배와 찬양 사역, 그리고 가정 · 상담 사역 등을 감
당하고 있습니다. 1980년 12월 22일에 창립된 두란노서원은 주님 오실 때까지 이 사역들을 계속할 것입니다.

한 번에   한 사람

카일 아이들먼 지음
Kyle Idleman

세상을 구원하는

예수의 사랑법

at a time

두란노

세계에서 제일 큰 교회가 한국에 있는데 왜 그리스도인은 점점 줄어드는가?
카일 아이들먼이 분명한 이유를 알려 준다. 우리가 '예수님이 사랑하신 것같이'
이웃을 사랑하지 않기 때문이다. 연민은 느끼지만 그러고 나서 행동은 하지
않기 때문이다. 우리가 당장 '한 번에 한 사람씩' 사랑하기로 결단한다면
교회는 비어도 모든 이웃은 예수님을 알게 될 것이다. 그것이야말로 진정한
부흥이 아닌가?

조정민 / 베이직교회 담임목사

'세상에 선한 영향력을 끼치고 싶다'는 소망을 품어 본 적이 있을 것이다.
하지만 그 이미지는 세상이 심어 놓은 기준으로 얼룩지기 쉽다. 거창한 그림을
꿈꾸면서 정작 일상에서 작은 것 하나 행동으로 옮기지 못하는 우리에게 이
책은 예수님이 온 세상을 어떻게 생명으로 물들이셨는지를 생생하게 보여
준다. 오늘도 온 힘을 다해 우리에게 집중해 주시는 예수님처럼 우리도 눈앞에
있는 한 사람에게 귀를 기울이는 훈련이 필요하다. 우리가 한 사람을 대하는
태도에서 이 시대의 회복의 역사가 시작된다.

이찬수 / 분당우리교회 담임목사

카일 아이들먼 목사의 책은 그리스도인으로서 우리가 놓치고 있는 것이 무엇인지 깨닫게 해 준다. 특별히 이 책은 무리 속에 계셨던 예수님이 어떻게 '한 사람'을 사랑하셨는가를 조명한다. 우리는 선교적 사명을 기억하며 선한 영향력을 전하고자 하지만, 다수의 관계로 인해 마치 군중 속에서 방향을 잃듯 아무것도 하지 못할 때가 있다. 그럴 때 이 책이 올바른 방향을 잡는 데 도움을 줄 것이다.

김병삼 / 만나교회 담임목사

세상에서 소금과 빛이 된다는 것은 사실상 본능을 거스르는 충격적인 일이다. 근사한 SNS 글 하나로 세상을 바꾸고 싶어 하는 이 시대 사람들에게 이 책은 '뼈아픈 권리 포기'만이 세상을 바꾸는 힘이 있다고 역설한다. 지금 내 눈앞에 있는 한 사람을 지나치지 않고 주목하고 사랑해 주는 것이야말로 '예수 복음'이 복음다워지는 순간이다. 이 책을 읽는 이마다 한 번에 한 사람에게 예수의 생명을 흘려보내는 복음 인플루언서로 거듭나기를 축복한다. 그분을 따르는 길은 치열하나 언제나 생명과 기쁨이 넘친다.

이재훈 / 온누리교회 담임목사

카일 아이들먼은 참 변함이 없는 사람이다. 늘 성경을 사랑하고, 사람들을
사랑하고, 사람들에게 성경을 가르치기를 사모한다. 이 책을 읽는 사람마다
격려와 도전을 받고 더 나은 삶을 살게 될 것이다.

맥스 루케이도 / 《믿음 연습》 저자

카일 아이들먼이 또다시 멋진 책을 써 냈다. 주변의 반짝거리는 것들에 한눈을
팔지 않고 지금 내 앞에 있는 한 사람에게 다가가 진정으로 관심을 쏟는 일이
얼마나 큰일인지 다시금 일깨워 주는 책이다. 더 많은 사람에게 영향을 미칠
새로운 셈법을 제시하는 게 아니라, 예수님이 온 세상을 변화시키기 위해
사용하셨던 옛 셈법을 기억나게 해 준다.

밥 고프 / 《모두를, 언제나》 저자

우리는 그리스도인으로서 의미 있는 삶을 살기를 원한다. 그런데 자칫 우리
노력의 가치를 숫자로 평가하기가 쉽다. 하지만 예수님은 늘 한 번에 한
사람에게 온 신경을 집중하셨다. 진정으로 그리스도의 충성스러운 제자가
되기를 원한다면 그분의 본을 따라야 한다. 이 책에서 카일 아이들먼은 진정한
인플루언서로서의 우리 자신을 보게 해 주며, 한 번에 한 사람씩 온 세상을
바꿔 나갈 방법을 알려 준다.

크레이그 그로쉘 / 라이프처치(Life Church) 목사

카일 아이들먼의 친절과 섬김은 볼 때마다 놀라웠다. 이 책을 읽고서
비로소 그 비결이 무엇인지 분명히 알았다. 알고 보니 그는 단지 예수님을
따른 것이었을 뿐이다. 이제부터 당신이 읽을 책 안에 담긴 진리들은
혁명적이면서도 단순하다. 이 책은 한 번에 한 사람씩 그리스도인들을 바꾸어
나갈 것이다.

조나단 포클루다 / 해리스크릭교회(Harris Creek Baptist Church) 목사

이 책은 예수님의 손발들, 곧 그분의 제자들을 위해 쓴 아주 개인적인 책이다.
우리는 나누고 섬기고 희생하는 일로 부름받았다. 또한 우리는 다른 사람들을
돌보도록 기름 부음과 능력을 받았다. 이 격려의 글에서 카일 아이들먼은
철저하게 현실적이다. 우리가 모든 사람에게 모든 것을 해 줄 수는 없다.
하지만 한 번에 한 사람에게 다가갈 수는 있다. 이 책에 그 비결이 담겨 있다.

마크 배터슨 / 내셔널커뮤니티교회(National Community Church) **담임목사**

카일 아이들먼은 우리 시대 신앙을 위한 참신하면서도 힘 있는 목소리를
가졌다. 이 책은 어떻게 세상을 바꾸고, 어떻게 세상에 의미 있는 영향을 줄지
그 길을 보여 준다.

저드 윌하이트 / 센트럴교회(Central Church) **담임목사**

당신의 삶으로 세상에 큰 영향을 미치고 싶은가? 그렇다면 작은 영향을
미치려는 노력에서 시작하라! 하나님이 당신을 통해 얻으시려는 한 사람에게
모든 관심과 활동을 집중하고서 어떤 일이 일어나는지 보라. 모든 부흥은
한 번에 한 개인에게서 시작된다. 이 실천적이고도 흥미로운 안내서에서 내
친구 카일 아이들먼은 우리에게 예수님이 개척하신 길을 따르라고 강권하고
구체적인 방법을 알려 준다. 대단한 모험이 당신을 기다린다. 절대 놓치지 말라!

리 스트로벨 /《예수는 역사다》 저자

'한 번에 한 사람'은 예수님의 방식이다. 따라서 이는 우리도 실천해야 하는 길이다. 카일 아이들먼은 성경과 현대의 실제 삶에서 건진 설득력 있는 이야기들로 이 매력적인 통찰을 나눈다. 의심이 많은 사람을 제자로 훈련시키든, 원치 않게 태어난 아이를 구하든, 가난한 이웃을 돌보든, 우리는 한 번에 한 사람에게 그 일을 해낼 수 있다. 이 책을 읽고서 예수님의 이름으로 한 번에 한 명씩 다른 사람들을 섬기라.

로널드 워렌 / 케어네트(Care Net) 회장 겸 CEO

몇 년 전, 루이빌에서 한 행사를 마치고 무대 뒤편에 혼자 앉아 상념에 잠겨 있었다. 당시 나는 투병을 하다 회복세로 들어선 지 얼마 안 된 때였는데, 카일 아이들먼이 다가와 몸은 좀 어떤지, 가족들은 잘 지내는지 물어 주었다. 그렇게 시작한 대화는 30여 분 정도 이어졌다. 짧다면 짧은 그 대화로 나는 큰 힘을 얻었다. 그 만남을 한 번도 잊은 적이 없다. 그의 새 책을 읽으면서 이 책을 쓰기도 전에 이미 그가 '한 번에 한 사람'의 길을 걸어 왔다는 것을 알았다. 그날 무대 뒤편에서의 그 순간, 나는 그에게 선한 영향을 받은 한 사람이었다. 내가 바로 그 한 사람이었다.

루크 스몰본 / CCM 그룹 포 킹 앤 컨트리(For King & Country)

이 책은 영향력으로 가는 독특한 로드맵이다. 이 책은 무리 속에서 무리가 아닌 한 사람을 보는 예수님의 본을 따라 변화된 한 교회와 한 목사가 들려주는 간증이다. 영향력을 발휘하고 싶은가? 이 책에 답이 있다.

마크 E. 무어 / 밸리 그리스도교회(Christ's Church of the Valley) 교육 목사

크리스티나와 카완다에게 이 책을 바친다.

이들은 나를 몰랐지만

예수님을 알고, 한 번에 한 사람씩 사랑했다.

그러던 어느 날, 정확한 때에

이들이 사랑해 주었던 한 사람이

내게 아주 중요한 사람이 되었다.

한 번에 한 사람씩 사람들을 사랑한 이들에게

고마움을 전한다.

/ Contents /

사랑하는 삶을
잃어버리면

아무 영향력이 없다
우리가 외치는 복음도

한 번에
한 사람씩

물들이다

생명으로

프
롤
로
그

이 시대가
암묵적으로 동의하는
'영향력'의 척도들

나는 지금껏, 영향력 없는 존재가 되고 싶다는 사람을 본 적이 없다. '나중에 어른이 되면 아침에 억지로 눈을 떠서 억지로 출근하고 억지로 일하다가 퇴근해서 집에 오면 넷플릭스를 보거나 SNS나 하는 다람쥐 쳇바퀴 같은 삶을 마지막 숨을 거두는 순간까지 반복해야지!' 하는 꿈을 꾸면서 자라나는 사람은 아무도 없다. 누구나 세상을 변화시키는 일에 자신이 크게 쓰이기를 갈망한다.

어느 누군들 자리만 차지하고서 아무 쓸모 없는 사람으로 허송세월하며 살고 싶겠는가? 우리는 평생을 드라마만 줄창 몰아 보거나, 게임만 한다거나, 그저 파묻혀 책만 읽는 인생에 머물고 싶지 않다. 다들 어떻게든 세상을 더 좋게 바꾸는 주역이 되고 싶어 한다. 당신이 이 책을 집어 든 것도 자신보다 큰 무언가에 참여하고 싶었기 때문이리라.

하지만 실제로 대부분의 사람들이 일상의 굴레에 갇힌 채로 살아간다. 그렇게 하루, 한 달, 1년이 간다. 그리고 해가 바뀔 때마다 답답함은 증폭한다. '도대체 뭐 하며 살고 있는 거지?' 내가 아는 모든 사람이 세상에 변화를 가져오는 중요한 존재가 되고픈 모종의 바람을 품고 산다.

그런데 가만 보아 하니 오늘날 대부분의 사람들이 사람의 영향력을 판단하는 척도는 '얼마나 많이'다. 친구, 팔로워, '좋아요', SNS 댓글이 얼마나 많은지가 '인플루언서'(influencer) 즉 영향력 있는 사람인지를 결정한다. 세상은 그렇게 돈이나 권력이 얼마나 많은지를 보고 사람의 영향력을 판단한다.

저마다 세상에 무언가 큰 영향을 미치기를 원하는데, 그렇게 하기 위한 방법은 수만 가지다. 영향력 있는 삶을 사는 법을 알려 준다는 콘텐츠가 너무 많아서 혼란스러울 지경이다. 누구 못지않게 나도 많은 책을 읽고 논문들을 조사하고 팟캐스트를 듣고 강연회를 쫓아다녔다. 비결을 알아내기 위해 펜과 노트를 꺼내 놓고 영향력 있는 인물들의 전기를 철저히 연구하기도 했다. '그들의 일과는 어땠을까? 어떤 습관을 갖고 있었을까? 도대체 비결이 무엇일까?'

더 큰 영향력을 갖추도록 도와주는 유익한 콘텐츠가 전에 없이 많아졌지만, 영향력이라고는 눈곱만큼도 없어 보이는 자신의 삶에 깊은 자괴감을 느끼는 사람 역시 전에 없이 많아졌다.

어쩌면 영향력을 발휘하는 또 다른 길이 있는데 우리가 그것을 놓치고 있는 것은 아닐까? 내가 이 책을 쓴 것은 예수님의 생애를 연구하다가 뜻밖의 무언가를 발견했기 때문이다. 누가 뭐래도 예수님은 인류 역사를 통틀어 세상에 가장 큰 변혁을 일으키신 분이다. 그런데 그 영향력이 놀라운 것은 그분이 세상에서 제시하는 공식 같은 것을 전혀 따르시지 않았기 때문이다.

그분은 가난한 집안에서 태어나 삶의 대부분을 목수 일을 하며 보내셨다. 작은 고향 마을과 그 인근에서만 머무셨고, 큰물로 나가 보신 적도 없었다. 대학에 다니신 적도, 공직에 선출되신 적도 없었다. 이력서에 자랑스럽게 기입할 만한 사회적 직함을 가지신 적도 없었다. 예수님에게는 수만 명의 페이스북 친구나 인스타그램 팔로워도 없었다. 예수님은 인기 틱톡커도 아니셨다. 유튜브 채널조차 없었다. 트위터도 팟캐스트도 하시지 않았다. 그렇다면 예수님은 어떻게 이 세상에서 그토록 큰 영향력을 발휘하셨을까?

복음서들에 기록된 예수님의 생애를 연구해 보면 우리가 강조할 만한 여러 답을 찾을 수 있는데, 그중에서도 예수님이 그토록 엄청난 영향력을 발휘하신 이유를 잘 담아낸 하나의 특별한 개념이 있다. 바로 '한 번에 한 사람'(One at a Time)이다. 나는 예수님이 우리도 이 방법으로 세상을 바꾸어 나가기를 바라신다고 믿는다.

'한 번에 한 사람'이라는 이 여행을 시작하기 전에 지금까지 당신에게 가장 큰 영향을 준 소통의 순간들을 잠시 돌아보기 바란다. 무대에서 들려온 이야기였는가, 단둘이 앉은 테이블에서 나눈 이야기였는가? 팟캐스트에서 흘러나온 이야기였는가, 누군가와 커피 한잔을 앞에 놓고 오간 이야기였는가? 어떤 식의 소통은 그릇되고 다른 식 소통은 옳다는 말을 하려는 것이 아니다. 하나님이 이 두 가지 중에 하나만 사용하신다는 말을 하려는 것이 아니다. 단지 우리가 세상을 너무 복잡하게 보고 있는 것은 아닌가 하는 생각이 든다. 우리가 영향력에 관한 세상의 소리에 귀를 닫고, 우리를 쓰시는 하나님의 뜻밖의 방식에 관심을 갖기 시작한다면?

지금 당신이 어디에 있고 무슨 일을 하는지 나는 모른다. 사업가인가? 아니면 전업주부? 목사? 지역사회 리더? 할아버지? 룸메이트나 학우, 팀원, 형제, 이웃, 감독? 어떤 자리에 있든 상관없다. 당신이 지금 어느 자리에 있든 하나님이 당신을 쓰시려 거기 놓으셨다는 사실을 깨닫기를 바란다.

영향력은 입소문을 탄 블로그나 건물에 붙은 이름에 따라 결정되지 않는다. 중요한 것은 팔로워나 팬의 숫자가 아니다. 영향력은 은행 잔고나 인맥에 따라 결정되지 않는다.

영향력을 발휘하고 싶은가? 그렇다면 한 사람에게 집중하라. 바로 이것이 예수님의 비결이다. 한 번에 한 사람.

사랑하는 삶을
잃어버리면

Part 1

인류 최고의 인플루언서, 예수를 생각하다

우리가 외치는 복음도

아무 영향력이 없다

1
오늘도
수많은 인생을
그냥 스쳐 지나갔다

: 성도들이 '군중'으로 느껴지기 시작하다

영화에서 전체 이야기의 흐름이 변하거나 줄거리에 매우 중요한 사실이 드러나는 장면이 보통 어떻게 처리되는지 아는가? 중요한 인물이나 사물이 클로즈업되고 다른 모든 것은 흐릿해진다. 그 순간, 그 인물이나 사물 외에는 아무것도 중요하지 않기 때문이다. 내 인생에도 그런 순간들이 있었다. 그중 한 순간을 소개해 보겠다.

　　그날도 고된 하루를 마치고 퇴근한 나를 아내가 현관에서 맞아 주었다. 아내는 모건(두 살배기 우리 딸)이 자고 있는데 원한다면 가서 깨워도 좋다고 말했다. 나는 그 달콤한 임무를 정말 좋아한다. 한껏 신이 나 들뜬 마음으로 딸아이의 방으로 가 문을 열었는데…… 이럴 수가! 서랍장이 엎어져 방 한가운데 쓰러져 있는 게 아닌가!

　　모건이 그 서랍장 아래에 깔려 있다는 사실을 깨달은 순간 끔찍한 공포가 나를 사로잡았다. 시간이 멈추었다. 내 인생의 다른 모든 것, 다른 모든 관심사나 계획, 목표는 순식간에 흐릿해져 사라졌다. 그 순간, 중요한 것은 오직 우리 딸아이뿐이었다.

　　나는 한 번도 경험한 적이 없던 무언가를 경험했다. 딸의 생명이 위급한 상황에 처하자 내 사랑은 일순간 정신을 차릴 수 없는 극한의 공포로 돌변했다. 미친 듯이 달려가 무거운 소나무 서랍장을 들어올렸다. 그리고 딸을 덮친 서랍들을 집어던졌다. 서랍들을 치우자 그 밑에 깔려 있던 어린 아기의 모습이 드러났다.

나는 아무 움직임 없는 모건의 옆에 털썩 무릎을 꿇고 몸 상태를 살피면서 큰 소리로 아내를 불렀다. 아이의 숨은 붙어 있었지만 의식이 없었다. 몸 전체가 푸르뎅뎅하게 부어올라 있었다. 전혀 다른 사람처럼 보였다.

나는 다급하게 911(경찰·구급차·소방서를 부르는 미국의 긴급 전화 번호-편집자)에 전화를 걸었다. 난생처음 911을 누른 날이다. 아무런 응답이 없었다. 신호음만 계속해서 들렸다. '내가 번호를 잘못 눌렀나?' 끊고 다시 전화를 걸었다. 이번에도 응답이 없었다. "911은 1년 365일 24시간 내내 응답하는 곳 아냐?" 나는 신호음만 들리는 전화기에 대고 소리를 질렀다.

아이를 안고 우리는 차로 달려갔다. 아내와 딸이 뒷자리에 앉자마자 나는 액셀을 끝까지 밟아 병원으로 내달렸다. 중간에 다시 휴대폰을 들어 911에 전화를 걸었다. 여전히 신호음만 들렸다. 도움이 절실했지만 도와줘야 할 사람들은 묵묵부답이었다. 나는 불같이 화를 냈다.

전화기를 조수석에 집어던지면서 수화기 반대편에 있는 사람에게 퍼붓고 싶은 말을 허공을 향해 퍼부었다. "대체 다들 어디 간 거야!"

피하고, 척했다

최근 인터넷에서 "역사상 가장 영향력 있는 사람들"이라는 키워드로 검색을 해 봤더니 마침 〈타임〉(Time)에서 순위를 매긴 목록이 있었다.

1위는 누구일까? 바로 예수님이다.

전혀 놀라운 일이 아니다. 심지어 예수님을 구주로 받아들이지 않는 사람들도 그분이 인류 역사 전체에 영향을 미치며 세상을 크게 바꿔 놓았다는 사실만큼은 부인하지 않는다. 인류 역사 전체가 그리스도의 탄생 이전(B. C.)과 이후(A. D.)로 나뉜다는 사실을 인정하지 않고서는 오늘 날짜를 적을 수도 없다.

인류 역사를 통틀어 세상에 예수님만큼 막강한 영향을 미친 사람이 없다고 인정하는 〈타임〉에 실린 목록을 보면서 혼잣말을 했다. "도대체 어떻게 그렇게 하셨지?"

나는 하루 날을 잡아 이 질문을 염두에 두고서 사복음서를 다시 읽어 보았다. 그러고 나서 내린 결론은 이것이었다.

"한 번에 한 사람."

바로 이것이다. 이것이 예수님의 비결이다. 계속해서 읽어 보면 알겠지만 예수님은 줌렌즈(zoom lens; 초점 거리나 화상의 크기를 연속적으로 바꿀 수 있는 렌즈-편집자)를 갖고 인생을 사셨다. 누군가가 그분 앞에 서면 그분의 시간이 멈추었다. 그분의 삶에서 그 사람 외에 다른 모든 것, 그러니까 그분의 관심사와 계획, 목표는 흐릿해지다 이내 사라졌다. 그 순간 중요한 것은 눈앞에 서 있는 사람뿐이었다. 예수님은 한 번에 한 사람씩 세상을 변화시켜 나가셨다.

총 40년을 살고 그중 20년 동안 목회를 하고 나서, 나는 세상을 변화시키시려는 예수님의 방식이 '사람들과 잘 어울리는 편이 아닌' 나하고는 그리 맞지 않는다는 결론을 내렸다. 오랫동안 나는 내 성격이 원래 그러니 어쩔 수 없다고 생각했다. 예수님과 나는 에니어그램 번호가 다른 것이 분명하다고 생각했다(참고로 예수님은 에니어그램 1번이 아니었다. 완벽한 것과 완벽주의자는 같지 않다).

인간관계에 관한 책을 쓰는 사람들은 대개 인간관계 기술의 달인이다. 그렇다면 나는? 나는 별로 그렇지 못하다. 그렇다고 내 인간관계가 형편없는 것은 아니지만 나는 방에 혼자 앉아 있기를 좋아한다. 혼자 컴퓨터로 작업을 하면서 가끔 혼자 창밖을 내다보고 혼자 커피 마시기를 좋아한다. 혼자 넷플릭스를 시청하며 시간을 허비하는 것도 좋아한다(별로 자랑할 만한 일은 못 되지만 솔직한 것이 인간관계에 도움이 되지 않을까).

그렇다고 내가 너무 심하게 내성적인 사람은 아니다. 오히려 성격 유형 검사를 하면 나는 주로 외향적인 편에 속한다는 결과가 나온다. 나는 사람들을 정말 사랑하고, 다른 사람들과 가까위지기를 정말로 원한다. 단지 내 인간관계 능력이 특별히 뛰어난 편은 아니라고 생각한다. 보스로서의 마이클 스캇(시트콤 〈더 오피스〉 시리즈의 주인공-편집자)처럼, 나는 열심히 노력하지만 겉보기만큼 사람들과 잘 가까워지지를 못한다.

사람들과 잘 가까워지지 못해 늘 힘들었던 나는, 결국 부족한 인간관계 기술을 보완하기 위해 두 갈래 전략을 개발했다.

1. 피하라.
2. 척하라.

사람들과 가까워지려고 노력하다가 어색해지느니 아예 그럴 가능성이 있는 자리에 가지 않으려고 노력했다. 자랑할 거리는 아니지만, 나는 얼굴을 붉히기 쉽다고 판단되는 사람들을 피하는 재주가 있었다. 예를 들어, 사람들이 바글거리는 자리를 지나가야 할 때는 휴대폰을 꺼내 통화하는 척했다. 전화 연결은 되지도 않았는데 유심히 듣는 척 고개를 끄덕이고 주변에 있는 진짜 사람들과는 최대한 눈을 마주치지 않으려 애썼다.

사람들을 피할 수 없을 때는 사람들과 정말 잘 어울리는 성격인 것처럼 가면을 썼다. 내가 곧 연기에 돌입해야 하는 카리스마 넘치는 배우라고 스스로 최면을 걸었다. 뛰어난 인간관계 기술을 지닌 사람들과 친하게 지내면서 그들을 따라하려고 노력했다.

안타깝게도 이 방법은 위선적으로 느껴졌다. 그것은 실제로 위선이었기 때문이다. 나는 내가 아닌 다른 사람인 척하고 있었다. 예수님은 절대 이렇게 하시지 않았을 것이다. 무엇보다도 다른 사람인 척하기는 무척 피곤했다. 매력적인 사람인 척하기는 오래 지속할 수 없었다. 감정적으로 금방 고갈되어, 다가가고 싶은 사람들에게 오히려 짜증을 내기 일쑤였다.

그러다 마침내 일이 벌어졌다. 때는 2003년, 나는 한 대형 교회 목사로 부임했다. 그 교회에서 사역하기 전에는 로스앤젤레스 카운티에서 교회를 개척했는데 그곳에서는 모든 교인들과 잘 알고 지냈다. 그런데 이제 새로운 곳에서 새로운 얼굴에 둘러싸이게 되니 여간 곤혹스럽지 않았다. '모든' 사람에게 한꺼번에 적응하려니 보통 힘든 것이 아니었다. 거대한 군중이 불편하게 느껴졌다.

'군중'(crowds; 무리)은 목사가 교회에 오는 사람들을 지칭하기에 적절한 표현이 아니다. 이는 적신호다. 하지만 당시 내게는 교인들이 군중처럼 느껴졌다. 그냥 모르는 사람들의 집단처럼 느껴졌다. 그리고 또 한 가지, 절대 비밀이니 아무한테도 말하지 말아 달라. 그들에게 '짜증'이 나기 시작했다. 사랑해야 할 사람들이 보기 싫어졌다. 당신이 목사라면 이건 정말 큰 문제다.

내 마음이 무언가 잘못되었다는 것을 알았다. 하나님의 아들딸들을 사랑하고 돌봐 주는 것이 그분의 뜻이라는 것을 잘 알았다. 하지만 나는 일부러 부재중 전화에 답신을 해 주지 않았다. 사람들과 어울리기가 싫을 뿐 아니라 점점 그것에 대해 죄책감과 수치심까지 느끼게 되었다.

어느 날 아침 일찍 교회에 가서 텅 빈 성전에 앉아 이 문제를 놓고 기도했다. 나는 혼자 성전에 앉아 하나님과 이야기하기를 좋아한다. 그날 나는 하나님께 이렇게 고백했다.

"하나님, 사람들을 너무 사랑하지만 어떻게 사랑해 주어야 할지 모르겠습니다."

줌렌즈를 갖고 사신 분

빈 성전에 앉아 그날의 묵상 구절을 폈다. 누가복음 8장 말씀이었다.

"예수께서 돌아오시매 무리〔a crowd; 군중, NIV〕가 환영하니 이는 다 기다렸음이러라"(눅 8:40).

'저런, 그 기분 잘 압니다. 저마다 다른 기대 사항을 품고서 기다리는 군중, 정말 짜증 나죠.'

"이에 회당장인 야이로라 하는 사람이 와서 예수의 발 아래에 엎드려 자기 집에 오시기를 간구하니 이는 자기에게 열두 살

된 외딸이 있어 죽어 감이러라"(눅 8:41-42).

이 아버지는 딸의 문제로 도움이 절실히 필요했다. 그 기분도 잘 안다. 필시 이즈음 그는 생각나는 모든 사람에게 전화를 걸어 도움을 요청했을 것이다. 하지만 아무도 그의 911 긴급 전화에 응답하지 않았다. 그래도 그는 여전히 포기하지 않았다. 왜냐하면 그는 아버지니까.

이 구절을 읽으면서 이 아버지에 대해서 생각하다가 퍼뜩 이런 생각이 들었다. '무리는? 무리는 어떻게 된 것인가?' 이 절박한 아버지 사연을 읽는 동안에는 군중을 거의 잊고 있었다. 물론 군중은 여전히 그곳에 있었다. 예수님은 여전히 무리에 둘러싸여 계셨다. 그런데 야이로가 눈앞으로 걸어오자 그가 이야기의 유일한 초점이 되었다. 예수님의 줌렌즈가 그에게만 초점을 맞추었기 때문이다.

예수님은 야이로를 따라가기로 하셨다. 그런데 계속해서 읽어 보면 "예수께서 가실 때에 무리가 밀려들더라"(눅 8:42)라는 말씀이 이어진다. 그들이 다시 화면에 잡혔다. 무리. 밀려드는 군중을 상상하자니 걱정이 밀려왔다. 수많은 기대 사항을 갖고 있는 수많은 사람들. 하지만 그 인파의 한복판에서 누가는 다음과 같이 말한다.

이에 열두 해를 혈루증으로 앓는 중에 아무에게도 고침을

받지 못하던 여자가 예수의 뒤로 와서 그의 옷 가에 손을 대니
혈루증이 즉시 그쳤더라 예수께서 이르시되 내게 손을 댄 자가
누구냐 하시니 다 아니라 할 때에 베드로가 이르되 주여 무리가
밀려들어 미나이다(눅 8:43-45).

마가도 이 이야기를 전해 주는데, 그의 기록을 보면 제자들
은 믿을 수 없다는 표정으로 물었다. "무리가 에워싸 미는 것을
보시며 누가 내게 손을 대었느냐 물으시나이까"(막 5:31).

사람이 이렇게 많은데 예수님은 어떻게 딱 한 명에게 초점
을 맞추실 수 있었을까?

"예수께서 이르시되 내게 손을 댄 자가 있도다 이는 내게서
능력이 나간 줄 앎이로다 하신대"(눅 8:46).

그렇다. 거리는 군중으로 시끌벅적했다. 하지만 예수님의
초점은 군중이 아니었다. 그 순간 예수님께 중요한 숫자는 '1'이
었다.

이는 휴대폰으로 군중 속에 서 있는 단 한 사람의 사진을 찍
는 것과도 비슷하다. 카메라를 인물 사진 모드로 놓고서 찾는 사
람이 눈에 들어올 때까지 화면을 응시한다. 그런 다음, 줌으로
당겨 초점을 맞춘다. 그 순간, 다른 모든 것은 흐릿해지며 배경
으로 사라진다. 예수님은 무리에 둘러싸일 때마다 한 사람에게
줌인(zoom in; 렌즈의 초점 거리를 조절함으로써 피사체가 프레임에서 커지는

것-편집자)을 하곤 하셨다.

그다음 구절에서 나의 시각이 완전히 달라졌다. 그 구절을 읽는 순간, 바로 그것이야말로 예수님이 발휘하신 엄청난 영향력의 비밀이라는 사실을 알아챘다.

"여자가 스스로 숨기지 못할 줄 알고"(눅 8:47).

이름을 알 수 없는 수많은 인파가 바글거리고 있었다. 그런데도 여자는 예수님이 자신을 알아보실 줄 알았다. 심지어 자신이 예수님의 눈을 피해 숨으려고 해도 숨지 못할 줄 알았다. 밀려드는 무리에 둘러싸여서도 여자는 예수님의 눈이 자신을 그냥 지나치지 않을 것을 알았다. 그 순간, 마치 성경책에서 말씀이 튀어나와 내 뒤통수를 때린 것 같은 충격을 받았다. 단순히 죄를 깨달은 정도가 아니었다. 나는 와르르 무너져 내렸다. 하나님이 내게 말씀하고 계셨다. 누구도 '못 보고 지나가지' 않도록 하라는 하나님의 음성이 들리는 듯했다. 물론 이는 나만이 아니라 예수님을 따르는 모든 이들에게 주시는 말씀이기도 하다.

무리 가운데 우리가 못 보고 지나가도 괜찮은 사람은 한 명도 없다. 실제로 예수님은 무리 속에 있는 모든 사람을 사랑하신다. 하지만 그분이 그 모두를 사랑해 주시는 방식은 '한 번에 한 사람'이다. 그 뒤로 복음서들을 펼 때면 거의 언제나 이 방식이 눈에 들어왔다. 예수님은 언제나 한 번에 한 사람에게 줌인을 하셨다.

예수님이 여리고로 가자 사람들이 그분을 보겠다고 사방에서 몰려왔다. 그 바람에 마치 추수감사절 퍼레이드라도 열린 것처럼 거리는 발 디딜 틈도 없이 북새통을 이루었다. 하지만 예수님은 딱 한 명, 삭개오에게 초점을 맞추셨다(눅 19:1-10 참조). 예수님이 산에서 내려오시자 수많은 무리가 따랐다. 하지만 한 나병 환자가 나타나자 예수님은 줌인을 하셨고 나머지 모든 사람은 스크린 밖으로 사라졌다(마 8:1-4 참조).

한번은 예수님이 "많은 병자, 맹인, 다리 저는 사람, 혈기 마른 사람들이 누워" 있는 곳에 가셨다. 그런데 성경은 그 "많은 병자" 중에서 "거기 서른여덟 해 된 병자가 있더라"라고 말하며 한 사람에게 초점을 맞춘다. 예수님의 모든 관심은 이 한 사람에게 집중되었고, '오직' 이 사람만 기적적으로 치유를 받았다(요 5:2-9 참조).

왜일까? 왜 예수님은 그곳에 모인 모든 아픈 사람을 고쳐 주시지 않았을까? 나도 모른다. 다만 한 가지 확실한 사실은 '한 사람'이 예수님의 방식이라는 것이다. 예수님은 줌렌즈를 갖고 인생을 사셨다. 앞서 한 말을 또다시 하는 것은 이 깨달음이 그야말로 내 인생을 바꿔 놓았기 때문이다. 내 목회 철학이 바뀌었다. 세상에 어떤 유산을 남기고 싶은지에 관한 생각이 바뀌었다. 이 순간, 이 글을 읽는 당신도 변하기를 간절히 소망한다.

누군가가 예수님 앞에 서면 시간이 멈추었다. 그분의 모든 관심사, 계획, 목표까지 그분 삶의 다른 모든 것은 흐릿해져 사라졌다. 그분은 언제나 눈앞에 있는 사람에게 온전히 집중하셨다. '한 번에 한 사람'이 온 세상을 변화시키기 위해 예수님이 택하신 방식이었다.

그날 아침 나는 성전에 앉아 한 가지 기도를 처음으로 드렸고, 그 뒤로 지금까지 매일 그 기도를 드리려고 노력했다.

"예수님, 한 사람을 보는 주님의 눈을 제게 주옵소서. 주님처럼 사람들을 보게 도와주옵소서."

보고 있으나 보지 못하고 있는 것들

심리학을 전공한 사람이라면 '고릴라를 찾아라'(Spot the Gorilla)라는 동영상을 본 적이 있을 것이다. 여섯 사람이 둥그렇게 둘러서 있다. 그중 세 명은 흰 셔츠를 입고 있고 다른 세 명은 검정 셔츠를 입고 있다. 두 사람은 농구공을 들고 있다. 1분짜리 이 동영상을 보며 흰 셔츠를 입은 사람들이 농구공을 몇 번이나 패스하는지 알아맞혀야 한다. 여섯 사람이 움직이며 공을 패스하기 시작한다. 그런데 동영상 중간에 고릴라 한 마리가 여섯 명의 무리 속으로 들어와 카메라를 쳐다보며 가슴을 두드리고 나서 화면 밖으로 사라진다. 이 고릴라는 약 9초 동안 등장했다.

당신은 이 고릴라를 볼 수 있을까? 당연한 것 아닌가? 어떻게 고릴라를 못 볼 수 있는가? 하지만 과연 그럴까? 하버드대학(Harvard University)에서 이 실험을 했더니 무려 '절반'이 고릴라를 보지 못했다. 내가 이미 결과를 알려 주었으니 당신이 직접 실험을 해 보는 것은 무의미하고, 대신 유튜브에서 '고릴라를 찾아라'라는 동영상을 찾아 다른 사람에게 실험해 보라.

하버드 실험 대상자들은 어떻게 고릴라를 놓칠 수가 있었을까? 답은 간단하다. 그것은 고릴라가 그들이 찾는 것이 아니었기 때문이다. 그들의 과제는 흰 셔츠를 입은 사람들을 유심히 지켜보며 그들이 농구공을 패스한 횟수를 세는 것이었다. 이것이 그들이 고릴라를 놓친 이유다. 그들은 무리에게 온통 정신이 팔려 있었다. 그들은 군중이 하는 행동에만 초점을 맞추고 있었다.

'당신'은 무엇을 보는가? 집에서 무엇을 보는가? 운전을 하면서 무엇을 보는가? 일터에서 무엇을 보는가? 동네에서 산책을 할 때 무엇을 보는가? 마트에서 장을 볼 때 무엇을 보는가?

당신은 무엇을 보는가? 아마도 당신이 찾고 있는 것을 볼 것이다. 당신의 눈이 보도록 훈련된 것을 볼 것이다. 누군가가 찾으라고 시킨 것을 볼 것이다. 그러다 당신이 '보지 못하는' 것을 알면 깜짝 놀랄 것이다.

나는 그랬다. 내가 군중에게 정신이 팔려 한 사람을 보지 못할 때가 얼마나 많은지를 깨닫고서 얼마나 큰 충격을 받았는지 모른다.

예수님은 무엇을 보셨는가

복음서들에는 "예수님이 보셨다"라는 표현이 무려 40번이나 나온다. 복음서들에서 인생 변화에 관한 놀라운 이야기는 대개 "예수님이 보셨다"로 시작된다. 예수님처럼 놀라운 이야기를 얻고 싶다면 그분처럼 해야 한다. 그리고 예수님처럼 하는 것은 예수님처럼 보는 것에서 시작된다.

나는 새로운 교회에 부임했을 때 군중을 보고 부담을 느꼈다. 하지만 성경은 이렇게 말한다. "[예수님이] 무리를 보시고 불쌍히 여기시니 이는 그들이 목자 없는 양과 같이 고생하며 기진함이라"(마 9:36). 예수님께 배워야 한다. 하나님과의 관계에 대해서만이 아니라 사람들과의 관계에 대해서 예수님께 배워야 한다. 나는 내가 만나는 사람들을 '인간관계 기술을 발휘하여 내게 푹 빠지게 만들어야 할 대상'으로 보았다. 하지만 예수님은 그분이 만나신 사람들을 '하나님의 자녀'로 보셨다.

아까 이야기가 어디서 중단되었는지 기억하는가? "여자가 스스로 숨기지 못할 줄 알고"(눅 8:47).

그다음 상황은 이렇다. "[여자가] 떨며 나아와 엎드리어 그 손댄 이유와 곧 나은 것을 모든 사람 앞에서 말하니 예수께서 이르시되 딸아 네 믿음이 너를 구원하였으니 평안히 가라 하시더라"(눅 8:47-48).

남성이 모르는 여성에게 말을 걸지 않고, 남편조차 남들 앞에서는 아내에게 말을 하지 않는 당시 유대 사회에서 예수님은 이 여인에게 애정 어린 말을 건네셨다. 하지만 바로 이 말에서 예수님이 이 여인을 어떻게 보시는지를 알 수 있다. 예수님은 그녀를 "딸아" 하고 부르셨다.

이 여인의 처지를 상상해 보라. 그녀는 12년 동안 "혈루증으로 앓는" 중이었다. 용하다는 의원은 죄다 찾아가 치료를 받아봤지만 아무런 소용이 없었다. 그렇게 치료비로 전 재산을 다 쓰고 빈털터리가 되었다. 당시 종교법에 따르면 이 여인은 그 병으로 인해 '불결'해졌다. 이 치명적인 병으로 인해 고통을 겪는 것은 물론이고 성전에서 예배도 드릴 수 없었다. 여인은 마을 사람들에게 외면당했다. 마을 사람들은 그녀를 손가락질하며 욕했다.

"네가 죄가 있어 하나님께서 그런 병을 내리신 거야."

"네가 믿음이 있었다면 나아도 벌써 나았겠지."

혹 이 여인이 결혼해서 자식을 낳았다 해도 자식을 만질 수조차 없고, 또 그들이 만진 것도 만질 수 없었다. 분명 집과 마을을 떠나야 했을 것이다. 그녀의 삶은 12년간 살아 있는 악몽 그 자체였다. 얼마나 비참한 삶이었을지 상상해 보라.

그런 그녀가 당신의 딸이라고 상상해 보라.

앞서 이 장을 시작할 때 나누었던 우리 딸 이야기를 기억하는가? 당시 나는 공포에 질린 채 차로 12분 거리에 있는 병원까지 빛의 속도로 날아갔다. 가는 내내 백미러로 우리 딸의 상태를 살피고 또 살폈다. 다행히 모건은 건강하게 회복했지만, 지금도 쓰러진 딸을 보며 도와줄 사람을 절박하게 찾던 그 순간을 떠올리면 식은땀이 난다.

하물며 자기 딸이 12년 동안 고통받는 모습을 보시는 아버지 하나님의 심정은 어떠실까?

이것이 바로 예수님이 보신 것이다.

그렇다. 예수님은 그녀를 딸이라고 부르셨다.

목회 철학이 바뀐 일생일대의 사건

누가복음 8장을 묵상한 그 아침, 나는 무엇을 해야 할지 알았다. 군중을 보고 예수님처럼 "긍휼히" 여겨야 했다. 나는 무리를 한 번에 한 사람씩 볼 때 긍휼함이 생긴다는 사실을 이해하기 시작했다. 한 번에 한 명의 딸, 한 번에 한 명의 아들.

그날 아침, 내가 살아가는 방식이 근본적으로 바뀌었다. 당신과 함께 이 책을 여행하면서 그에 관한 이야기들을 풀어놓도록 하겠다. 이 책을 읽는 동안 한 가지 기억해 두어야 할 것이 있다. 이 책은 특별히 사교적이고 인간관계 기술이 뛰어난 사람이 쓴 책이 아니라는 점이다. 하지만 한 번에 한 사람에게 집중하겠다는 나의 결심은 사람들을 대하는 나의 태도를 크게 바꿔 놓았다.

　내가 목회하는 교회에서는 이제 '한 번에 한 사람'이 목회의 영향력을 판단하는 기준이 되었다. 우리는 특정한 주일에 몇 천 명의 군중이 모이느냐에 신경을 쓰는 대신 한 번에 한 사람에게 줌인하는 법을 배워 가고 있다.

　우리 교회에 다니는 한 부부에게 다섯 살배기 어여쁜 딸이 있었다. 그런데 그 아이가 그만 4기 암에 걸리고 말았다. 나는 계속해서 항암치료를 받으며 암과 사투를 벌이는 그 아이를 위해 눈물 흘리며 기도했다. 그러던 어느 날, 그 아이 아빠에게서 문자 메시지가 왔다. "우리 아이 몸에서 암세포가 완전히 사라졌습니다! 감사와 축하 파티를 열려고 해요. 꼭 참석해 주세요!"

　하지만 기쁨도 잠시, 파티가 '다른' 교회에서 열린다는 사실을 알고서 갑자기 기분이 살짝 언짢아졌다. 나는 그 아빠에게 전화를 걸었다. "정말 기쁘고 감사하네요! 그런데…… '우리' 교회, 그러니까 '집사님의' 교회에서 파티를 여시지 않고요."

　그는 물론 우리 교회에 먼저 요청을 했다고 말했다. 그런데 장소 예약 절차가 너무 복잡했고, 그렇게 힘들게 요청했지만 결국 힘들다는 답변이 돌아왔다고 설명했다. 그는 배려심이 많은 사람이었다. 그는 우리 교회가 워낙 커서 모든 교인의 요구를 들어줄 수는 없다는 점을 충분히 이해한다고 말했다. 하지만 그 말에 나는 화가 났다. 나는 우리 교회 시설을 관리하는 사역자들이 예수님과 사람들을 사랑하는 아름다운 종이라는 사실을 잘 알고 있다. 그들은 암과 힘겹게 싸워 이겨 낸 어린아이를 축하하기 위해 여는 감사 파티를 전혀 반대할 사람들이 아니다. 그래서 어찌된 일인지 알아보기로 했다.

시설 관리 사역자들와 이야기를 나누었는데, 그 요청을 거절하기가 정말 싫었지만 공평성을 추구하다 보니 이런 원칙을 세우게 되었다고 설명했다. "모두에게 해 줄 수 없다면 아무에게도 해 주지 않는다."

상황이 이해가 가기 시작했다. 우리는 한 사람이 아닌 군중을 보면서 결정을 내리고 있었다. "모두에게 해 줄 수 없다면 아무에게도 해 주지 않는다." 이 원칙은 정부에는 효과적일지 몰라도 전혀 복음을 반영하고 있지 않다. 그래서 나는 사역자들에게 '한 번에 한 사람'이라는 예수님의 방식을 잘 반영한 새 원칙을 세워 보자고 했다. 그렇게 해서 새 원칙이 생겼다. "모두에게 해 주고 싶은 것을 한 사람에게 해 준다."

그분이 주신 도구와 방법으로

오랫동안 나는 사람들과 가까워져야 할 때마다 좌절감과 피로감을 느꼈다. 하지만 그러다 문득 한 번에 한 사람을 보는 것이 내가 놓쳐 온 도구라는 사실을 보기 시작했다. 우리 집 잔디 깎기 기계에서 벨트가 빠졌던 적이 있었다. 정확히 명칭이 벨트인지 모르겠지만 커다란 검정 고무줄 같은 물건이다. 그것을 어디에 껴야 할지는 금방 알 수 있었다. 기계에 원통형 부품이 있었는데, 거기 껴야 했다. 벨트가 고무 재질이니까 잡아 늘려서 원통형 부품에 끼면 간단할 것 같았다. 하지만 막상 시도해 보니 좀처럼 벨트가 늘어나지 않았다. 힘을 더 줘도 소용이 없었다.

그런 내 모습을 아내가 창가에 서서 지켜보고 있었다. 아마도 내 머리에서 김이 나는 것까지 보았을 것이다. 나는 가히 폭발 직전이었다. 다 집어치우고 싶었다. 하지만 잔디 깎기 기계를 필요로 하는 아내를 위해 어떻게 해서든 고치고 싶었다. 그런데 아무리 애써도 고칠 수가 없었다.

보다 못한 아내가 집에서 나왔다. "여보, 이웃집 아저씨한테 도와 달라고 해 보지 그래요?" 하지만 그 말이 내게는 이렇게 들렸다. "당신은 근육질의 진짜 남자가 아니니까 추한 꼴은 이제 그만 보이고 이웃집 아저씨한테 맡기지 그래요?"

아내의 말에 오기가 생겼다. 잔디 깎기 기계를 반드시 내 손으로 고치고야 말겠다고 결심하고서 시도하고 또 시도했다. 그렇게 기계는 며칠 동안 망가진 채로 집 앞에 세워져 있었다. 녀석은 내가 나타날 때마다 조롱을 퍼부었다. 잔디는 계속해서 쑥쑥 자랐다. 결국 우리 아이들이 정글 속에서 길을 잃을 지경이 되어서야 나는 백기를 들었다. 이웃집 남자에게 전화를 걸었다(좋다. 솔직히 말하면, 문자를 보냈다. 그것이 덜 창피했으니까).

이윽고 그가 와서 잔디 깎기 기계를 보더니 문제점을 말해 주었다.

'그게 문제인지는 나도 알아!'

그는 반 인치짜리 소켓이 있냐고 물었다. 나는 금방 갖고 오겠다고 말하고서 집 안으로 달려가 아내에게 물었다. "혹시 반 인치짜리 소켓이 있나요? 있다면 빨리 찾아 줘요."

아내는 즉시 공구함에서 그것을 꺼내 왔고, 나는 그것을 받아 이웃집 남자에게 건넸다. 그러자 그는 20초 만에 그 벨트를 원통에 끼웠다. 나는 그 일을 해내겠다고 그렇게 안간힘을 썼건만, 정말 필요한 것은 아주 간단한 도구와 그 사용법을 보여 줄 사람이었다!

나는 사람들을 사랑하고 그리스도인으로서 이 세상에 복음의 선한 영향력을 미치고 싶었다. 하지만 도움이 필요했다. 그리고 예수님은 내게 새로운 도구를 주시고 그 사용법을 보여 주셨다.

하나님은 나를 근본적으로 바꾸셨는데, 그러기 위해 그분이 사용하신 핵심 재료는 다른 이들을 위해 드리는 기도였다. 이 책에서 이 이야기를 계속해서 할 것이다. 하지만 일단 한 가지 구체적이면서도 간단한 기도로 시작해 보자. 이 기도를 매일 드리는 것이 한 번에 한 사람이라는 멋진 모험을 시작하는 좋은 출발점이다.

"예수님, 한 사람을 보는 주님의 눈을 제게 주옵소서.
주님처럼 사람들을 보게 도와주옵소서."

2

늘 가던 길을 멈춰
내게 귀 기울여 주시는
그분처럼

: 그분과 함께 내 마음 밭을 갈아엎다

당신이 알지 못하는 사람들 가운데 당신에게 가장 중요한 사람은 누구인가?

다시 한 번 잘 읽어 보라.

당신이 '알지 못하는' 사람들 가운데 당신에게 가장 중요한 사람은 누구인가?

당신이 아는 누군가가 당신에게 얼마나 중요한지를 묻는 것이 아니다. 당신이 모르는 누군가에 대해 묻는 것이다. 물론 답하기 어려운 질문일 수도 있다. 이렇게 되묻는 사람도 있으리라. "먹어 보지 않은 음식 중에서 가장 좋아하는 음식은 무엇이냐고, 혹은 가 보지 않은 장소 중에서 가장 좋아하는 장소는 어디냐고 묻는 것과 다름없지 않습니까?"

알지도 못하는 사람이 어떻게 내게 중요할 수 있는가?

고통의 냄새가 진동하는 세상

2010년에 우리 가족은 도미니카공화국에서 1년간 지냈다. 그곳에서 사역하는 친구들과 함께 선교 사역을 감당하기 위해서였다. 그곳에서 맞은 둘째 날, 2층 침대에서 자다가 심한 진동에 잠이 깼다. 지진이었다. 하지만 진원지가 얼마나 멀리 떨어져 있는지, 그 피해가 얼마나 클지는 전혀 알지 못했다. 얼마 지나지 않아 큰 지진이 우리 섬 반대편에 있는 아이티를 강타했다는 소식을 들었다.

뉴스에서 참혹한 광경을 본 것을 기억할지도 모르겠다. 진도 7.0의 강진. 25만 명이 사망하고, 30만 명 이상이 부상당했으며, 500만 명 이상의 이재민이 발생했다. 그날 밤 나는 그 상황의 심각성을 미처 다 몰랐지만, 그 밤 수많은 아이들이 고아가 되었다. 그리고 그 지진 때문에 우리 가족의 다음 한 달 계획이 완전히 바뀌었다. 도미니카공화국 선교는 우리가 1년 넘게 준비하고 계획해 온 일이었다. 하지만 그 모든 계획을 다 접고 곧 나는 응급 구호품을 가득 실은 작은 비행기에 몸을 싣고 수많은 산을 넘어 자크멜이라고 하는 아이티에 있는 작은 마을의 공항에 내렸다.

실제 현장에 가서 느끼는 참담함은 뉴스를 보며 느끼는 기분과 차원이 다르다. 공항을 떠난 지 몇 분 만에 대기 중에 가득한 냄새가 코를 찔렀다. 내가 무슨 냄새인지 묻자 동행한 아이티 목사가 딱 한 마디로 대답했다. "죽음입니다."

보이는 건물마다 다 무너져 내려 형태를 알아볼 수 없었다. 사방이 폐허였다. 수많은 무리가 넋이 나간 표정으로 파편들을 파헤치며 찾지 못한 가족들의 이름을 외쳤다. 무언가를 찾는 이들도 있었지만 대부분은 '누군가'를 찾고 있었다. 나도 넋이 나간 표정으로 거리를 거닐며 지독한 고통에 빠진 이 거대한 무리를 지켜보았다. 그때 그 아이를 보았다.

순간, 줌렌즈가 작동했다. 다른 모든 것이 흐릿해지다 이내 사라졌다. 곁에 아무도 없이 홀로 앉아 있는 두 살 남짓의 여자아이. 나는 아이가 괜찮은지 보려고 가까이 다가갔다. 아이는 내가 오는 것을 보고 고개를 처들었다. 두 눈에는 눈물이 가득했다. 아이는 내게 팔을 뻗으며 안아 달라는 눈빛을 보냈다. 나는 몸을 숙여 아이를 안아 들었다. 하지만 이어서 뭘 해야 할지 몰랐다. 쏟아져 널부러진 서랍장을 치우고 의식 없는 두 살배기 내 딸아이를 들어 올릴 때와 똑같은 무기력감이 주체할 수 없이 밀려왔다.

그 순간, 나는 우리 집의 푹신한 소파에서 뉴스를 통해 불특정 다수를 보고 있지 않았다. 그냥 채널을 돌려 버릴 수도 없었다. 피해를 입은 수만 명에 관해서 읽는 것과 피해 입은 한 사람을 실제로 품에 안은 것은 전혀 다른 차원이다.

'내가 무언가를 해야 한다.' 그래서 아이의 부모를 찾아 헤맸다. 주변 사람들을 붙잡고 물어봤지만 아무도 아이의 부모가 어디 있는지 몰랐다.

'내가 무언가를 해야 한다.' 길가에 마련된 임시 텐트에 사람들이 모여 있었다. 아이를 그들에게 데려갔지만 그들은 자기 문제를 챙기기에 바빴다.

'내가 무언가를 해야 한다.' 마침내 이 아이를 알고 돌볼 마음도 있는 아홉 살 남짓 돼 보이는 한 소녀를 찾았다. 아이를 그곳에 두고 몸을 돌렸다. 그것이 잘한 일인지 지금도 잘 모르겠다.

기도의 순서, 하나님 역사의 순서

나는 그 작은 여자아이가 누구인지 알지 못했다. 심지어 이름도 몰랐다. 하지만 그 아이는 내게 중요했다. 아무리 애를 써도 그 아이에 관한 생각을 떨쳐 낼 수 없었다. 다시 미국 켄터키주에 있는 집으로 돌아와서도 계속해서 재정 지원을 했지만 아이티에서의 일을 떨쳐 내려고 노력했다. 몇 달 뒤, 아이티에서 있는 동안 누군가가 찍어 준 사진들을 뒤적거리다가 내가 그 아이를 안고 있는 사진을 발견했다. 나는 그 사진을 보지 않으려고 애썼다.

하지만 어느 날부터 그 사진이 내 컴퓨터 화면보호기에 뜨기 시작했다. 내 컴퓨터가 무작위로 이미지를 돌아가며 띄울 때마다 그 아이가 나타났다. 나는 더 이상 아이티에 있지도, 그 아이를 안고 있지도 않았지만 '내가 무언가를 해야 한다'라는 생각을 떨쳐 낼 수 없었다. 이것이 한 사람의 힘이다.

누구나 '내가 무언가를 해야 한다'는 생각이 들 때가 있다. 우리는 세상에 영향을 미치기를 원한다. 하지만 어떻게? 무언가를 해야 할 것 같은데 무엇을 해야 할지 모르는 상황이 반복되다 보면 우리는 그 목소리를 잠재우려고 하기 시작한다. '내가 무언가를 해야 한다'가 '누군가가 무언가를 해야 한다'로 바뀌기 시작한다. 우리가 무언가를 하고 '싶지' 않은 것은 아니다. 단지 '무엇'을 해야 할지 모를 뿐이다.

오랫동안 나는 무언가를 해야 한다는 생각이 들 때마다 하나님께 기도했다. "하나님, **저를 통해서** 무엇을 하기를 원하십니까?"

하지만 그보다 먼저 드려야 하는 기도는 "하나님, **제 안에서** 무엇을 하기를 원하십니까?"라는 기도라는 사실을 깨달았다.

하나님이 우리 '안에서' 행하시는 일은 하나님이 우리를 '통해서' 하시려는 일로 이어지기 때문이다. 이런 시각은 세상에 영향을 미치기 위한 우리의 접근법을 근본적으로 바꿔 놓는다. 나는 '안에서'를 건너뛰고 곧장 '통해서'로 가기를 원할 때가 많지만 하나님의 방법은 언제나 '안에서'가 먼저고 그다음에 '통해서'로 간다.

하나님과 단둘이 보내는 시간

마가복음 1장에서 예수님은 어려움에 처한 사람들에게 둘러싸여 계셨다. 33절은 "온 동네가 〔예수님이 머무시던 곳의〕 그 문

앞에 모였더라"라고 말한다. 모든 사람이 예수님이 무언가를 해주기를 바라고 있었다. 그리고 예수님은 언제나 무엇을 해야 할지 아셨다. 예수님은 누군가의 삶에 어떻게 영향을 미칠지 분명히 아셨다.

예수님은 어떻게 늘 무엇을 해야 할지 아실 수 있었을까? 사복음서를 읽어 보면 예수님이 아버지께서 지시하신 것 외에는 아무것도 말하거나 행하지 않으셨음을 확인할 수 있다(요 5:18-19; 8:28; 12:49 참조). 심지어 예수님은 '안에서 **이후에** 통해서'의 접근법으로 세상에 영향을 미치셨다.

온 마을 사람들이 예수님이 머물고 계신 장소의 문 밖에 모인 날도 사역 일정이 꽉 차 있었다. 그런데 뒤이어 마가복음 1장 35절에 이런 기록이 있다. "새벽 아직도 밝기 전에 예수께서 일어나 나가 한적한 곳으로 가사 거기서 기도하시더니."

예수님은 하늘 아버지와 단둘이 시간을 보내기 위해 무리를 떠나 아무도 보지 않는 곳으로 가셨다. 제자들이 깨어났을 때 예수님에게서 무언가를 필요로 하는 사람들이 이미 문 밖에 가득 포진하고 있었다. 그들은 예수님을 찾아 나섰고 예수님을 만나서 상황을 보고했다. "모든 사람이 주를 찾나이다"(막 1:37).

온갖 종류의 어려움에다 저마다 다른 기대를 품은 수많은 사람들이 있었지만, 예수님은 이제 '무엇'을 해야 할지 아셨고 제자들에게 말씀하셨다. "우리가 다른 가까운 마을들로 가자 거기서도 전도하리니 내가 이를 위하여 왔노라 하시고 이에 온 갈릴리에 다니시며 그들의 여러 회당에서 전도하시고 또 귀신들을 내쫓으시더라"(막 1:38-39).

예수님은 하나님과 단둘이 시간을 보내면서 자신이 세상에 왜 왔는지를 되새기셨다. 그 시간은 자신의 목적에 다시금 초점을 맞추는 시간이었다. 예수님은 자신 '안에서' 이루어지는 하나님의 역사에 관심을 기울이며 하루를 시작하신 덕분에 하나님이 자신을 '통해서' 무엇을 하시려는지 아셨다.

누군가를 본다, 무언가를 한다

마더 테레사는 거의 평생을 인도 콜카타의 빈민가에서 가난하고 병든 사람들을 돌보며 보냈다. 마더 테레사에 관한 이야기를 수없이 들었는데 그녀는 어려운 사람들을 만나면 그들을 돕기 위해 무엇을 해야 할지 아는 사람처럼 보였다.

최근 마더 테레사가 호주에 있을 때 지독히 열악한 환경에서 사는 한 원주민 노인을 만났던 이야기를 읽었다. 마더 테레사는 이렇게 썼다. "필시 당신은 이 불쌍한 노인만큼 열악한 상황을 본 적이 없을 것이다."[1]

내가 그런 노인을 만나는 상상을 해 보면 그저 무기력감만 느꼈을 것이 분명하다. 하지만 마더 테레사는? 그녀는 노인에게 집을 청소하고 옷을 빨고 침대를 정리해 주겠다고 했다. 노인은 거절했지만 테레사의 고집에 결국 두 손을 들고 말았다. 테레사는 집을 청소하다가 먼지가 수북이 쌓인 램프 하나를 발견했다. "램프에 불을 붙이지 않나요? 전혀 사용하시지 않나요?"

테레사가 묻자 노인은 이렇게 대답했다. "사용하지 않아요. 아무도 나를 보지 않는 걸요. 그래서 불을 켤 필요가 없어요. 누굴 위해서 불을 켜겠어요?"

테레사는 수녀들이 여기 찾아오면 불을 켜시겠냐고 물었다. 그러자 노인은 고개를 끄덕였다. "물론이죠." 그날 수녀들은 매일 밤 노인의 집을 방문하기로 약속했다.

2년 뒤, 테레사에게 메시지 한 통이 날아왔다. "내 삶에 붙여 준 불이 지금도 여전히 환하게 빛나고 있다고 내 친구에게 말해 주시오."

실로 놀랍고 감동적인 이야기다. 내가 그런 노인을 만났다면 집을 청소하고 침대를 정리해 주겠다는 생각은 전혀 들지 않았을 것이다. 먼지가 쌓인 낡은 램프를 보고 "램프에 불을 붙이지 않나요?"라고 묻지 않았을 것이다. 그냥 '먼지가 많이 쌓인 램프가 있군' 하고 무심코 넘어갔을 것이다.

한 번에 한 사람씩 사랑해 주기 위한 본보기로 마더 테레사를 제시하니까 좀 버겁게 느껴질지도 모르겠다. 하지만 그 이야기를 비롯해서 그녀에 관한 많은 이야기를 읽으면서 그녀가 한 일이 대개 나도 충분히 할 수 있는 일이라는 것을 느꼈다. 그녀는 이 노인에게 거금을 건네지도, 어렵고 복잡한 수술을 해 주지도 않았다. 단지 침대를 정리하고 빨래를 해 주었다.

하지만 아무리 그래도 우리에게 마더 테레사는 지구 반대편 빈민가에서 살던 수녀다. 그래서 이번에는 린다 윌슨-앨런의 이야기를 들려주겠다. 린다의 이야기는 〈샌프란시스코 크로니클〉 (San Francisco Chronicle)에 1면 기사로 실렸다.[2] 린다는 시내버스 운전기사다. 버스 운전기사가 무슨 일로 잡지에 등장했을까? 기사 내용은 린다가 버스에 타는 승객들을 진심으로 '사랑해 준다는' 것이었다.

〈샌프란시스코 크로니클〉 기자는 그 버스에 탔다가 믿을 수 없는 광경을 목격했다. 운전기사 린다는 자주 타는 승객들의 얼굴과 이름을 다 알았다. 그리고 그 승객들이 늘 타던 시각에 정류장에 보이지 않으면 일부러 기다려 주었다.

어느 날 기자는 린다가 무거운 장바구니를 들고 낑낑대는 할머니를 보고는 버스에서 내려 그 할머니를 돕는 모습을 보았다. 또 다른 날은 버스 정류장에 서 있는 한 여성이 그 마을에 이사 온 지 얼마 안 되는 사람이라는 것을 알게 되자 그녀를 자신의 집에 초대해 추수감사절 만찬을 대접했다. 린다가 버스에 타는 승객들에게 다가가 섬겨 준 이야기가 꼬리에 꼬리를 문다. 린다는 언제나 '무언가'를 했다.

이 이야기들은 그리 특별해 보이지 않지만 뉴스거리가 되었다. 내가 시내버스 기사라면 그저 정시에 출근해 조심조심 운전하면서 이어폰을 끼고 팟캐스트를 듣고, 필요한 경우에는 전화 통화를 하는 척할 것 같다. 눈맞춤은 최대한 피하고, 기껏해야 승객들에게 가끔씩 고개를 끄덕여 인사 정도나 할 것이다. 무언가를 하고 싶지 않아서가 아니라 무엇을 해야 할지 몰라서 그렇다. 그리고 내가 생각해 낸 무언가가 너무 평범해 보일까 봐 그렇다.

하지만 '한 번에 한 사람'은 다음과 같이 할 때 시작된다.

1. 누군가를 본다.
2. 무언가를 한다.

"먼저 기도를 해요"

간단하다 생각할 수 있는데, 막상 실천하기란 쉽지 않다. 적어도 내게는 쉽지 않다. 내가 배운 사실은 '누군가를 보는 것'과 '무언가를 하는 것' 이 두 가지에는 '안에서 **이후에** 통해서'의 접근법이 필요하다.

마더 테레사에 관한 이런 인터뷰 기사를 읽은 적이 있다. 기자가 아침에 무엇을 하는지 묻자 테레사는 이렇게 대답했다. "기도합니다."

기자는 다시 물었다. "언제 기도를 시작하시나요?"

"네 시 반입니다."

이어서 기자는 기도한 '뒤에' 무엇을 하는지 물었다. 그러자 테레사는 이렇게 대답했다. "모든 일을 예수님과 함께, 예수님을 위해, 예수님께 하면서 일하는 내내 기도하려고 노력합니다."

무슨 말인지 이해했는가? 기도한 뒤에도 계속해서 기도한다는 것이다. 무슨 특별한 품성이 있어서 그토록 막대한 영향력을 발휘할 수 있는지 묻는 질문에 테레사는 이렇게 대답했다. "그 무엇도 제 일로 보지 않습니다. 모두 그분의 일입니다. 저는 그분의 손에 들린 작은 연필 하나에 불과해요. 생각은 그분이 하십니다. 글도 그분이 쓰십니다. 연필은 스스로 아무것도 하지 않습니다. 그저 쓰임받을 뿐이지요."[3]

다시 〈샌프란시스코 크로니클〉 기사로 가 보자. 어리둥절해진 기자는 린다에게 어떻게 승객들을 그토록 사랑하고 그들에게 그토록 아름다운 섬김을 실천할 수 있는지 물었다. 그리고 나서 기자가 얻은 답은 이것이다. "그녀의 마음가짐은 새벽 두 시 반부터 30분간 무릎을 꿇고 기도하는 동안 정해진다."[4]

샌프란시스코 지역에서 사역하는 목사 존 오트버그는 자신의 교회에서 린다를 인터뷰한 적이 있다. 새벽 두 시 반에 드리는 기도 시간에 대해 묻는 질문에 린다는 이렇게 말했다. "하나님과 이야기를 나눕니다. 하나님께 제 삶을 보여 달라고 요청하지요. 그러면 보여 주십니다. 저보다 먼저 상황을 조율하십니다. 제 인내심을 키워 주기도 하시고, 저보다 힘든 누군가에게 신발이나 뭐든 필요한 것을 주라고 하시기도 하고요. 여러분에게도 보여 주실 겁니다. 그 시간이 바로 저를 친절하게 만들지요."[5]

오트버그는 버스를 몰 때도 기도를 하는지 물었다. "물론이죠. 출근해서 사역을 할 때도 기도를 해요. 맞습니다. 제 일은 사역이에요. 하나님은 늘 무언가를 보여 주세요. 버스에 타기 힘든 어르신을 보여 주시면서 그분 바로 앞에 버스를 세우라고 말씀하시죠. 차비가 모자란 사람을 보여 주시면서 '그냥 있는 만큼만 내게 해라'라고 말씀하시기도 하고요. 이 모든 것을 하나님이 가르쳐 주시고, 하나님이 보여 주십니다."[6]

린다는 자신의 일을 '운전'이 아닌 '사역'이라고 불렀다. 린다는 기도로 하루를 시작하고 나서 하루 종일 계속해서 기도했다.

내 컴퓨터 화면보호기에서 그 두 살배기 아이티 소녀의 사진이 뜰 때마다 나는 무언가를 해야 한다고 생각했다. 하지만 무엇을 해야 할지 몰랐다.

그래서 기도하기 시작했다. 그 아이를 위해, 나아가서 아이티의 수많은 아이들을 위해 기도했다. 하나님이 그 상황을 바꾸기 위해 나를 '통해서' 무언가를 하시기를 원했다. 하지만 그러기 위해 먼저 하나님이 내 '안에서' 무엇을 하기 원하시는지를 놓고 기도해야 한다는 사실을 깨달았다.

당장 크게 쓰임받고 싶은 마음

"그걸 위한 앱이 있습니다"는 요즘 시대 우리 문화를 대변하는 슬로건이 되었다. 편리성과 효율성을 추구하는 시대의 가치는 뭐든 더 편리하게 해 줄 수 있는 각종 '꿀팁'을 유행하게 했다. 예를 들어, 포스트잇의 접착면으로 키보드를 청소하고, 치실을 사용해 완벽한 모양의 롤 케이크를 만들고, 냄새 나는 신발 속에 티백을 넣어 코를 찌르는 발 냄새를 없애고, 빨대로 딸기 꼭지를 쉽게 제거할 수 있게 되었다.

나는 설교에서 그릴드 치즈 샌드위치를 만드는 꿀팁을 소개한 적이 있다. 어디서 읽은 것인데 토스터를 옆으로 눕히고 빵과 치즈를 넣으면 프라이팬에서 빵을 굽다가 중간에 뒤집는 번거로움 없이도 몇 분 뒤에 완벽한 그릴드 치즈 샌드위치를 얻을 수 있다고 한다. 더할 나위 없이 좋은 꿀팁처럼 들렸다. 하지만 실제로 내 추천에 따라 이 방식을 시도해 본 사람들은 주방에 연기가 꽉 차서 화재의 공포에 떨었다고 한다.

꿀팁이 유행하는 것은 우리가 더 편하게 살고 적은 노력으로 많은 성과를 거둘 방법을 계속해서 찾기 때문이다. 우리는 적게 투자해 많이 얻기를 원한다. 누군가의 삶에 영향을 미치는 문제에서 특히 그렇다. '영적 영향력 꿀팁'이라는 것이 있다면 다들 너무도 좋아할 것이다. 그것이 우리가 이런 책을 집어 드는 이유가 아닐까 싶다. 우리는 하나님께 크게 쓰임받고 싶어 한다. 우리는 놀라운 간증거리를 원한다. 우리는 위대한 유산을 남기고 싶어 한다. 무엇보다도, 그것을 '지금 당장' 원한다.

미안하지만 사람들과 마음이 통하고 예수님처럼 그들을 사랑해 주고 그들의 삶에 진정한 영적 영향을 미치기 위한 꿀팁 같은 건 없다. 우리가 툭하면 시도하는 '영적 영향력 꿀팁'은 "하나님, 저를 통해서 무언가를 행해 주옵소서"라고 기도하는 것이다.

물론 우리를 통해서 사람들에게 영향을 미치고 이 세상을 변화시켜 달라는 기도 자체는 전혀 잘못이 아니다. 그것은 정말 좋은 기도다. 문제는 먼저 우리 '안에서' 무언가를 해 달라고 구하지 않은 채 하나님이 우리를 '통해서' 무언가를 해 주시기만을 바라는 것이다.

우리는 아직 어둑한 꼭두새벽에 일어나 기도하는 것과 그 나머지 시간 동안 사람들에게 영향을 미치는 것 사이에 어떤 관계가 있는지 잘 보지 못한다. 우리는 하나님이 우리를 통해서 행하시려는 일만을 생각하지만, 우리의 영향력은 언제나 '안에서 **이후에** 통해서'라는 공식을 따른다.

마음 밭 기경하기

마태복음 13장에서 예수님은 씨앗을 뿌리는 농부에 관한 비유를 들려주신다. 여러 씨앗이 각기 다른 유형의 토양에 떨어진다. 너무 딱딱하거나 얕은 땅에 떨어진 씨앗들은 땅속으로 파고들어 뿌리를 내리지 못한다. 반면, 좋은 땅에 떨어진 씨앗은 뿌리를 내리고 쑥쑥 자라서 결국 열매를 맺는다.

당시 청중 가운데 농부가 많았기 때문에 예수님은 농사 비유를 드셨다. 또한 거기에는 씨앗이 '안에서 **이후에** 통해서'라는 하나님의 역사 방식을 잘 드러낸다는 이유도 있었다. 하나님은 열매를 거두기 위해 씨앗을 창조하셨다. 하나님은 씨앗 속에 수확의 잠재력을 불어넣으셨다. 하나님은 씨앗이 적절한 환경과 적절한 토양에서 열매를 맺도록 설계하셨다.

가끔 이 비유를 읽고서 자신을 농부로 생각하는 사람들이 있다. 농부는 이 이야기의 주인공이다. 농부는 일을 이루는 중이다. 농부는 무언가를 하고 있다. 하지만 분명한 사실은 이 비유에서 농부는 '예수님'이시고 우리는 땅이라는 것이다. 예수님은 우리를 통해서 열매를 맺기 원하는 농부이시지만, 먼저 우리 안에서 역사하셔야 한다.

우리는 열매에만 초점을 맞추는 경향이 있는데, 그보다 먼저 땅이 어떤 상태인지 살펴보아야 한다. 풍성하게 거두기를 바라면서 땅은 돌보지 않는다면 결코 바라는 대로 거두어들일 수 없음을 농부라면 누구나 잘 알 것이다. 또한 근본적으로 땅에서 먼저 적절한 작용이 이루어지지 않으면 바라는 열매를 얻을 수 없다.

하나님이 당신을 통해서 맺으시는 열매, 즉 당신을 통해서 행하시는 역사를 생각해 보라. 하나둘 맺히기 시작하는 열매. 사람들은 열매에 관심을 집중하는 경향이 있다. 그것은 열매가 우리 눈에 보이고 남들이 주목하는 것이기 때문이다. 열매는 관심과 '좋아요'를 얻게 해 주는 것이다. 반면, 땅속에서 벌어지는 일은 눈에 보이지 않는다. 그래서 무시하고 과소평가하기 쉽다. 게다가 땅속에서 벌어지는 일은 많은 수고를 필요로 한다. 누구나 좋은 일로 매스컴 1면을 화려하게 장식하고 싶어 하지만, 그날 만날 사람들을 위한 기도를 하기 위해 새벽 두 시 반에 일어나고 싶은 사람은 아무도 없다.

눈에 보이지 않는 고된 작업

우리 집 근처에는 돈을 내면 자기 밭에서 자라는 농작물을 수확할 수 있게 해 주는 농장이 많다. 그곳에 가서 돈을 내면 바구니 하나를 준다. 거기에 사과든 딸기든 원하는 대로 따서 담을 수 있다. 그런데 그냥 마트에서 사과나 딸기를 사는 것과 가격이 거의 비슷하다. 그렇게 보면 농장들은 사람들에게 일을 시키면서 돈을 받는 것이다. 열매를 수확하는 재미가 있기 때문이다.

하지만 농장에서 씨 뿌리는 계절에 밭을 갈면 수확기에 꼭 바구니에 열매를 담아 가게 해 주겠다고 약속한다고 해 보자. 씨앗을 위해 토양을 준비시키는 활동에 돈을 낼 사람은 아무도 없을 것이다. 수확은 재미있고 당장 손에 무언가를 얻지만 땅에서 벌어지는 일은 고된 작업을 필요로 한다.

나는 하나님이 내 '안에서' 행하기 원하시는 일에 관심을 쏟으면 반드시 나를 '통해서' 무언가를 행해 주신다는 사실을 발견했다. 빌립보서 2장 13절은 그렇게 말한다. "너희 안에서 행하시는 이는 하나님이시니." 이어서 그 이유를 밝힌다. "자기의 기쁘신 뜻을 위하여 너희에게 소원을 두고 행하게 하시나니."

마더 테레사와 린다 윌슨-앨런만 그런 것이 아니다. 성경 곳곳에 사람들을 사용하시는 하나님의 '안에서 이후에 통해서' 방식이 나타난다. 하나님은 모세를 통해 그분의 백성들을 구해 내기를 원하셨다. 하지만 먼저 하나님은 40년 동안 모세 '안에서' 역사하셨다. 그러는 동안 모세는 사막 한쪽에서 무명인으로 살면서 장인을 위해 일해야 했다.

하나님은 요셉을 통해서 하실 일을 꿈으로 알려 주셨다. 하지만 먼저 밭을 준비하는 작업이 이루어져야 했다. 요셉은 오랫동안 노예로 살다가 나중에는 감옥에서 한참 썩어야 했다. 그가 꾼 꿈은 죽은 것처럼 보였고, 하나님은 그를 까맣게 잊으신 것처럼 보였다. 하지만 전혀 그렇지 않았다. 하나님은 그의 '안에서' 무언가를 행하고 계셨다.

다윗은 기름 부음을 받은 왕이었다. 하나님은 그를 통해 강한 역사를 펼치실 참이었다. 하지만 먼저 그는 사울왕에게 목숨을 위협받고 수십 년 동안 고된 도망자 생활을 해야 했다. 그가 여러 동굴 은신처를 전전하는 동안 하나님은 그의 '안에서' 무언가를 행하고 계셨다. 시편 139편 23-24절에서 다윗은 하나님께 자기 안에서 역사해 달라고 기도한다.

하나님이여 나를 살피사 내 마음을 아시며 나를 시험하사 내 뜻을 아옵소서 내게 무슨 악한 행위가 있나 보시고 나를 영원한 길로 인도하소서.

하나님께 당신을 '통해서' 위대한 역사를 행해 달라고 기도하라. 하지만 그보다 먼저 당신 '안에서' 역사해 달라고 기도하라.

농사가 하루아침에 수확으로 이어진다면 더 인기 있는 직업이 되지 않을까 싶다. 최근 우리 집 잡동사니 서랍을 정리하다가 잘 싸인 씨앗 몇 개를 발견했다. 수박씨와 호박씨 몇 알. 나이 지긋하고 인자한 한 여집사님이 어느 성탄절에 준 선물이었다.

그것들을 보면서 속으로 생각했다. '잘됐군! 좀 있으면 수박이랑 호박 파이를 먹을 수 있겠어.'

그것이 벌써 몇 년 전 일이다. 나는 그 씨앗들로 아무것도 하지 않았다. 그날 나는 그것들을 서랍에 도로 넣고 잊어버렸던 것이다.

내게는 씨앗이 있었고 그 씨앗들은 열매를 맺을 잠재력을 갖고 있었다. 하지만 실제로 열매를 보기 위해서는 그 씨앗들을 땅에 심고 가꾸어야 했다. 가끔 수박 생각이 간절할 때면 잠동사니 서랍 속의 그 씨앗들이 기억났다. 문제는 내가 즉각적인 수확을 원했다는 것이다. 수확은 절대 그런 식으로 이루어지지 않는다. 먼저 땅속에서 작업이 이루어져야 한다.

그분의 손에 들린 연필로 사는 법을 배우다

나는 아이티의 그 어린 소녀에 관해 여전히 아무것도 아는 바가 없었지만 내가 그 아이를 안고 있는 사진은 거의 3년 동안 수시로, 불시에 내 컴퓨터 화면보호기에 등장했다. 그때마다 그 사진 속의 내가 가졌던 복합적인 감정(연민, 절박감, 무기력감)이 되살아났다. 그리고 당시 했던 생각이 또다시 머릿속을 맴돌았다.

'내가 무언가를 해야 한다.'

그 3년 동안 나는 기도하고 또 기도했다. "하나님, 저를 통해서 무언가를 행해 주옵소서." 하지만 알고 보니 하나님은 먼저 내 '안에서' 해야 할 작업이 있으셨다. 하나님은 내게 그분의 손에 들린 연필로 사는 법을 가르치고 계셨다.

그러다 땅에서 무언가가 자라나기 시작했다. 어느 날, 나는 벽에 수백 개의 기도 제목이 붙어 있는 교회 기도실에 들어갔다. 그 기도 제목들을 붙들고 기도하다가 이런 기도 제목을 발견했다. "한 다섯 살배기 아이티 소녀의 입양을 위해 모금 활동을 벌이고 양부모를 물색하고 있는 제 친구들을 위해 기도해 주세요."

내가 안았던 그 아이티 소녀가 그즈음 다섯 살 정도가 되었을 것이다. 우리 기도실의 기도 제목에는 대부분 이름이 적혀 있지 않다. 그런데 이 기도 제목에는 이름이 적혀 있었다. 원래 기도실에서 기도 제목이 적힌 종이를 갖고 나갈 수 없다. 다른 사람들도 함께 기도할 수 있게 하기 위해서다. 하지만 나는 이 기도 제목을 훔쳤다. 그리고 집으로 가져와 아내에게 보여 주었다. 우리는 함께 기도한 끝에 그 부부에게 연락을 취해 입양 비용에 도움을 주기로 결정했다.

마침내 '무언가'를 할 기회를 얻은 데 감사했다. 하나님이 내 기도에 응답해 주신 것이라고 생각했다. 하지만 이것이 이야기의 끝이 아니다. 그 아이티 소녀의 사진은 여전히 내 컴퓨터 화면보호기에 계속 나타났다.

나는 전화기를 들어 토비에게 문자 메시지를 보냈다. 토비는 루이빌의 우리 교회에 출석하는 교인으로, 아이티 사람들을 향한 열정으로 가득한 사람이다. "커피 한잔 하실까요? 하나님이 제게 주신 마음을 말씀드리고 싶습니다. 구체적으로 어떻게 해야 할지를 모르겠어요. 이 문제로 잠시 이야기를 나눌 수 있을까요?"

한 주 뒤 한 카페에서 토비를 만났을 때 그가 아이티에 자주 간다는 사실을 알게 되었다. 그때마다 그가 어느 곳을 통해 아이티에 들어가는지 아는가? 바로 아이티의 작은 마을 자크멜에 있는 아주 작은 규모의 공항이었다. 나는 토비에게 그 작은 아이와 관련해 내 삶에서 벌어지고 있는 일을 털어놓았다. 내 컴퓨터를 켜서 사진도 보여 주었다. 2년간 이 문제를 놓고 기도하면서 무언가를 해야 한다고 생각해 왔는데 그 무언가가 고아원 설립을 돕는 것은 아닌지 고민 중이라고 설명했다.

토비의 얼굴 가득 환한 미소가 피어올랐다. 나는 어리둥절하여 물었다. "뭐가 그렇게 재밌으세요?"

2013년 그날 카페에서 토비는 자신이 돌보고 있는 고아들에 관해 말하면서 그 아이들에게 학교가 꼭 필요하다고 말했다. 그때부터 우리는 함께 아이티를 여러 차례 방문했다. 2014년 우리 가족은 자크멜에서 몇 달을 지내면서 그곳에서 사역하는 현지인 목사들과 함께 고아원과 학교를 설립했다.

마지막으로 자크멜을 방문했을 때 내가 지진 후 안았던 그 어린아이 또래의 아이들과 행복한 시간을 보냈다. 혹시 그 아이가 그 고아원에서 자라거나 그 학교에 다니고 있지 않을까 하는 생각을 자주 했다.

씨앗이 그냥 묻혀만 있는 것처럼 느껴지더라도

우리는 좌절할 때가 많다. 우리 삶으로 세상을 더 좋게 변화시키고 싶은 마음에 우리를 '통해서' 역사해 달라고 하나님께 열심히 기도하지만 아무런 일이 일어나지 않는 것처럼 보이기 때문이다. 반 친구나 직장 동료에게 선하고 큰 영향을 미치고 싶다. 배우자나 자녀를 대하는 태도를 바꿔 보지만 그들은 전혀 알아채지 못하는 것처럼 보인다. 씨앗이 뿌려지기는 한 것인가 하는 회의가 밀려온다. 혹은 씨앗이 그냥 '묻혀만' 있는 것처럼 느껴진다. 아무런 일도 일어나지 않는 것처럼 보인다.

우리는 무언가를 해야 한다는 것을 알고 하나님께 우리가 무엇을 해야 할지 보여 달라고 계속해서 기도한다. 하지만 먼저 우리가 다른 기도를 드려야 한다면?

"하나님, 저를 **통해서** 무언가를 해 주옵소서"라는 기도 대신 "하나님, 제 **안에서** 무언가를 해 주옵소서"라고 기도하라. 그러고 나서 어떤 일이 일어나는지 보라.

이번 주에 무언가를 시도하려는가? 반드시 어두컴컴한 새벽에 일어나야만 하는 건 아니다. 일단, 평소보다 15분 일찍 알람시계를 맞춰 놓고 그 15분 동안 그날 하루를 위해 기도하라. 하나님의 음성을 들을 귀를 열어 달라고 기도하라. 주변 사람들을 볼 수 있도록 하나님의 눈을 달라고 기도하라. 당신의 마음을 살펴 바로잡아야 할 점을 알려 달라고 기도하라. 하나님이 당신의 마음속에서 역사해 주시면 그 마음에서 하나님이 원하시는 말과 행동이 나올 것이다. 땅속에서 이루어지고 있는 무언가가 조만간 땅을 뚫고 나올 것이다.

3

가까이 다가가라,
한 번에
한 사람에게

: 두려워서 길을 건너지 않는 기독교

남부 캘리포니아의 어느 무더운 날, 나는 스키드 로우에서 얼마 떨어지지 않은 거리의 연석에 앉아 한 남자에게서 어느 다정한 어르신에 관한 '한 번에 한 사람' 이야기를 들었다. 미국 중서부 출신의 한 할머니가 로스앤젤레스 남중부(South Central LA)에서 길을 잃으면서 벌어진 이야기다.

할머니는 갱단이 득실거리기로 악명 높은 한 뒷골목을 헤매고 있었다. 다른 교인들과 함께 로스앤젤레스로 선교 여행을 왔는데 어떻게 하다 보니 그만 무리를 놓치고 만 것이다. 현재 위치가 어디인지 목적지까지 어떻게 가야 할지 전혀 몰라 당황하고 있을 때 한 남자가 보였다. 그는 길거리 깡패였다. 살인청부업자로 활동했고 감옥에서 몇 년을 썩은 전과자였다. 심지어 바로 그날이 출소일이었다.

당신이라면 어떻게 할 것 같은가? 암흑가 한복판에서 길을 헤매다가 온몸에 문신이 뒤덮인 험상궂은 덩치와 마주친다면? 나라면 당장 몸을 돌려 줄행랑을 쳤을 것이다. 재빨리 휴대폰을 꺼내서 실제로 있지도 않은 FBI 요원 손자와 큰 소리로 통화를 하는 척하는 것도 좋은 방법 가운데 하나다.

언젠가는 여길 갈 거야!

최근 마일스 하비가 쓴 책 *The Island of the Lost Maps*(잃어버린 지도들의 섬)에 관한 블로그 포스트를 읽었다. 이 책은 길버트 블랜드라는 지도 도둑에 관한 실화를 바탕으로 한 책이다. 블랜드는 미국 전역의 도서관에서 귀한 고(古)지도를 훔쳐 팔았다. 하비는 고지도를 훔쳐서 판 도둑의 이야기에 끌린 이유를 다음과 같이 설명했다.

30대 때 나는 시카고에 있는 한 여행자 카페에 자주 들렀다. 벽은 발리에서 가져온 지도들로 도배되어 있고, 선반에도 머나먼 땅의 지도와 안내서가 가득 쌓여 있었다. 당시 나는 〈아웃사이드 매거진〉(*Outside Magazine*)에 글을 싣는 문학 평론가였다. 좋은 직업이었지만 점점 무료해졌다. 알다시피 내가 읽는 책들은 히말라야 최고봉을 오르고, 자전거로 아프리카 대륙을 횡단하고, 목선으로 대서양을 건너고, 중국의 제한구역까지 들어가 탐험한 사람들에 관한 책들이었다. 내 하루와 머릿속은 이런 모험 이야기로 가득했다. 하지만 정작 내 삶은 모험과는 거리가 멀었다. 카페 내부는 시계들에 둘러싸여 있었다. 각 시계는 머나먼 지역의 시간을 보여 주었다. 이 머나먼 땅들에서 시간이 가는 것을 보면서 나의 모험을 갈망하기 시작했다.[1]

또한 하비는 지도들을 보며 "나중에 어른이 되면 여길 갈 거야"라고 말한 조지프 콘래드의 소설 속 인물을 떠올렸다고 말했다. 다들 이 심정을 이해할 수 있을 것이다. 우리는 모험을 약속하는 지도들을 보며 생각한다. '언젠가! 언젠가 여길 갈 거야. 비록 지금은 현실적으로 힘들지만 언젠가는 갈 거야. 맡은 책임이 너무 많아서 당장은 힘들지만 언젠가는 갈 거야. 조금만 더 준비가 되면, 시간이 조금만 더 생기면, 방향을 좀 더 정확히 파악하고 나면, 좀 더 안전해지면, 언젠가는 여길 갈 거야.'

그래서 우리는 가만히 앉아 시계만 쳐다보며 세월을 흘려보낸다. 다른 누군가가 찍어 온 사진만 부러운 눈으로 쳐다본다. 다른 누군가가 살고 있는 흥미진진한 삶을 다룬 텔레비전 프로그램을 본다. 그러면서 자기 삶의 아이러니를 깨닫지 못한다. 종일 지도만 바라볼 뿐 과감히 모험에는 뛰어들지 못한다.

나도 성경에서 한 번에 한 사람에 관한 이야기를 연구하거나 선교사들의 전기를 읽을 때면 가슴이 뜨거워진다. 내 안에서 무언가가 살아난다. 하지만 대개 거기서 끝이다. 더 이상 나아가지 않는다.

하나님이 당신을 위해 멋진 모험을 예비하셨지만 그 모험 속으로 뛰어들지 않았다면? 하나님이 당신을 위해 마련하신 목적이 있지만 당신이 그 목적대로 살지 않았다면? 하나님이 당신 앞에 기회를 보내 주셨지만 당신이 그 기회를 잡지 않았다면? 당신이 참여해야 할 이야기가 있었지만 당신이 몸을 돌려 반대 방향으로 도망쳤다면? 지난 세월을 돌아볼 때 이런 것이 보인다면 기분이 어떨까?

나도 당신도 이러지 않기를 간절히 바란다. 그래서 우리는 우리 삶을 향한 하나님의 뜻을 따라 모험을 하는 것이 어떤 것인지 알아내야 한다. 좋은 소식은 하나님이 아들을 세상에 보내실 때 지도도 함께 보내셨다는 것이다.

새 계명, 새로운 사랑법

예수님은 십자가 형벌을 앞두고 체포되시던 날 밤, 가장 가까운 친구들과 마지막 시간을 보내며 그분의 뜻에 관해 말씀하셨다. 요한복음 13장에 예수님이 그들에게 전한 마지막 말씀이 기록되어 있다. 예수님은 그들과 그리 오래 머물 수 없다고 말씀하신 뒤에 그들을 향한 그분의 주된 목적 가운데 하나를 상기시키셨다. 34절에 그 목적이 나타난다. "새 계명을 너희에게 주노니 서로 사랑하라."

이것은 새로운 제안이나 아이디어, 입장, 추천 사항이 아니라 새로운 '명령'이다. 그런데 예수님은 왜 이것을 '새' 계명이라고 하셨을까? 생각해 보라. 이것은 전혀 새로운 것이 아니다. 다른 이들을 사랑하는 것은 처음부터 예수님이 전하신 메시지의 핵심 내용이었다. 이 명령을 새로운 명령으로 만드는 것은 바로 이어지는 말씀이다. "내가 너희를 사랑한 것같이 너희도 서로 사랑하라"(요 13:34).

예수님은 제자들에게 새로운 사랑법을 보여 주셨다. 제자들은 방금 발을 깨끗이 씻은 상태로 이 말씀을 들었다. 방금 전에 예수님이 그들 앞에 무릎을 꿇으시고는 그들의 발을 잡고 발가락 사이사이에 낀 때까지 깨끗이 씻겨 주시지 않았던가! 그래서 제자들은 예수님이 자신들을 사랑한 것같이 남들을 사랑하라는 것이 무슨 뜻인지를 똑똑히 알았다. 그것은 자신의 필요보다 남들의 필요를 먼저 챙기는 사랑이다. 그것은 자신보다 남들을 더 생각하는 사랑이다. 그것은 자신의 뜻을 고집하지 않고, 남의 잘못을 마음에 품지 않는 사랑이다.

예수님의 사랑을 가장 잘 담아낸 단어 가운데 하나는 '근접'(proximity)이다. 즉 가까이 다가가 친밀하고 밀접한 관계를 맺는 것이다. 우리는 성탄절마다 예수님이 우리 곁으로 오실 만큼 우리를 사랑하신다는 사실을 함께 축하한다. 바로 이것이 '임마누엘'의 뜻이다. "하나님이 우리와 함께 계신다." 그리스도가 이 땅에 오신 성육신 사건은 예수님의 사랑법이 근접을 필요로 한다는 사실을 분명히 보여 준다. 누군가와 거리를 유지하면서 그를 사랑하는 것은 불가능에 가깝다.

내 본능은 '거리 두기'

나는 길치다. 반대로, 아내는 방향감각이 '짜증 날 만큼' 좋다. 오해하지는 말라. 아내는 정말 좋은 여자다. 단지 아내의 완벽한 방향감각이 짜증 날 뿐이다. 아내는 어디에 있든 동서남북 방향을 정확히 안다. 나는 항상 차를 어디에 주차했는지 기억하지 못하지만, 아내는 차가 있는 곳의 경도와 위도를 정확히 안다. 아내는 어디에 있든 어느 방향으로 가야 할지를 정확히 안다.

그런데 아내는 방향각감은 완벽한데 운전은 좋아하지 않는다. 그렇다 보니 나는 항상 운전을 책임지고 아내는 길 안내를 책임진다. 맞다. 그래서 우리 부부는 자주 부딪힌다. 가끔은 하나님이 재미를 위해 우리를 평생의 여행 동반자로 짝지어 주신 것이 아닌가 하는 생각이 든다. 차 안에서 옥신각신할 때면 하늘을 향해 소리를 지르고 싶어진다. "하나님, 재미있으신가요?"

내 방향 본능은 엉망이다. 옳은 방향이다 싶어 가 보면 언제나 엉뚱한 곳에 이른다. 솔직히 내 본능을 따라가면 좀처럼 사람들을 사랑할 기회 앞에 이르지 못한다. 내가 원하는 대로 가면 하나님이 나를 통해 사랑하시려는 장소나 사람들 앞에 좀처럼 이르지 못한다. 사실, 내 자연적인 성향은 몸을 돌려 반대 방향으로 가는 것이다.

내 본능은 가까이 다가가지 않는 것이다. 내 본능은 '거리'를 두는 것이다. 특히, 내가 이 책에서 계속해서 이야기할 다음 네 범주의 사람들을 멀리하고 싶은 것이 내 본능이다.

1. 상대하기 까다로운 사람들.
2. 지치게 만드는 사람들.
3. 나와 다른 사람들.
4. '던전 앤 드래곤'(Dungeons and Dragons) 게임을 하는 사람들(농담이다! 아니, 순전히 농담만은 아니다).

하지만 예수님을 따르고 그분처럼 사람들을 사랑하려면 결국 내 자연스러운 본능을 거스르는 방향, 부담스러운 방향으로 갈 수밖에 없다는 사실을 깨달았다.

단 한 사람에게 다가가기 위한 수고

'벌거벗은 채로(눅 8:27 참조) 자신의 몸에 상처를 내면서 무덤가에서 살던 남자'와 예수님에 관한 이야기를 들은 적이 있는가? 그 남자는 우리 대부분이 피하고 싶어 하는 부류였다. 마가복음 5장에 그 남자에 관한 기록이 있다. 마가복음 5장을 살펴보겠지만 먼저 그 배경이 되는 마가복음 4장을 읽어 봐야 한다. 예수님이 가르침을 펼치시자 "큰 무리가 모여들"(막 4:1)었다.

무리. 예수님은 언제나 인파를 몰고 다니셨다. 그리고 예수님은 이 많은 사람을 가르치는 데 하루의 대부분을 사용하셨다. "그날 저물 때에 제자들에게 이르시되 우리가 저편으로 건너가자 하시니"(막 4:35).

예수님은 열두 제자에게로 고개를 돌려 호수 건너편으로 가야 하니 어서 배에 올라타라고 지시하셨다. 제자들에게 이는 예기치 못한 말씀이었다. "저편"은 거라사 지역이었기 때문이다. 거라사는 당시 사람들이 피하던 곳이었기에 당연히 제자들은 가고 싶지 않았다. 하지만 누가 내린 지시인데 감히 거부할 수 있으랴. "그들이 무리를 떠나 예수를 배에 계신 그대로 모시고 가매"(막 4:36).

제자들은 아직 몰랐지만 예수님은 무리를 떠나 한 사람에게로 향하고 계셨다. 때는 저녁 무렵이었다. 그런데 배로 호수를 건너는 중에 혼란이 찾아왔다. 거대한 풍랑이 몰려와 배가 뒤집힐 지경에 이르렀다. 예수님의 제자들 가운데 어부로 잔뼈가 굵은 이들까지 겁에 질려 비명을 질렀다. "물에 빠져 죽게 생겼습니다!"

합리적인 행동은 배를 돌리는 것뿐이었다. 하지만 그들은 그러지 않았다. 예수님은 거라사 지역까지 '반드시' 가셔야 하는 것처럼 보였다. 그렇게 죽을 고비를 넘긴 끝에야 비로소 목적지에 도착했다. 그리고 그곳에서 아주 잠시만 머물렀다. 아마 두어 시간쯤 머물렀을 것이다. 그리고 그 짧은 시간 동안 오직 '한 가지 일'만 일어났다. 그러고 나서 그들은 곧장 돌아갔다. 돌아오는 길에 제자들은 고개를 갸우뚱했을 것이다. '겨우 이거 하나 하자고 죽을 고비까지 넘겨 가며 여기까지 왔다 간단 말인가?'

그 하나는 무엇이었을까? 바로, 한 사람. 단 한 사람. 이 남자의 삶은 완전히 망가져 있었다. 마을 사람들은 그를 너무 위험한 존재로 여겨 마을에서 멀리 떨어진 공동묘지에 가두어 두었다. 그는 오래도록 옷을 입지 않고 살았을뿐더러 무덤가에서 발견한 삐쭉삐쭉한 돌로 자기 몸에 상처를 내곤 했다.

모두가 그를 괴물로 여겼다. 하지만 예수님의 줌렌즈로 그를 보면 괴물이 보이지 않았을 것이다. 불쌍한 한 남자가 보였을 것이다. 아무도 그에게 가까이 다가가지 않았다. 모두가 어떻게든 그를 피하려고만 했다. 우리가 예수님의 인도하심을 따르고 있다는 확실한 증거 가운데 하나는 한 번에 한 사람에게 가까이 다가가는 것이다. 상대하기 까다로운 한 사람에게, 지치게 만드는 한 사람에게, 나와 다른 한 사람에게.

"왜 아무도 길을 건너오지 않았을까요?"

우리는 두려움에 발목이 잡히는 경우가 너무도 많다. 내가 자주 가서 설교하는 곳들이 있는데, 교도소도 그중 하나다. 원래부터 그랬던 것은 아니다. 사실 오랫동안 나는 그곳을 피해 왔다. 하지만 예수님은 끈덕지게 내게 그 방향을 가리키셨다. 나는 그저 책과 영상 자료만 보내려고 했지만 예수님은 내가 직접 그들에게 가까이 다가가기를 원하셨다.

몇 해 전, 한 주립 교도소에서 수감자들에게 설교를 전한 적이 있다. 그때 내게 자신의 사연을 털어놓은 한 남자가 지금도 잊히지 않는다. 저녁 예배 시간에 그를 봤는데 자꾸만 눈길이 갔다. 우리는 너무도 달랐다. 그는 덩치가 크고 근육이 우람했다. 헬스클럽 좀 들락거린 사람이 분명했다. 또한 문신이 양팔을 타고 올라가 목까지 뒤덮고 있었다.

그는 내게 다가와 자기 성경책에서 사진 한 장을 꺼냈다. 더 젊은 시절의 그가 어느 집 앞마당에 서 있었다. 그의 뒤로 거리가 보였다. 그는 내게 사진을 내밀며 말했다. "이 집에서 7년을 살았습니다. 한번 보세요. 뭔가 특별한 게 있는지 찾아보시겠어요?"

몇 분간 뜯어보았다. 일단, 여름날에 찍은 듯 보였다. 소매를 걷은 팔에 문신이 보였다. 앞주머니에는 기름 닦는 걸레가 삐져나와 있었고, 한 손으로 맥주잔을 들어 카메라 쪽으로 내밀고 있었다. 도대체 뭘 찾으라는 것인지 알 수가 없었다. 그의 낯빛이 점점 변하는 것을 보니 조바심이 났다. 어서 이 친구가 의미하는 것을 찾고 싶었다.

그때 배경에서 그것을 보았다. 도로 건너편에 있는 그것. 초점이 조금 벗어나 흐릿하게 보였다. 나는 사진을 그에게 돌려주며 말했다. "길 건너편에 교회가 있는 곳에 사셨군요." 그러고 나서 거의 본능적으로 이렇게 말했다. "죄송합니다." 이 대화가 어떻게 흘러갈지 짐작이 갔다.

그곳은 우리 교회는 아니었다. 나는 그 교회의 목사가 아니었다. 나는 그 교회 안에 발을 들인 적이 없었다. 그래도 미안했다. 어떤 사연일지 짐작이 갔기 때문이다. 그는 그곳에서 7년간 살았지만 그 교회 사람이 그의 집에 찾아와 문을 두드린 적은 단 한 번도 없었다. 그 교회 목사가 인사를 하러 온 적도 단 한 번도 없었다.

일요일에 그가 차고에서 오토바이를 손보고 있을 때면 사람들이 말끔하게 차려입고 이 작은 동네 교회로 오는 모습이 보였다. 그들은 분명 그를 보았다. 하지만 유심히 보지도 눈을 마주치지도 않았다. 교회와의 유일한 접촉은, 그의 집 잔디가 너무 길어 보기 흉하니 깎으라고 교회 측에서 촉구하는 메모를 그의 집 우편함에 붙여 놓은 사건이 전부였다.

남자는 이 이야기를 한 뒤에 내게 물었다. "적어도 길을 건너와 내게 예수님에 관한 이야기를 해 줬어야 하는 것 아닌가요? 왜 아무도 그러지 않았을까요? 전도해도 내가 가지 않았을지 모르지만 말이라도 해 봐야 하는 것 아닌가요? 왜 아무도 내게 교회에 나오라는 말을 하지 않았을까요? 이해할 수가 없습니다. 왜 예배 후에 길을 건너와 내게 한마디 말을 건네는 사람조차 한 명도 없었을까요?"

그는 그때 자신이 예수님을 영접했더라면 삶이 완전히 달라졌을 거라며 한숨을 푹 내쉬었다. 그는 만취한 상태로 사람을 죽였고, 그 죄로 수십 년간 복역하고 있었다. 그는 교회 길 건너편에 있는 집의 앞마당에서 찍은 사진을 성경책에 끼워 넣고 지니고 다녔다. 그는 정말 가까이에 있었다. 바로 길만 건너면 되었다. 그는 매일 아침 현관 앞에 나와 건너편 건물 꼭대기에 있는 십자가의 그림자 위에 서 있었다. 사람들은 훗날 그의 삶을 변화시켰던 사람처럼 성경책을 겨드랑이에 끼고 그 건물을 들락거렸다.

그는 알고 싶었다. "왜 아무도 길을 건너오는 것조차 하지 않았을까요?"

처음에는 그의 질문이 질문을 가장한 질책이라고 생각했다. 교회에서 자란 나 같은 사람에게는 답이 뻔해 보였기 때문이다. 하지만 아무 말 없이 나를 응시하는 그를 보고 그가 정말로 모른다는 것을 알았다. 그래서 나는 진실을 말해 주었다. "당신은 그들과 너무 달랐기 때문이에요. 그들은 두려웠던 겁니다."

내가 이렇게 설명하기는 했지만 그는 그럴 수 있겠다고 생각하면서도 그것을 믿고 싶지 않은 눈치였다. 그는 화가 나 있었다. 아니, 슬퍼하고 있었다. "그래도 이건 아니에요."

물론 그의 말이 옳았다. 하지만 그 교회가 길을 건너가지 않은 것이 내게는 전혀 뜻밖의 일이 아니었다. 내가 그 교회나 그곳의 목사를 알았기 때문이 아니다. 내가 놀라지 않은 것은 나를 잘 알기 때문이었다. 나도 길을 건너갈 자신이 없었기 때문이다. 내 안에 예수님을 따르고 싶지만 길은 건너고 싶지 않은 무언가가 있다. 우리는 하나님의 뜻을 행하기를 원한다. 다만 지도가 안전지대 밖을 가리키지 않는 한 말이다.

현재 자리에 머물러선 안 된다

사도행전은 첫 제자들에 관한 이야기를 전해 준다. 사도행전 8장에 보면 가까이 다가가는 일의 중요성을 증명해 보인 빌립이라는 제자가 나온다. 그는 사마리아의 신생 교회에서 사역하고 있었다. 그는 '부흥회'를 인도하는 중이었다.

> 빌립이 하나님 나라와 및 예수 그리스도의 이름에 관하여
> 전도함을 그들이 믿고 남녀가 다 세례를 받으니(행 8:12).

여기서 "남녀가 다"라는 말을 눈여겨보자. 그렇다. 빌립은 하나님께 그야말로 한창 '크게' 쓰임받는 중이었다. "주의 사자가 빌립에게 말하여 이르되 일어나서 남쪽으로 향하여 예루살렘에서 가사로 내려가는 길까지 가라 하니 그 길은 광야라 일어나 가서"(행 8:26-27).

왜 하나님은 초대 교회에서 매우 중요한 리더인 빌립을 수백 명에게 영향을 미치는 장소에서 멀리 떨어진 광야로 보내셨을까? 한 사람 때문이었다. 단 한 사람. 하나님은 단 한 사람을 구원하기 위해서 이토록 먼 길을 감수하신다. 사마리아에는 군중이 있었지만 '한 번에 한 사람'이 세상을 변화시키시는 예수님의 방식이다.

천사가 빌립에게 성공적인 목회를 내려놓고 먼 길을 떠나라고 했을 때 그 이유에 대해서는 한마디 설명도 없었다. 하지만 빌립은 그냥 일어나 갔다. 이 얼마나 아름다운가. 빌립은 자신이 왜 가야 하는지 이유를 몰랐지만 군말 없이 갔다. 그는 하나님의 지시에 반대하지 않았다. 심지어 질문도 하지 않았다.

우리 삶을 위한 하나님의 뜻을 경험하고 싶다면 그분의 음성에 귀를 기울이고 순종해야 한다. 예수님을 따른다면 하나님이 쓰고 계시며 우리도 참여하기를 원하시는 놀라운 이야기 속으로 걸어 들어가야 한다.

빌립은 왜 그곳으로 가라 명령하셨는지 알지 못했지만 일어나 갔고, 거기서 "에디오피아 사람 곧 에디오피아 여왕 간다게의 모든 국고를 맡은 관리인 내시"(행 8:27)를 만났다.

내시란 남성의 은밀한 부위를 제거한 사람을 말하는데, 당시 궁중에서 일하는 남성들이 궁중 내의 여인들을 건드리지 않도록 그런 조치를 취했다. 한마디로 이는 업무 규정이었다. 이것이 그 에티오피아 내시가 내시인 이유였다. 그는 에디오피아인이었고 그것도 내시였기 때문에 당시 사람들은 그를 하나님이 위하시지 '않는' 사람이라 여겼다. 그는 너무도 '달랐다.' 하지만 예수님은 우리가 사람들을 그분의 눈으로 보도록 도와주신다.

빌립이 만났을 때 내시는 수레를 타고 구약의 이사야서를 읽고 있었다. 당시 수레를 갖고 있었다는 것은 오늘날로 치면 롤스로이스를 소유한 것과 비슷하다. 한마디로 그는 돈이 많은 재력가였다. 그런데도 그는 허전했고, 다른 무언가를 찾고 있었다. 우리는 주변의 부유한 사람들이 예수님에게 아예 관심이 없을 거라고 생각한다. 하지만 꼭 그렇지는 않다. 많은 부자들이 돈 외에 다른 것을 찾고 있다. 이 에디오피아 남자도 다른 것을 열심히 찾는 중이었다.

"성령이 빌립더러 이르시되 이 수레로 가까이 나아가라 하시거늘"(행 8:29).

빌립처럼 하나님의 인도하심을 따르면 수레로 가까이 가게 되어 있다. 빌립이 가까이 다가가지 않았다면 그는 이 내시에게 영향을 미치지 못했을 것이다. 당신이 찾아가야 할 수레는 평소 운동하는 헬스클럽일 수 있다. 자주 장을 보는 시장이나 마트일 수도 있다. 자주 가는 카페나 식당일 수도 있다. 당신이 일하는 직장과 사는 동네도 당연히 당신이 찾아가야 할 수레다.

하나님은 그분에게서 멀리 떨어져 있는 사람들 가까이로 당신을 보내시고 그들에게 예수님을 전할 기회를 마련해 주실 것이다. 그 기회를 잡으려면 현재의 자리에 머물러서는 안 된다. 빌립의 경우가 그러했다. 생각해 보라. 전혀 다른 언어를 사용하는 에티오피아 사람이 어쩌다 보니 헬라어를 공부하고 나서 수레를 타고 수천 킬로미터를 여행하다가 광야에서 성경책을 읽고 있는데 빌립이 찾아왔다. 이는 결코 우연이 아니다. 하나님의 섭리로 이루어진 일이다.

우리 가까이에 있는 사람들이 그곳에 있는 것을 우리가 우연으로 여기지 않는다면? 비행기 안에서 옆자리에 앉은 사람, 식당에서 당신의 테이블에 음식을 날라다 주는 종업원, 당신의 헤어스타일을 매만져 주고 있는 미용사나 이발사, 자녀의 유치원 재롱잔치에서 당신 옆에 앉은 엄마나 할머니, 같은 동네 주민······. 그들을 하나님이 태초부터 계획하신 뒤 적시에 당신의 인생길로 이끄신 이들로 여기기 시작한다면?

빌립은 수레로 "달려가서"(행 8:30) 예수님을 전했다. 빌립이 이 임무를 해낸 과정이 실로 본받을 만하다. 이 책을 통해 여행을 함께하면서 우리는 예수님에 관한 대화를 어떻게 진행할지 예수님께 배울 수 있을 것이다. 빌립은 이것을 완벽하게 해냈다. 빌립은 눈앞의 상황에서 자연스레 생겨난 질문으로 대화를 시작했다. 그리고 나서 귀를 기울였다.

빌립은 "예수를 가르쳐 복음을 전"(행 8:35)했다. 이 말씀처럼 우리가 사람들에게 전해야 하는 것은 '예수 복음'이다. 빌립은 자신의 윤리나 가치, 정치적 견해를 이야기하지 않았다. 그는 예수님을 가리켰고, 내친김에 에티오피아 내시에게 하나님께 더 가까이 나아가라고 초대했다. 그 결과는?

> 길 가다가 물 있는 곳에 이르러 그 내시가 말하되 보라 물이 있으니 내가 세례를 받음에 무슨 거리낌이 있느냐 이에 명하여 수레를 멈추고 빌립과 내시가 둘 다 물에 내려가 빌립이 세례를 베풀고(행 8:36-38).

세상에! 이 얼마나 멋진 이야기인가! 하나님은 당신을 위해 바로 이런 이야기를 계획하셨다. 하지만 이런 이야기 속으로 들어가려면 현재의 자리에 머물러서는 안 된다. 집에서 나와야 한다. 도망치고 싶은 마음이 들 때도 있을 것이다. 하지만 예수님은 '앞으로' 달려가라고 말씀하신다.

모험을 하지 않을 때 찾아오는 후회가 더 크다

하나님이 원하시는 것을 하려면 가까이 다가가야 하는데, 가까이 다가가는 것은 위험한 일이다. 예수님이 벌거벗은 채 자해를 일삼는 미치광이와 이야기를 나누기 위해 묘지로 들어가신 것은 보통 위험천만한 일이 아니었다. 빌립이 부흥회 현장을 떠나 그 광야로 간 것도 그의 사역에 위험한 일이었다.

동료에게 신앙을 전하거나 식당 종업원에게 영적 대화를 시도하거나 이웃을 교회에 초대하려면 부담감이 들 수밖에 없다. 이 두려움을 극복하고 모험을 할 수 있어야 한다. 두려움을 몰아내기 위한 열쇠가 무엇인지 아는가? 그것은 보상을 바라보는 것이다. 보상을 바라보는 자만이 모험을 할 수 있다. 예를 들어, 우리는 불타는 집으로 뛰어들지 않는다. 왜일까? 위험하기 때문이다. 그 위험을 무릅쓰기에는 두려움이 너무 크기 때문이다. 하지만 우리 자녀가 그 안에 있으면 조금도 망설이지 않고 집 안으로 뛰어든다. 왜일까? 위험도 똑같고 두려움도 똑같지만 이 경우에는 보상(자녀를 구하는 것)이 위험을 무릅쓸 가치가 있기 때문이다.

우리는 하나님에게서 멀리 떨어져 있는 사람들에게 가까이 다가가지 않으려고 할 때가 너무도 많다. 우리는 상대하기 까다로운 사람들과 우리를 지치게 만드는 사람들, 자신과 다른 사람들에게서 거리를 두려고 한다. 위험이 따르기 때문이다. 거부당할 위험이 있다. 어리석게 보일 위험이 있다. 그들의 질문에 답하지 못해 쩔쩔매게 될 위험이 있다. 이 상황에서 위험을 바라보면 두려움에 사로잡혀 한 발자국도 나아갈 수 없다. 하지만 보상을 바라보면 두려움을 극복하고 위험을 무릅쓸 수 있다.

우리 가까이 있는 사람들은 모두가 하나님의 자녀다. 하나님의 뜻은 예수님이 우리를 사랑해 주신 것처럼 우리가 그들을 사랑해 주는 것이다. 위험을 무릅쓰는 것은 누구에게나 두려운 일이다. 하지만 우리는 모험을 하는 것보다 모험을 하지 않을 때 찾아오는 후회를 더 두려워해야 한다. 인생의 끝에 이르러 하나님이 자신을 위해 계획하신 목적, 모험, 이야기를 놓쳤다는 사실을 깨닫고 땅을 치며 후회하고 싶은 사람은 아무도 없을 것이다.

우리가 길을 건널 때 일어나는 일들

이 장을 시작하며 소개한 로스앤젤레스 남중부의 뒷골목이 기억나는가? 당신이 노인인데 방금 교도소에서 출소한 깡패가 당신을 향해 걸어오고 있다면 어떻게 하겠는가?

그 깡패는 알프레드 로마스라고 하는 내 친구다.[2] 저 이야기를 내게 들려준 사람이 바로 로마스다. 그는 갱단의 일원으로 29년을 살았다. 그의 삶은 열두 살 때부터 폭력과 마약으로 얼룩져 있었다. 그는 그 할머니가 뒷골목 깡패였던 자신에게 다가왔던 그날의 충격을 이야기하면서 너털웃음을 터뜨렸다. 그 할머니와 마주선 순간 그는 혼란에 빠졌다. 할머니는 그에게 인사를 건네며 배가 고프냐고 물었다. 그는 여전히 혼란스러우면서도 고개를 끄덕였다. 그러자 할머니는 이렇게 말했다. "내가 길을 잃었어요. 길을 안내해 주면 음식을 줄게요."

로마스가 할머니를 따라간 곳은 드림 센터(Dream Center)라고 하는 기독교 사역 단체 사무실이었다. 로마스는 그곳에서 음식을 얻었을 뿐 아니라 그곳에서 그와 같은 이들을 위해 마련한 프로그램을 1년간 이수했다. 그 프로그램에서 그는 태어나서 한 번도 경험해 보지 못한 무언가를 경험했다. 그것은 '새로운' 종류의 사랑, 무조건적인 사랑이었다. 로마스는 하나님이 자신을 위하시고 예수님이 자신을 사랑하신다는 사실을 알았고 결국 예수님을 구주로 영접했다.

로마스와 나는 그날 오후를 함께 보냈다. 그는 내게 하나님이 로스앤젤레스 남중부에서 어떤 역사를 행하고 계신지 보여 주었다. 현재 그는 그 지역에 사는 가난한 사람들에게 매년 80톤의 음식을 나눠 주는 사역을 책임지고 있다. 그는 한때 불구대천의 원수였던 상대편 갱단 조직원들에게 음식을 나눠 주기 시작했다. 결국 그는 로스앤젤레스의 모든 사람이 불가능하다고 생각했던 일을 이루어 냈다. 그 지역 3대 갱단 조직 간의 휴전을 중

재해 낸 것이다. 덕분에 폭력 발생률이 눈에 띄게 낮아졌다.

로마스의 행보는 언론의 관심을 끌었다. 한 기사는 도시가 폭력과 마약 근절을 위해 수천만 달러를 쏟아붓고 온갖 법을 제정했지만, 그 효과는 로마스가 단순히 라이벌 갱단에게 약간의 음식과 많은 사랑을 준 것에 훨씬 못 미친다고 설명했다.

이는 믿을 수 없이 놀라운 이야기다. 이 이야기의 주인공을 아는가? 주인공은, 방향을 몰랐지만 하나님의 뜻대로 살기 위해 두려움을 떨쳐 내고 길을 건너 하나님에게서 멀어져 있던 누군가에게 다가갔던 한 작은 체구의 할머니다.

4

평범한 순간순간 '눈뜨고 기도하는 법'을 배우라

: 단순히 안쓰러운 기분에서 한 발 더 나아가려면

지금 당신이 느끼는 주된 감정을 하나만 꼽으라면 무엇을 꼽겠는가? 한 연구에 따르면 우리가 경험할 수 있는 감정은 6,000에서 34,000가지에 이른다고 한다. 여기서 34,000가지 감정을 다 나열할 수는 없다. 당신이 주로 느끼는 감정을 굳이 당신 스스로 찾을 필요도 없을지 모른다. 자기 감정 상태를 잘 모르겠다면 주변 사람들에게 물어보라. 그들이 섣불리 대답하지 못한다면 당신은 '짜증'이나 '성질'이 많은 사람일 가능성이 높다.

나는 예수님이 이 땅에 사시는 동안 주로 느끼신 감정이 무엇이었는지 알고 싶어 사복음서를 찬찬히 정독했다. 예수님은 피곤함, 기쁨, 분노, 답답함, 역겨움, 슬픔, 외로움, 거부감을 경험하셨다. 하지만 그중에서도 성경에 가장 많이 나타난 예수님의 감정은 바로 불쌍히 여김, 즉 긍휼(compassion)이다. 인간이 느끼는 대부분의 감정은 자기중심적이다. 우리의 감정은 주로 특정한 순간에 우리 자신이 경험하는 것에 따라 결정된다. 하지만 예수님의 주된 감정은 '다른 사람들'의 상황에 따라 결정되었다.

내가 긍휼이 많은 사람인 줄 착각했다

내 아내는 내가 슬픈 드라마만 보면 운다고 놀린다. 나는 가난한 동네에서 굶주리는 아이들을 보여 주는 공익광고만 봐도 눈물을 훔친다. 고통을 겪는 사람들을 보면 마음이 찢어진다. 오랫동안 나는 긍휼을 이런 감정으로 이해했고, 그래서 내가 긍휼이 많은 사람이라 착각했다.

하지만 복음서들에서 예수님이 긍휼을 보이신 상황들을 조사하다가 그분의 경우에는 불쌍히 여기는 감정 이후에 반드시 한 가지 접속사가 나타난다는 사실을 발견했다. "예수님이 불쌍히 여기셨다"로 끝나지 않는다. 언제나 "예수님이 불쌍히 여기셨다. 그래서……"로 진행된다. 마태복음 20장 34절에서 예수님은 두 맹인을 불쌍히 여기셨다. 그래서 그들의 눈을 만지셨다. 마가복음 1장 41절에서 예수님은 사람들을 불쌍히 여기셨다. 그래서 그들을 고치셨다. 마가복음 6장 34절에서 예수님은 사람들을 불쌍히 여기셨다. 그래서 그들을 가르치셨다.

예수님의 불쌍히 여기심 뒤에는 언제나 행동이 따랐고, 그로 인해 놀라운 이야기가 탄생했다. 복음서들에서 한 번에 한 사람에 관한 수많은 이야기가 예수님의 긍휼에서 비롯했다.

동정인가 긍휼인가

예수님의 삶을 보면 긍휼은 단순한 감정이 아니다. 긍휼은 누군가를 애처롭게 여기는 것에서 한 걸음 더 나아간다. 예수님은 긍휼이 육체적인 반응을 이끌어 낼 만큼 강한 감정이라는 사실을 보여 주신다. 진정한 긍휼의 증거는 '그래서'다.

나는 아들과 자주 스키를 타러 다녔다. 주로 우리는 콜로라도 주로 가서 3-4일간 스키를 즐긴다. 로키산맥에서 스키를 타다 보면 사람들이 넘어져 심하게 나자빠지는 모습을 자주 보는데 늘 안쓰럽고 딱한 마음이 든다.

마지막으로 콜로라도 주에 갔을 때 우리는 어느 때처럼 리프트를 타고 산 정상으로 올라갔다. 이미 내 실력을 추월한 10대 아들에게 너무 빨리 내려가지 말고 능력의 범위 안에서 스키를 즐기라고 장황한 잔소리를 늘어놓았다. 아들이 먼저 산 아래로 내려가서 나를 기다리면 우리가 만나 다시 리프트를 타고 올라오기로 했다. 마침내 정상에 이르니 '악마의 코스'와 '지옥의 협곡' 같은 친숙한 이름의 슬로프들이 우리를 맞이했다.

우리가 처음 탄 슬로프에서 내가 그 슬로프 명칭에 걸맞은 조심성으로 지그재그로 내려가는(공식 명칭은 '피자 스키 타기'일 것이다) 사이 아들은 순식간에 내 시야에서 사라졌다. 절반쯤 내려갔을까, 내 왼쪽에 누군가가 쓰러져 있는 것이 보였다. 그의 스키와 폴은 사방에 흩어져 있었다. '아이고 딱해라!' 그는 완전히 뻗어서 신음을 내뱉고 있었다. 안타깝긴 했지만 내가 할 수 있는 일은 별로 없었다.

그때 갑자기 그가 누구인지 알게 되었다. '아들?' 순간, 나는 아들에게로 미친 듯이 달려갔다. 가서 보니 쇄골이 부러져서 극심한 고통에 시달리는 상황이었다.

그 순간 내 반응은 '동정'(sympathy)과 '긍휼'(compassion)의 차이점을 극명하게 보여 준다. 쓰러진 사람이 낯선 사람에서 내 아들로 바뀌는 순간, 내 감정은 더 이상 단순한 안타까움이 아니었다. 말 그대로 내 가슴이 찢어졌다. 이런 강한 감정은 육체적인 반응을 이끌어 냈다. 줌렌즈의 순간이었다. 이제 그 아이를 돕기 위해서라면 내가 못할 일은 없었다. 그 순간, 아무도 나의 행동을 말릴 수 없었다.

예수님이 보여 주신 것은 바로 이런 종류의 긍휼이었다. 신음하는 '모든' 사람이 그분이 아들이요 딸이었다. 긍휼은 우리의 무관심에 딱 맞는 해독제다.

눈뜨고 기도하는 법을 배워야 한다

긍휼이 '한 번에 한 사람'의 삶을 살기 위한 원동력이라면 어떻게 해야 우리의 긍휼이 자랄 수 있을까? 상처로 신음하는 사람들과 사랑하기 힘든 사람들을 향한 긍휼을 키울 방법에 관해서는 다음 장에서 논할 것이다. 하지만 눈을 뜨고서 하는 기도에 관해서는 여기서 먼저 살펴보고 넘어가자.

나는 기도하기에 적합한 시간들이 있다고 배우며 자랐다. 식사 전과 잠자리에 들기 전에는 당연히 기도를 해야 하고, 교회에서도 기도해야 한다(공부를 하지 않고 시험을 볼 때 도움을 요청하는 기도도 적절한 것이라고 여겼다). 하지만 예수님의 제자들은 '항상' 합심하여 기도했다. 그리고 성경은 우리에게 "항상 성령 안에서 기도하고"(엡 6:18), "쉬지 말고 기도하라"(살전 5:17)고 명령한다.

기도하기에 적합한 때가 있다. 바로 '지금'이다. 기도는 예수님을 의지함을 표현하는 길이며, 우리는 '항상' 예수님께 의존한다. 따라서 항상 기도해야 한다. 우리는 이 사실을 항상 기억해야 한다.

또한 나는 기도하는 '올바른' 방법이 있다고 배우며 자랐다. 고개를 숙이고 눈을 감는 것이 기도의 정석이었다. 우리 집에서는 기도 중에 고개를 숙이고 눈을 감지 않으면 큰 잘못으로 여겼다. 저녁 식사 기도가 끝나면 내 여동생이 범인을 신고했다. "저는 NBC 아무개 기자입니다. 다들 자리에 앉아 주시겠습니까?" 그렇게 말하고 나서 카메라로 찍은 비디오테이프를 틀어 기도 중에 내 눈이 떠 있는 것을 보여 주었다. 그러면 나는 항변했다. "아주 잠깐 떴다 감았을 뿐이야!" 그리고 나서 곧바로 반격을 했다. "그리고 너는 눈을 감고서 어떻게 내가 눈을 뜬 걸 알았어?"

그때는 그것이 내가 내놓을 수 있는 최선의 항변이었다. 하지만 지금은 훨씬 더 나은 항변을 펼칠 수 있다. 그것은 '항상' 기도해야 한다면 눈을 뜨고서 기도해야만 한다는 것이다. 눈을 뜨고 기도하는 법을 배우면서 하나님과의 관계만이 아니라 사람들을 보는 시각도 달라졌다.

줌렌즈를 통해 세상을 보기 위해서는 눈을 뜨고 기도하는 법을 배워야 한다. 하루를 살면서 한 번에 한 사람씩 보며 눈을 뜨고 기도하면 내 마음이 원래 눈여겨보지 않던 사람들에게로 향한다. 눈을 뜨고 기도하면 예수님이 보신 것을 보고 예수님이 느끼신 것을 느끼며 예수님이 행하신 것을 행하는 데 도움이 된다.

평범한 나날을 긍휼의 렌즈로 볼 때

예수님이 12년 동안 혈루병을 앓던 여인을 치유해 주신 이야기의 바로 앞 장인 누가복음 7장에 아들을 잃은 여인에 관한 이야기가 나온다.

예수께서 나인이란 성으로 가실새 제자와 많은 무리가
동행하더니 성문에 가까이 이르실 때에 사람들이 한 죽은 자를
메고 나오니 이는 한 어머니의 독자요 그의 어머니는 과부라 그
성의 많은 사람도 그와 함께 나오거늘(눅 7:11-12).

오늘날 길거리에서 시체를 메고 가는 장례 행렬을 본다면 우리는 신기한 눈으로 쳐다볼 것이다. 그런 일이 흔치 않으니 말이다. 하지만 예수님 당시에는 매우 흔했다. 사람들은 매일 죽었고, 사람들이 죽으면 으레 이런 장례 행렬이 나타났다. 사람들이 시체를 짊어지고 거리를 지나며 슬피 울었고, 먼저 떠나보낸 자식을 생각하며 슬퍼하는 아버지나 어머니가 행렬을 따라가곤 했다.

당시 사람들은 이런 풍경에 매우 익숙했다. 그래서 대부분의 사람들은 장례 행렬 쪽에 눈길도 주지 않았다. 하지만 눈을 뜨고 기도하면 일생의 평범한 순간 속에서 사람들을 보는 시각이 달라진다. 평범한 나날을 긍휼의 렌즈를 통해서 보면 하나님이 우리를 통해 특별한 일을 행하실 수 있는 기회들이 눈에 들어오기 시작한다.

그날은 그저 평범한 날이었다. 누가는 '두 무리'를 언급한다. 하나는 예수님과 함께 여행하는 무리였고, 다른 하나는 과부와 함께 가는 무리였다. 두 무리가 마을 어귀에서 합류하면서 그렇지 않아도 붐비는 곳이 더 복잡해졌다. 하지만 예수님이 한 사람에게 줌인하자 그 많은 무리가 희미해지면서 사라졌다.

"주께서 과부를 보시고 불쌍히 여기사 울지 말라 하시고"(눅 7:13). 사건의 순서를 눈여겨보라. 첫째, 예수님이 과부를 보셨다. 둘째, 예수님이 불쌍히 여기셨다. 눈으로 보는 것과 마음으로 느끼는 것이 연결되었다. 예수님은 눈으로 본 것을 마음으로 느끼셨다.

예수님은 아들의 죽음, 그것도 단 하나뿐인 자식이 죽어 슬퍼하는 과부를 보셨다. 당시 문화권에서는 직계가족 가운데 남자가 없으면 무시를 당하기 쉬웠다. 예수님은 단순한 동정이 아니라 긍휼히 여기셨고, 그 감정은 육체적인 반응을 이끌어 냈다. 예수님은 "울지 말라" 하시며 여인을 위로하셨다.

이는 마치 초짜들이나 하는 실수처럼 보인다. 장례식장에 가서 울지 말라는 말을 하지 말아야 한다는 것은 목회 상담학 기초에서나 배울 법한 상식이다. 하지만 예수님은 곧 어떤 일이 벌어질지 아셨기 때문에 "울지 말라"라고 말씀하실 수 있었다.

가까이 가서 그 관에 손을 대시니 멘 자들이 서는지라 예수께서 이르시되 청년아 내가 네게 말하노니 일어나라 하시매 죽었던 자가 일어나 앉고 말도 하거늘 예수께서 그를 어머니에게 주시니(눅 7:14-15).

예수님이 "그 관에 손을 대"셨다. 다른 역본들에서는 "관"을 "들것"이나 "뚜껑이 열린 관"으로 번역한다. 당시 이스라엘에는 지금처럼 측면과 뚜껑이 있는 관이 없었기 때문이다. 당시 "관"은 그냥 시체를 올려놓는 평평한 나무판이었다.

내가 볼 때 예수님은 시체 밑에 있는 나무판을 만지시지 않았다. 예수님이 시체를 만지셨을 것이라 생각한다. 어떤 경우든 있을 수 없는 일이었다. 예수님은 사람들이 '절대' 넘지 않는 선을 넘으셨다. 당시 종교 지도자들은 반드시 지켜야 할 500개 이상의 법을 만들었다. 그 법 가운데 하나는 시체는 물론이고 시체가 닿은 어떤 것도 만져서는 안 된다는 것이었다. 시체는 부정한 것이었기 때문에 그것을 만진 사람도 부정해졌다. 하지만 예수님은 이 여인을 불쌍히 여기셨다. 그래서 그녀를 돕기 위해 필요한 것이라면 무엇이라도 하실 수 있었다.

예수님은 청년을 만지셨다. 분명 군중은 그 충격적인 광경에 침을 꿀꺽 삼켰을 것이다. 하지만 이어서 훨씬 더 놀라운 일이 벌어졌다. '시체'가 침을 꿀꺽 삼킨 것이다. 예수님의 만지심이 그를 되살렸다.

긍휼의 행위가 일으키는 파급효과를 놓치지 말라. 우리는 한 번에 한 사람을 사랑하지만 그 하나의 행위는 다른 사람들에게로 흘러넘친다. 아들이 치유되었지만 어머니에게도 극적인 일이 벌어졌다. 과부의 유일한 희망은 아들이었다. 남편과 아들이 없는 여자는 돈을 벌기 위해 손가락질 받을 만한 일을 해야 하는 경우가 많았다. 그 여인에게 딸들이 있다면 돈이 더 필요할 것이다. 그러다 보면 그 딸들도 엄마와 같은 길을 걷게 될 가능성이 높다. 그런데 예수님이 여인의 아들을 만져 되살려 주셨다!

예수님은 청년을 어머니에게 돌려보냈다. 이때 예수님은 단순히 아들을 돌려주신 것이 아니라 잃어버린 희망을 돌려주셨다. 불과 몇 분 전만 해도 아무런 희망도 없던 여인이 희망을 되찾았다.

눈을 뜨고서 "예수님, 주님의 눈으로 사람들을 보게 도와주옵소서"라고 기도하면 예수님이 보신 것을 보고 예수님이 느끼신 것을 느끼며 무언가를 할 기회를 얻을 수 있다. 긍휼은 육체적인 반응을 이끌어 낸다. 진정한 긍휼의 증거는 행동이다.

방관자 효과

우리가 긍휼의 행동까지 나아가지 않고 동정에 머무르는 이유 가운데 하나는 심리학에서 말하는 방관자 효과다. 우리는 자신을 '응급 요원'으로 보지 않고 '걱정만 하는 방관자' 자리에 머무를 때가 너무도 많다. 행동의 위험을 회피한 채 단지 걱정해 준다는 사실에 스스로 뿌듯함을 느낀다. 방관자 효과는 군중이 비극적인 사건을 목격하고 기록까지 하지만 아무도 나서서 행동하지 않는 현상을 설명하기 위한 방법으로, 비교적 최근에 나온 개념이다.

방관자 효과에 관한 끔찍한 사례가 있다. 사진작가 케빈 카터 이야기다.[1] 그는 아프리카 사하라 사막 남쪽에서 벌어지는 인간 고통을 포착한 한 장의 사진으로 유명하다. 그 사진은 한 수단 소녀를 보여 준다. 가냘픈 소녀가 먹을 것을 얻기 위해 홀로 구호소로 기어 가고 있다. 사진의 배경에는 그 아이가 죽기만 기다리는 독수리 한 마리가 보인다.

한 소문은 카터가 더 좋은 사진을 찍기 위해 독수리가 날개를 펼 때까지 20분 정도 기다렸다는 것이다. 끝내 독수리가 날개를 펴지 않자 그는 그냥 사진을 찍었다. 그가 사진을 찍은 뒤에 독수리를 쫓아내고 나서 다른 무언가를 발견하고는 소녀를 그냥 두고 갔다는 이야기가 있다.

점점 더 많은 사람이 그 사진을 보다 보니 카터는 그 소녀에 관한 질문을 받기 시작했다. "소녀는 어떻게 되었을까요? 도움을 받았을까요?" 카터는 이런 질문에 답하지 않았다. 당연히 극심한 비판이 빗발쳤다. 카터는 사람들이 그곳의 상황을 몰라서 하는 말이라고 말했다. 그곳은 고통이 사방에 가득한 곳이어서 자신이 사진 속의 한 소녀를 도울 수는 있을지 몰라도 그런 소녀가 수천수만이라고 했다. 그래서 그는 사진만 찍고 아무런 조치도 취하지 않았다. 카터는 그 사진으로 퓰리처상을 수상했지만 집으로 돌아와 스스로 목숨을 끊었다.

그가 사진을 찍기는 했지만, 그 사진을 보고 고통과 굶주림에 관한 기사를 읽고 나서 아무런 행동을 하지 않는 우리는 덜 비난받을 만한가? 물론 우리는 변명을 한다. 우리가 행동하지 않고 방관자로 살아가는 이유로 흔히 대는 몇 가지 변명이 있다.

"내가 할 수 있는 것이 아무것도 없다"

이것이 케빈 카터의 생각이었다. 힘든 아이들이 너무 많아서 자신의 작은 노력 따위는 무의미할 것처럼 느껴졌다.

누가복음 7장에서 예수님은 그 순간 세상에 가득한 고통을 잘 알고 계셨다. 예수님은 아들을 잃은 과부가 그날 사랑하는 사람을 잃은 수많은 사람 가운데 한 명일 뿐이라는 사실을 잘 알고 계셨다. 그래서 이 과부를 도와 봤자 바뀌는 것은 없다며 그냥 지나치실 수도 있었다. 하지만 한 번에 한 사람이라는 태도로 사는 사람은 자기 앞에 있는 한 사람에게 집중한다.

우리는 "무엇을 해야 할지 모르겠고, 내가 뭘 해 봐야 바뀌는 것은 별로 없다"라고 말한다. 예수님은 죽음을 이기는 권세를 지니셨고 이 과부의 아들을 살리셨다. 이 이야기를 읽고 우리는 이렇게 생각한다. '내게 그런 힘이 있다면 나도 무언가를 할 거야. 내게 재벌만큼 돈이 있거나 스타만큼 영향력이 있거나 대통령만큼 힘이 있다면 무언가를 할 거야. 하지만 나처럼 평범한 사람이 뭘 할 수 있겠어?'

우리 힘으로 무언가를 해 봐야 작은 바가지 하나로 거대한 바닷물을 퍼내는 것에 불과해 보인다. 유진 피터슨은 이것을 "아프가니스탄화"(Afghanistanitus)라 부른다. 이것은 머나먼 오지에 있는 극도로 혹독한 환경에 가서 대규모 구호 사역을 벌여야만 사람들을 진정으로 도울 수 있다는 생각이다.

한 달 전에 차를 타고 가다가 나직이 찬송을 불렀다. 사실, 아들이 말하기 전까지는 내가 찬송을 부르는 줄도 몰랐다. "아빠, 무슨 찬송이에요?" 내가 찬송을 부르는 줄도 몰랐기 때문에 퍼뜩 놀라 차를 멈춰 세웠다. 그것은 초등학교 시절에 배운 하나님 사랑에 관한 다소 유치한 가사의 어린이 찬송이었다. 수십 년 동안 생각지도 않고 부르지도 않던 노래가 갑자기 내 입에서 흘러나왔다는 사실에 나 스스로도 놀랐다. 아들은 그 노래가 실제로 있는 찬송인지, 그렇다면 어디서 배웠는지 물었다.

내가 어릴 적 살던 동네에서 불과 몇 블록 떨어진 곳에 냅 할머니가 혼자 살고 계셨다. 할머니는 늘 웃는 얼굴이셨고, 집 냉장고에는 아이스캔디가 가득했다. '이로 포장을 뜯어서 바닥부터 밀어 올려서 먹는' 아이스캔디였다. 언제 어떻게 시작되었는지 모르겠지만 동네 모든 꼬마 녀석들은 냅 할머니 집에만 가면 언제나 아이스캔디를 공짜로 먹을 수 있다는 것을 알았다. 우리가 자전거를 타고 찾아가면 할머니는 집 문을 열어 주시고 거실 바닥에서 아이스캔디를 먹게 해 주셨다.

우리가 아이스캔디를 빠는 동안 으레 할머니는 성경 이야기

책을 펴서 짧은 이야기를 읽어 주셨다. 예수님에 관한 촌스럽지만 외우기 쉬운 찬송도 가르쳐 주셨다. 할머니는 그것이 별것 아니라고 생각하셨을지 모른다. 하지만 나 외에도 그 동네에서 어린 시절을 보낸 많은 중년 남성들이 냉장고를 아이스캔디로 가득 채운 한 할머니 덕분에 지금까지도 하나님의 사랑을 찬송하는 노래와 예수님에 관한 이야기를 기억하고 있을 것이다.

"나 말고도 할 사람이 많다"

눈을 뜨고 기도하면서 눈앞에 있는 힘든 사람을 본다. 하지만 다른 사람이 그를 도와줄 것이라고 생각하고 그냥 넘어간다.

대낮에 주차장에서 공격을 당한 젊은 여성에 관한 뉴스를 떠올려 보라. 뉴스에 따르면 적어도 열 명 이상이 현장에서 사건을 목격했다. 그중 적잖은 사람이 휴대폰을 꺼내 영상을 찍었다. 하지만 아무도 여성을 직접 돕지는 않았다. 아무도 나서지 않았다. 아무도 개입하지 않았다. 심지어 경찰에 전화를 걸어 준 사람도 한 명도 없었다.

증인들은 인터뷰에서 피해자를 걱정하는 말을 했다. 하지만 왜 아무도 행동하지 않았을까? 그 주차장에는 사람들이 꽤 있었기 때문에 다들 다른 누군가가 도와줄 거라고 생각했다. 서로 다른 사람이 행동할 거라고 생각했기 때문에 아무도 나서지 않았다.

　다른 누군가가 가던 길을 멈추고 저 노숙자를 살필 것이다. 다른 누군가가 저 아이를 후원할 것이다. 다른 누군가가 며칠 동안 모습을 보이지 않는 동료에게 전화를 걸 것이다. 다른 누군가가 인신매매를 당한 그 여성들을 위해 행동에 나설 것이다. 다른 누군가가 저 고아들을 데려갈 것이다. 다른 누군가가 저 방황하는 아이들에게 안전한 장소를 제공하고 사랑으로 돌볼 것이다.

　우리가 행동하지 않고 방관자로 남는 또 다른 이유가 있다. 우리는 이 이유를 절대 입 밖에 내지 않는다. 심지어 자기 자신에게도 인정하지 않는다. 하지만 자신을 정말 솔직히 돌아본다면……

"별로 신경 쓰지 않는다"

　우리 대부분은 자신이 긍휼의 반대 감정을 품고 있지 않기 때문에 긍휼한 마음이 있다고 생각한다. 우리가 흔히 생각하는 긍휼의 반대는 미움이다. 우리는 어려운 사람들을 미워하지 않기 때문에 스스로 긍휼한 마음이 있다고 생각한다. 하지만 유의어 사전을 찾아보면 긍휼의 반대는 미움이 아니다. 긍휼의 반대는 무관심 혹은 냉담이다. 긍휼의 반대는 아파하는 사람을 보고 고개를 돌려 외면하는 것이다. 긍휼이 팔을 활짝 펴고 다가가는 것이라면, 긍휼의 반대는 꽉 쥔 주먹으로 때리는 것이 아니다. 긍휼의 반대는 손을 호주머니에 넣고 어깨를 으쓱하고서 몸을 돌려 그 자리를 떠나면서 "이건 내 문제가 아니야"라고 혼잣말을 하는 것이다.

지금은 세상을 떠난 설교자 프레드 크래독은 초대 교회 리더들이 무관심의 영이 신자들의 삶에 얼마나 위험한지를 이해했다는 점을 지적했다.[2] 오래전, 성경책이 많지 않고 보통 사람들은 글을 읽을 줄 모르던 시절, 교회 리더들은 '죽음에 이르는 일곱 가지 죄'라고 알려진 죄 목록을 만들었다. 이 일곱 가지 죄들의 목록은 성경 어디에도 없지만, 리더들은 성경을 연구한 끝에 사람들이 하지 말아야 할 것을 알 수 있도록 이 목록을 만들었다.

이 목록에 있는 대부분의 죄들은 우리가 쉽게 예상할 수 있는 것들이다. 하지만 한 가지는 고개를 갸우뚱하게 만든다. 그 죄는 '게으름'(나태)이다. 게으름은 딱히 치명적으로 보이지 않는다. 단지 강가에 누워 너무 많은 시간을 보내는 것 정도로 들린다. 라틴어 원어로 이 단어는 '아케디아'이며, 사실 게으름이라는 번역은 그리 잘 어울리지 않는다. 더 정확한 번역은 '신경 쓰지 않는 것'이다. 사람이 닳고 닳아서 주변에 있는 신음하는 사람들에게 냉담할 정도로 된다면 실로 위험하고 치명적인 상태라 할 수 있다.

내가 놓쳐 버린 기회들

나인성에서 예수님은 장례 행렬과 '아무런' 세상적 연고가 없었다. 예수님은 그곳에 아는 사람이 한 사람도 없었다. 조문객 가운데 그분의 친구나 가족도 없었다. 그분은 그 사람들을 몰랐고, 그 사람들도 그분께 도움을 청하지 않았다. 그분의 행동은 순전히 불쌍히 여기시는 마음에서 우러나온 행동이었다.

일전에 마트에서 계산대 앞에 줄을 서 있었다. 평소 같으면 어느 줄이 더 빨리 줄어드는지 보려고 다른 계산대들을 두리번거리며 대부분의 시간을 보냈을 것이다. 하지만 주변 사람들을 향해 눈을 뜬 채로 기도하기 시작한 덕분에 이번에는 내 앞에서 갓난아기를 안고 있는 젊은 여성이 눈에 들어왔다. 이름도 모르는 여성이었지만 그녀를 위해 조용히 기도했다. '하나님, 저 여자분도 주님이 사랑하시는 딸인 줄 압니다. 저분이 주님의 사랑을 알게 해 주옵소서. 저 딸을 위해 제가 하기를 원하시는 일이 있다면 알려 주옵소서.'

그런데 계산대 직원이 물건들의 바코드를 찍던 중 그 여성이 갑자기 가진 돈이 부족하니 멈춰 달라고 부탁하는 말이 들렸다. 이어서 여성은 물건 몇 개를 빼 달라고 부탁했다. 나는 여성이 난처할까 봐 한 걸음 뒤로 물러나 사탕과 상품권이 있는 진열대 쪽을 보는 척했다. 그러면서 다시 기도를 드렸다. '하나님, 오늘 저 여자분에게 필요한 것을 공급해 주옵소서. 저분의 사정을 아는 사람이 도움을 줄 수 있게 해 주옵소서.' (그렇다. 내가 이렇게 좀 굼뜬 면이 있다.)

하지만 곧 깨달았다. 이 여성의 상황을 '내가' 알고 있고 '내가' 다가가 '내가' 도와줄 수 있었다. 그런데 내가 상품권을 보는 사이 그 여성은 이미 계산을 마치고 나가 버린 상황이었다. 재빨리 상품권 한 장을 사서 주차장으로 달려가 보니 여성이 차에 식료품을 싣고 있었다. 나는 상품권을 건네며 말했다. "예수님이 이걸 드리라고 하시네요." 그녀는 감동한 표정이었다.

내 차로 걸어가면서 후회가 밀려왔다. 내가 긍휼이 아닌 동정에 머무른 탓에 이런 기회를 날려 버린 일이 얼마나 많은지!

행동하라고 부르시는 신호

최근 실제로 운동할 생각은 없이 운동복만 입고 다니는 것이 유행하고 있다고 한다. 이 트렌드는 '애슬레저'(athleisure)라고 하는 새로운 옷의 범주를 만들어 냈다. 이것은 '애슬레틱스'(athletics:

운동 경기)와 '레저'(leisure)의 합성어다. 현재 애슬레저 시장 규모는 무려 700억 달러이며 계속해서 꾸준히 성장하고 있다.

왜일까? 사람들은 운동화를 신고 운동복을 입고 싶어 하지만 운동은 하고 싶어 하지 않기 때문이다. 이와 비슷하게, 요가복 판매량은 실제 요가를 하는 사람들의 숫자보다 무려 100배 이상이 많다. 사람들은 입기 편하기 때문에 이런 옷을 좋아하지만 운동은 불편하기 때문에 싫어한다. 그리고 운동복을 입으면 실제 운동을 하지 않고도 무언가 운동을 한 것 같은 기분이 든다.

불쌍히 여기는 감정이 이와 같다. 무언가를 하지 않고도 한 것 같은 기분이 들게 만든다. 우리는 '나는 이 상황 혹은 이 사람을 불쌍하다고 느끼기 때문에 긍휼함이 있는 사람이다'라는 위험한 착각에 빠질 수 있다. 예를 들어, 다음과 같은 경우다.

- 밤늦게 텔레비전을 보는데 '피드 더 칠드런'(Feed the Children; 어린이 구호 단체)의 공익 광고가 나온다. 이 이미지를 보노라니 아이들이 너무 불쌍해서 가슴이 찢어진다.
- 저녁 뉴스를 보니 피부색 때문에 불평등을 겪는 사람들이 나온다. 이들이 너무 불쌍해서 화가 난다.
- 영화에서 암으로 죽어 가는 한 엄마가 자식들에게 마지막 작별인사를 고하는 장면이 나온다. 너무 불쌍해서 눈물이 왈칵 쏟아진다.

브리티시컬럼비아대학(University of British Columbia)에서 발표한 연구 결과에 따르면, SNS에서 특정한 사회적 운동에 지지를 표하는 사람일수록 오히려 돈을 기부하거나 자신의 시간을 내놓을 가능성이 '더 적다.' 그들은 불쌍하다는 '기분'을 느끼고는, 그것만으로 충분하다고 생각하기 때문이다.[3]

어떤 상황이나 사람이 불쌍하다 느껴지면 자신을 긍휼이 있는 사람이라 착각하기 쉽다. 하지만 전혀 그렇지 않다. '긍휼'(compassion)의 사전적인 정의는 '다른 사람의 고통에 대한 깊은 인식 혹은 동정'이다.[4] 긍휼은 명사다. 하지만 그리스도인들은 긍휼을 동사로 다시 정의해야 한다. 언제나 '그래서'까지 나아가야 한다는 뜻이다. 나는 긍휼함을 느낀다. '그래서' 행동한다. 진정한 긍휼은 단순히 가슴이 아픈 차원을 넘어 근육을 움직인다.

불쌍히 여기는 마음이 드는 것은 하나님이 행동하라고 부르시는 것이다. 우리에게 긍휼한 마음이 있는지는 느낌보다 '행동'으로 판가름 난다. 진정한 긍휼의 증거는 감정이 아니라 우리가 다른 이들에게 전해 줄 수 있는 '한 번에 한 사람'에 관한 간증들이다.

5

'5리를 더 가 주는 마음가짐'이 세상을 바꾼다

: 세상에서 소금과 빛으로 사는 것의 충격적 의미

나는 변호사가 아니다. 법대를 다닌 적도 없다. 하지만 법정 드라마 〈로 앤 오더〉(Law & Order)를 메모까지 해 가면서 밤새도록 보기 시작했다. 그렇게 "이의 있습니다!"라고 크게 외치고 자신만만한 표정으로 판사에게 "존경하는 판사님, 변론을 해도 되겠습니까?"라고 말할 만반의 준비를 마치고 나서 나는 법정에 갔다. 고소를 당했고 승소하기로 작정했기 때문이다. 고소 내용은 거짓이었고, 나는 즉시 방어 태세로 돌입했다. 나는 모함을 당했고, 반드시 내 권리를 지켜 낼 참이었다.

변호사 친구에게 전화를 걸어 어떻게 하면 좋을지 상의하자 이런 답변이 돌아왔다. "이건 소액 재판에 불과해. 네가 원하는 건 합의 아니야? 법정에서 변호를 하느라 하루를 허비하고 싶지는 않을 것 같은데? 그냥 합의 사항 제시하고 마무리해. 분명 저쪽도 그걸 기대하고 있을걸?"

나는 아주 좋은 조언이라고 말하며 고맙다고 했다. 하지만 전화를 끊고 나서 큰 소리로 말했다. "어림도 없지!"

이것이 내가 〈로 앤 오더〉를 밤새도록 본 이유였다. 재판일이 되었고, 나는 서류 가방과 비행기 표를 샀다. 이윽고 법정에 들어섰다. 〈로 앤 오더〉 제작자 딕 울프가 나를 봤어야 하는 건데! 나는 진술을 하고 내 권리를 주장했다. 판사는 내 손을 들어 주었다. 나는 한 푼도 낼 필요가 없게 되었다. 나는 득의양양한 표정으로 법정을 빠져나왔다. '암, 누구도 나를 이용할 수 없고말고!'

지금 와서 돌이켜보면 내가 옳은 일을 했는지 잘 모르겠다. 예수님이라면 그렇게 하셨을까? 확실하게 말할 자신이 없다.

내 삶을 향한 하나님의 꿈

'산상수훈'은 예수님의 설교 가운데 가장 유명하다. 하지만 나는 '내 삶을 향한 하나님의 꿈'이라는 제목도 꽤 어울린다고 생각한다. 이 설교에서 예수님은 하나님이 우리를 위해 어떤 계획을 갖고 계신지 가르쳐 주신다. 지금까지 우리는 한 번에 한 사람에게 영향을 미치기 위한 예수님의 본보기를 살펴 왔다. 산상수훈에서 예수님은 한 번에 한 사람에게 영향을 미치는 삶의 기초를 형성하는 핵심적인 가르침들을 전해 주신다. 특별히 예수님은 사람을 대하는 우리의 기준을 크게 높이신다.

예수님은 사랑하기 힘든 사람들을 어떻게 보고 대할지에 관한 기존의 시각을 완전히 뒤집으셨다. 예수님은 여섯 번이나 "이미 너희가 들었다"고 말씀하시며 사람들이 기존에 배운 것을 인용하셨다(마 5:21, 27, 31, 33, 38, 43 참조). 이것은 랍비가 토라라고 하는 구약 율법의 가르침을 인용할 때 흔히 사용하던 표현이었다. 그렇게 예수님은 모두가 알고 받아들이는 성경의 가르침들을 언급하셨다. 요즘으로 치면 이런 말이다. "너희가 학교에서 이렇게 배웠다는 것을 안다." "너희 부모가 이런 식으로 말했겠지?" "네가 어릴 적부터 다닌 교회에서는 이렇게 가르쳤겠지만."

예수님은 "~하였다는 것을 너희가 들었으나"로 시작하셨다. 그렇게 예수님이 구약의 가르침을 인용하실 때마다 모두가 고개를 끄덕였을 것이다. 하지만 곧바로 이어지는 예수님의 "하지만"에 사람들은 어리둥절했을 것이다. 예수님은 "나는 너희에게 이르노니"라며 인간관계의 새로운 기준을 제시하셨다. 예수님은 율법을 부정하신 것이 아니라 하나님이 율법을 주실 때 인류에게 원하셨던 바를 올바로 해석하고 더 깊은 차원의 의미를 알려주신 것이다.

한 번에 한 사람에게 영향을 미치는 삶을 이해하는 데 도움을 주는 산상수훈의 몇 가지 가르침을 살펴보자. 하지만 그러기에 앞서 경고부터 하고 싶다. 산상수훈에는 받아들이기 힘든 가르침이 적지 않다. 당시에도 그랬지만 오늘날에는 더더욱 그렇다.

예수님의 가르침은 우리 대부분의 생각과 상충한다. 예수님의 가르침을 읽다 보면 기존의 관계 관념이 흔들리는 경험을 하게 된다. 이번 장을 읽다 보면 당신도 모르게 방어적으로 굴게 될지도 모른다. 당신이 살면서 만나는 어떤 사람이나 상황을 떠올리며 정당화하고 합리화하기 시작할 수 있다. 예수님이 요구하시는 것은 우리의 본능과 서로 충돌한다. 한 번에 한 사람에게 영향을 미치는 삶은 처음에는 부자연스럽거나 불편하게 느껴질 수 있다. 하지만 예수님은 사람들을 대하는 그분의 길에 우리의 삶과 관계를 나란히 놓으면 두 가지 일이 일어난다고 약속하신다.

첫째, 복을 받는다. 산상수훈은 "복이 있나니"라는 일련의 약속으로 시작된다. 내가 아는 모든 사람은 복된 삶을 살고 싶어한다. 하지만 복으로 이어지는 길은 오히려 반대 방향으로 가는 것처럼 느껴질 때가 많다. 예수님의 가르침은 반직관적이게 들리고 우리가 생각하는 행복의 길과는 반대로 보이기도 하지만, 그대로 따르면 우리와 우리 주변 사람들의 삶이 복을 받는다.

둘째, 영향력을 갖게 된다. 내가 아는 모든 사람은 복받기를 원할 뿐 아니라 이 세상에서 영향력이 있기를 원한다. 마태복음 5장에서 예수님은 그분의 제자들이 세상의 소금과 빛이라고 말씀하신다(13-14절 참조). 그리고 나서 소금을 더하고 빛을 발하는 관계 방식을 가르쳐 주신다.

예수님 당시에 소금은 많은 기능을 했다. 무엇보다도 소금은 음식을 오래 보존하고 맛을 더하기 위해서 사용한다. 특히 구운 감자나 찐 옥수수 같은 것은 소금 없이 먹으면 영 별로다. 나는 소금을 뿌리지 않은 찐 옥수수는 거들떠보지도 않는다. 예수님이 가르치신 대로 사람들을 대하면 소금이 제 역할을 하지만, 그렇게 하지 '않으면' 그것은 마치 소금을 뿌리지 않은 찐 옥수수

와도 같다. 한마디로, 아무도 거들떠보지 않는다. 예수님은 우리가 한 번에 한 사람이라는 접근법을 삶에 적용하면 사람들 눈에 하나님이 좋게 보인다고 말씀하신다. 사람들이 하나님을 주목하고 좋아하게 된다(마 5:16 참조).

내가 생각하는 정의와 충돌하는 그분의 뜻

상대하기 까다로운 사람들을 대할 때 당신은 으레 어떻게 반응하는가? 학교에서 폭력을 일삼는 불량학생들, 무례한 동료, 화를 돋우는 형제자매, 짜증 나는 이웃, 감사할 줄 모르는 자녀, 이기적인 친구…….

누군가가 상처를 줄 때 당신은 어떻게 반응하는가? 누군가가 당신을 배신하면? 누군가가 당신을 거부하면? 누군가가 당신을 조롱하면? 누군가가 당신을 이용하면? 누군가가 당신의 험담을 하고 다닌다면? 예수님은 이렇게 말씀하신다. "눈은 눈으로, 이는 이로 갚으라 하였다는 것을 너희가 들었으나"(마 5:38).

그렇다. 나도 분명 그렇게 들었다. 그리고 듣기 '좋았다.' 누군가 나를 때린다면 그대로 한 방 갈겨 줄 것이다. 내게 고함을 지른다면 같이 고함을 질러 상대해 주겠다. 먼저 목소리를 높이지는 않겠지만 상대방이 언성을 높인다면 나도 높일 수밖에 없다. 내게 욕을 한다면 똑같이 욕으로 갚아 주겠다. 내게 경적을 울린다면 나도 경적을 울리겠다. 아니, 상대방이 경적에 손을 대는 순간 내 경적은 이미 울리기 시작한다. 경적을 최대한 크게 울리고 상대방의 경적이 멈추기 전까지 절대 멈추지 않을 것이다. 경적 시합에서 매번 상대방을 이길 것이다! 내게는 '눈에는 눈' 방식이 익숙하고 편하다. 어디 나만 그런가. 이 방식은 우리가 생각하는 정의와 잘 맞아떨어진다.

예수님은 널리 알려진 구약의 법인 '눈에는 눈'을 인용하셨다. 이 법은 동해보복법으로 알려져 있고, 꽤 합리적으로 보인다. 불의를 강하게 다루면 사람들이 남들에게 해를 끼치는 것을 두려워하게 된다는 것이 이 법 이면에 있는 논리다. 또한 이 법은 갈등이 난투극으로 치닫는 것을 막아 준다. 처벌이나 응징이 '상대가 해를 입은 만큼'을 초과할 수 없기 때문이다.

예수님은 "눈은 눈으로, 이는 이로 갚으라 하였다는 것을 너희가 들었으나"라고 시작하셨지만 이어서 새로운 기준을 주셨다. "나는 너희에게 이르노니 악한 자를 대적하지 말라"(마 5:39). 예수님은 주로 전체적인 원칙을 제시하신 뒤에 구체적인 실제 예를 드셨다. 그런데 이 실례가 사람들을 매우 부담스럽게 만드는 것이다. 여기서 예수님은 악한 자를 대적하지 않는 것이 구체적으로 무엇을 의미하는지에 대한 이해를 돕기 위해 네 가지 시나리오를 제시하셨다.

"누구든지 네 오른편 뺨을 치거든 왼편도 돌려 대며"(마 5:39)

우리 부부의 신혼 시절 첫 보금자리는 스무 평(약 66제곱미터) 남짓에 월세 25만 원 하는 작은 집이었다. 그 집은 벽이 종잇장처럼 얇았고, 바로 옆집에는 쉴 새 없이 짖어 대는 개가 있었다. 짖는 것을 멈추지 않는 개. 25년이 지나서 이 글을 쓰는데도 피가 거꾸로 솟는다. 그 개는 밤새도록 짖었고, 얇은 벽 때문에 그 개가 우리 집 안에, 아니 안방 침대 속에 같이 있는 것처럼 느껴질 정도였다. 한밤중에 잠에서 깨어 이불 속을 뒤지곤 했다. 그렇게 깨면 침대에 누워 천장을 응시했다. 마침내 개 짖는 소리가 멈추면 스르르 잠이 들지만, 마치 우리의 눈이 감기는 것이 신호인 것처럼 개는 다시 짖기 시작했다.

우리가 잠을 자려고 할 때 개가 짖는다는 사실을 이웃에게 기분 상하지 않게 알려 봤지만, 그는 그저 고개만 끄덕일 뿐이었다. 조금은 달라질 줄 알았더니, 알고 보니 고개를 끄덕인 것은 무슨 말인지는 알겠지만 조치를 취할 수 없다는 뜻일 뿐이었다. 개는 계속해서 짖었고 우리는 계속해서 잠을 설쳤다.

가족 모임에서 이 고충을 털어놓았더니 삼촌은 동해보복법을 제시했다. 당시는 휴대폰이 없고 수신번호가 뜨지 않던 시대였다. 나는 한밤중에 전화기를 들어 이웃에게 전화를 걸었다. 이웃이 잠이 반쯤 깬 목소리로 전화를 받았다. 그는 개 짖는 소리에 전혀 신경을 쓰지 않는 것이 분명했다. 그에게는 그 소리가 오히려 잠을 부르는 백색소음이었는지도 모른다. 그가 졸린 목소리로 "여보세요"라고 하는 순간, 나는 전화기에 입을 대고 있는 힘껏 짖어 댔다. 거짓말을 하고 싶지는 않다. 10년 묵은 체증이 쑥 내려가는 것처럼 통쾌했다. 옳은 일을 한 것처럼 느껴졌다. 내게 짖어 보라. 똑같이 짖어 줄 테니. 이것이 '눈에는 눈'의 방식이다.

하지만 예수님은 누군가가 우리의 오른편 뺨을 때리거든 보복하지 말고 다른 쪽 뺨도 돌려 대라고 말씀하셨다(배경이 중요하다. 여기서 예수님은 가정 폭력을 말씀하신 것이 아니다. 육체적으로 학대를 당하는 관계에 있다면 안전한 장소를 찾고 도움을 구해야 한다. 당신은 하나님의 자녀이며 우리의 가족이다. 당신은 혼자가 아니다). 예수님이 "오른편 뺨"이라고 말씀하셨다는 사실이 중요하다. 생각해 보라. 당신의 오른편 뺨을 때리는 사람이 오른손잡이라면 어떻게 때리는 것인가? 손등으로 때리는 것이다. 당시 문화에서 이것은 더 심한 무례요 모욕이었다. 실제로 손등으로 뺨을 때리는 것과 손바닥으로 때리는 것에 따르는 형벌이 달랐다.

당신을 지독히 미워하는 것처럼 보이는 사람이 있는가? 당신만 보면 도발하는 이웃이 있는가? 당신만 보면 못 잡아먹어서 안달이 난 가족이 있는가? 은근히 공격을 하는 동료가 있는가? 그런 사람이 방에 들어오면 우리는 즉시 대결 모드로 돌입한다. 눈에는 눈!

이것이 아주 옳아 보이는데, 우리 예수님은 반직관적인 반응을 가르치신다. 누군가가 무례하게 굴면 다른 뺨도 돌려 대라. 다시 말해, 쉽게 발끈해서 따지고 들거나 몸을 확 돌려 가 버리지 말라. 물론 다른 뺨을 돌려 대고 싶은 사람은 어디에도 없다. 하지만 그렇게 하면 당신의 삶이 복을 받고 다른 사람들에게 선하고 큰 영향을 미칠 수 있다. 사람들이 하나님을 주목하고 좋게 보게 될 것이다.

"너를 고발하여 속옷을 가지고자 하는 자에게

   겉옷까지도 가지게 하며"(마 5:40)

잠깐, 예수님! 누군가가 제 뺨을 때리면 복수하지 말고 다른 뺨도 대라고 하셨죠? 싫지만 그 정도는 감수할 수 있습니다. 그런데 이번에는 누군가가 소송을 걸어 제 몸에서 속옷을 벗겨 가면 제 겉옷도 주어야 한다고요? 제게 소송을 건 사람에게 제 옷을 예쁜 쇼핑백에 담아서 주라고요? 이건 단순히 다른 뺨을 대는 것과 같은 평화주의적인 차원을 넘어선 것 아닙니까? 잔인함을 친절로 갚아 주라니요?

예수님 당시에는 사람들이 속옷은 몇 벌을 갖고 있기도 했지만 겉옷은 대개 '한 벌'뿐이었다. 그리고 그 겉옷은 쌀쌀해지는 밤에는 담요로 사용했다. 출애굽기 22장은 모든 사람에게 겉옷을 가질 권리가 있다고 말한다. 그것은 자연으로부터 자신을 보호하기 위해 겉옷이 꼭 필요했기 때문이다. 겉옷을 가지는 것을 기본적인 인권으로 여겼기 때문에 다른 사람의 겉옷을 빼앗으려는 소송은 허용되지 않았다. 하지만 예수님을 따르는 것은 때로 자신의 권리도 내려놓아야 한다는 것을 의미한다. 이렇게 때로는 자신의 권리를 포기하는 것이 옳은 일이다.

이 가르침에 관해 생각하다가 내가 사랑하는 사람을 위해서는 얼마든지 겉옷을 양보할 수 있다는 사실을 깨달았다. 예를 들어, 우리 할머니에게는 양보할 수 있다. 사랑하는 할머니가 추위에 떠시는 모습을 지켜보느니 내가 추운 편이 낫다.

대부분의 사람들이 사랑하는 사람, 혹은 은혜를 갚아 줄 사람에게는 기꺼이 자신의 겉옷을 내줄 것이다. 하지만 소송을 건 사람에게 겉옷을 내주라고? 말도 안 되는 소리! 세상에 그렇게 할 사람은 아무도 없다. 하지만 바로 이것이 요점이다. 이런 종류의 반응에는 세상이 주목하게 되어 있다.

이쯤에서 앞서 이 장을 시작하며 꺼냈던 소송 사건을 돌아보지 않을 수 없다. 지금도 내 변호 기술만큼은 자부한다. 하지만 예수님이 하신 말씀을 읽고 나서 내가 기회를 놓쳤다는 것을 깨달았다. 나는 내게 소송을 건 사람을 만나 보지 않았다. 고소인의 이름도 기억이 나질 않는다. 그를 위해 기도한 기억도 없다. 그가 예수님을 알았는지 혹은 교회에 다녔는지 전혀 모른다.

그가 내게 소송을 걸기 전에 인터넷에서 내 이름을 검색해 보고 내가 목사인 사실을 알았을지도 모른다. 그렇다면 그 뒤로 그가 목사라면 상종조차 하지 않지 않았을까? 물론 나는 아무런 죄가 없었다. 소송을 당할 이유가 없었다. 하지만 그때로 다시 돌아갈 수 있다면 일단 그를 찾아가 그의 말에 귀를 기울일 것이다.

내가 고소인을 적이 아닌 한 번에 한 사람에게 영향을 미칠 기회로 여겼다면? 섣불리 나를 방어하고 내 권리를 지키려고 하기보다는 세상에 소금을 더할 수는 없었을까?

"누구든지 너로 억지로 오 리를 가게 하거든

그 사람과 십 리를 동행하고"(마 5:41)

여기서 내게는 "억지로"라는 부분이 문제다. 누군가가 내게 5리(약 2킬로미터)를 가 달라고 '부탁'한다면 괜찮다. 정중히 부탁한다면 힘들더라도 얼마든지 함께 가 줄 용의가 있다. 하지만 억지로 시킨다는 느낌이 드는 순간, 내 자존심이 고개를 쳐든다. "억지로"는 상대방이 나를 통제하려고 한다는 뜻이기 때문에 기분이 상한다.

당시에는 로마 병사들이 민간인에게 억지로 일을 시킬 수 있게 하는 법이 있었다. 하지만 한계는 있었다. 로마 병사들은 유대인에게 자신의 짐을 5리까지 지고 가게 할 수 있었다. 그리고 유대인은 이 명령을 거부할 수 없었다. 그래서 로마 병사의 짐을 짊어지고 5리까지는 갔다. 하지만 그 이상은 한 발짝도 더 가지 않았다. 제아무리 로마 병사라 해도 다시 5리를 더 가는 것은 강요할 수 없었다.

로마 병사들은 적이었다. 그들은 유대인들을 개처럼 취급했다. 그래서 이런 시나리오를 상상해 볼 수 있다. 유대인 남자가 일을 마치고 집으로 가고 있다. 몸은 천근만근이고 배는 고프다. 어서 집에 가서 저녁을 먹고 텔레비전으로 스포츠 경기를 보다가 잠자리에 들 생각뿐이다. 그런데 길 건너편에서 로마 병사가 보인다. '아뿔싸!' 가장 우려했던 상황이다. 아니나 다를까 로마 병사는 이 유대인 앞에서 자신의 짐을 바닥에 던지며 말한다. "나의 충실한 개가 되어 이 짐을 지고 가라."

유대인 남자는 걸음마다 분노를 실어 쾅쾅 내딛는다. 그렇게 5리를 가자마자 짐을 내려놓고 못마땅한 표정으로 몸을 돌린다. 이런 날 그가 집에 가면 어떤 상황이 벌어질까? 아직도 화가 가시지 않은 그는 문을 쾅 닫고, 아내에게 소리를 지르고, 아이들에게 퉁명스럽게 굴고, 개를 발로 차고, 자기 방에 틀어박혀서 나오지 않는다.

하지만 그가 처음 5리를 다 간 뒤에 로마 병사에게 이렇게 말한다면? "혹시 원하신다면 5리를 더 가 드리겠습니다." 마치 자신의 삶의 통제권을 다 내려놓는 것처럼 보인다. 하지만 잘 생각해 보면 이는 오히려 삶의 통제권 일부를 되찾는 것이다. 이번에는 누군가가 시켜서 억지로 하는 것이 아니다. 스스로 '선택해서' 하는 것이다. 생각보다 조금 더 늦게 귀가할 수는 있지만 이번에는 당당한 모습으로 집 문을 연다.

이런 경우, 로마 병사는 무슨 말을 해야 할지 몰라 어리둥절해할 것이다. 분명 다른 병사들에게 이 일을 이야기할 것이다. "오늘 무슨 일이 있었는지 알아? 글쎄, 한 유대인이 내 짐을 들고 5리를 가더니 다시 자원해서 5리를 더 가지 뭐야!" 사람들이 주목할 것이다.

예수님은 제자들에게 한 번에 한 사람에게 5리를 더 가 주라고 가르치신다. 심지어 상대방이 우리의 삶을 비참하게 만드는 적이라고 해도 그렇게 하라고 하신다. 오늘날 이 가르침을 구체적으로 어떻게 실천할 수 있을까?

이렇게 해 보면 어떨까? 누군가가 모욕을 하면 친절한 말로 받아치라. 배우자가 비판을 하면 오히려 칭찬하라. 비난하는 사람을 축복하라. 식당에서 종업원이 퉁명스럽게 굴면 오히려 평소보다 더 두둑하게 팁을 주라. 그러면 그들이 다시 한 번 쳐다보지 않겠는가. 상사가 오늘따라 심술궂게 괴롭히면 그를 위해 기도하고 그를 위로하는 메모를 남기라. 5리를 더 가 주라. 그러면 당신의 삶이 복을 받을 것이다. 이 세상에 선하고 큰 영향을 미치고, 세상 사람들이 하나님을 좋게 볼 것이다.

"네게 구하는 자에게 주며 네게 꾸고자 하는 자에게 거절하지 말라"(마 5:42)

만날 때마다 부탁만 하는 사람들이 있는가? 만날 때마다 자신의 기분이 풀릴 때까지 상대를 붙잡고 하소연을 하는 사람들도 있다. 그들은 물질적으로든 감정적으로든 남에게 줄 줄 모르는 사람들이다. 그들은 마치 스펀지와 같아서 빨아들이기만 하고 주지는 않는다. 그들은 상대방의 감정적인 에너지를 순식간에 흡수한다. 당신은 이런 경우에 어떻게 반응하는가?

몇 해 전 동네에서 사업체를 운영하는 교인을 심방한 적이 있다. 심방 중에 그는 한 청년이 자신의 가게에서 200달러 상당의 물건을 훔친 이야기를 했다. 그는 물건이 없어진 것을 알고 크게 분노했다. CCTV를 돌려 보고 자동차 번호판을 확인했고, 곧 범인의 이름을 알게 되었다. 여기서는 그 범인을 제이크(가명)라고 부르자. 주인은 제이크의 이름과 사진을 들고 경찰서를 찾아갔고, 경찰은 사건을 접수했다. 이제 다음 수순은 거의 가게 주인의 결정에 달려 있었다.

주인은 여러 가지 선택사항을 고려했다. 일단, '눈에는 눈'의 원칙으로 제이크에게 죗값을 톡톡히 받게 할 수 있었다. 그럴 경우 1,000달러 벌금형과 1년 징역형이 나올 가능성이 높았다. 주인은 앞날이 창창한 이 젊은이의 인생을 망치고 싶지 않아 두 번째 방법을 고려했다. 그것은 제이크가 물건을 갖고 오면 자리에 앉혀서 눈물이 쏙 빠지게 혼쭐을 내주는 것이었다. 솔직히 그렇게 하고 싶었다.

하지만 주인은 예수님의 제자였기에 세 번째 길을 따르기로 결정했다. 그는 시간을 내서 제이크를 위해 기도하며 하나님께 어떻게 해야 할지 물었다. 그날 밤 그는 제이크에게 가게로 찾아 오라는 메시지를 남겼다. 이튿날 아침 제이크의 아버지가 아들이 훔친 물건들을 들고 가게로 찾아왔다. 그는 아들을 위해 손이 발이 되도록 빌었다. 그는 합의금을 충분히 낼 테니 제발 고소를 하지 말아 달라고 간절히 부탁했다. 그는 아들이 중독에 빠져 제정신이 아니라며 선처를 부탁했다.

주인은 아버지가 찾아온 것에 감사하면서도 제이크가 직접 와야 한다고 단호하면서도 부드럽게 말했다. 이튿날 제이크가 찾아와 잘못을 고백하고 용서를 빌자 주인은 이렇게 말했다. "자네를 용서하겠네. 고소도 하지 않을 거고. 내가 원하는 건 딱 하나뿐이야. 이번 주에 나와 함께 교회에 가세."

제이크는 그러기로 약속했고, 돌아오는 주일에 교회에 갔다. 우리 교회는 제이크를 한 재활 센터와 연결시켜 주었다. 그 때부터 제이크는 회복을 향한 여행을 시작했다.

얼마 뒤 제이크의 누나가 그 가게에 들러 자신을 소개했다. 그는 주인에게 남편과 함께 우리 교회에 자주 들르는데 그 때마다 제이크와 부모님을 초대했지만 소용이 없었다고 말했다. 하지만 최근 제이크와 부모님 모두 함께 교회에 나오기 시작했다고 했다.

어떻게 된 일일까? 그 가게 주인이 소금이 되어 그들의 삶에 뿌려진 덕분이다.

"저들의 죄를 사하여 주옵소서"

혹시 예수님의 이런 가르침을 듣고 이런 생각을 했는가? '세상에 저렇게 하는 사람이 어디 있어? 누가 과연 뺨을 맞고도 다른 뺨까지 돌려 댈 수 있지? 누가 소송을 당하고도 겉옷을 내주겠냐고? 누가 억지로 5리를 갔는데 또다시 자발적으로 5리를 더 가 주겠어? 그렇게 하면 세상에 좋은 영향을 미칠 수 있다는 것은 알겠지만, 실제로 이렇게 살 사람이 있을까?'

이렇게 산 사람이 있다. 바로, 예수님이시다. 예수님은 '항상' 이렇게 하셨다. 빌립보서 2장은 우리가 자신보다 남들을 낮게 여기고 자신의 필요보다 남들의 필요를 우선시하면 자신을 비워 종의 형체를 가지신 예수님의 본을 따르는 것이라고 말한다.

이 세상 삶의 마지막 순간, 하나님의 아들이신 예수님은 모함을 당하셨다. 부당하게 체포를 당해 모진 매를 맞으셨다. 한 병사는 예수님께 눈가리개를 했고, 다른 병사는 그분의 얼굴을 때렸다. 또 다른 병사는 그분의 얼굴에 침을 뱉었다. 예수님은 참기 힘든 조롱을 당하셨다. 한 병사는 이렇게 비아냥거렸다. "네가 선지자라면 우리 중 누가 쳤는지 알아맞혀 봐"(막 14:65 참조). 물론 예수님은 누가 쳤는지 알고 계셨다. 예수님은 그 병사의 이름도 알고, 그의 머리카락 개수까지도 아셨다.

그러나 예수님은 반격하시지 않았다. 물론 얼마든지 그렇게 하실 수 있었다. 예수님의 사랑을 약함으로 오해해서는 곤란하다. 그날 그분을 학대하는 병사들이 한 부대였을지 몰라도, 마태복음 26장 52-54절에서 그분은 마음만 먹으면 열두 군단보다 더 많은 천사들에게 명령을 내릴 수 있다는 점을 분명히 밝히셨다. 1세기에 열두 군단이면 72,000명이었다.

모욕 한 번마다, 주먹질 한 번마다, 채찍 한 번마다, 고통의 외침 한 번마다, 피 한 방울마다 72,000보다 더 많은 수의 천사들이 주먹을 점점 더 꽉 쥐었다. 그저 예수님의 명령 한마디면 이 모든 상황은 일순간에 끝날 것이었다. 사실, 천사의 도움도 필요하지 않았다. 예수님이 눈 한 번 깜빡하시면 모든 병사의 눈을 멀게 하실 수도 있었다. 그분의 고갯짓 한 번이면 그들 모두를 무력화하기에 충분했다. 그분의 입에서 나오는 말 한마디면 그들은 하나도 남김없이 저주를 받아 당장 지옥에 떨어질 수 있었다.

십자가에 못 박히신 후 예수님은 이 고통이 시작되고 나서 처음으로 입을 여셨다. 천국의 온 군대가 그분의 명령이 떨어지기만 기다리며 귀를 쫑긋했다. 그런데 예수님의 입에서 나온 말씀은 전혀 뜻밖이었다.

"아버지 저들을 사하여 주옵소서"(눅 23:34).

예수님은 하나님께 적들을 용서해 달라고 기도하셨다.

이런 식으로 생각하기는 쉽지 않지만, 우리가 어려움이나 누군가에게 이용을 당할 때 그것은 예수님처럼 사랑하고 살 수 있는 기회가 된다. 우리는 SNS 글 하나로 세상을 바꾸려고 한다. 하지만 모욕 한 번, 짜증 한 번, 화 한 번을 참아 줄 때, 다시 말해 한 번에 5리씩 더 가 줄 때 세상에 가장 크고 선한 영향을 미칠 수 있다.

6

내 손에 움켜쥔 정죄의 돌,
누구의 삶도
살리지 못한다

: 도덕군자 행세를 멈추라

내 동료 가운데 칼렙이라는 친구가 있다.[1] 그의 부모는 둘 다 대학교수인데, 그가 겨우 두 살 때 이혼했고, 둘 다 커밍아웃을 했다. 그 후 그의 어머니는 직장 내 다른 여성과 사랑에 빠졌고, 그의 아버지도 역시 같은 직장에 다니는 남성과 사랑에 빠졌다.

칼렙은 어릴 적에 부모와 함께 동성애자 퍼레이드와 집회에 자주 참석했다. 그가 아홉 살 때 어머니와 그 파트너 베라와 함께 캔자스시티의 동성애자 퍼레이드에 참석했는데 거기서 한 남자가 베라에게 소변이 담긴 컵을 던지는 광경을 목격했다. 놀란 칼렙이 어머니에게 물었다. "왜 저러는 거예요?" 그때 어머니는 이렇게 대답했다. "저 사람들은 기독교인이야. 그들은 사람들을 미워하거든."

이것이 칼렙이 기독교를 처음 접한 계기였다. 안타깝게도 그가 자기 의에 빠진 성난 기독교인들을 경험한 일은 이후로도 꽤 여러 번 있었다. 그러던 차에 칼렙이 열여섯 살 때 두 친구가 그를 성경 공부 모임에 초대했다. 칼렙은 이때다 싶었다. 그리스도인들을 혐오했던 그는 마침내 그들에게 본때를 보여 줄 기회가 왔다고 생각했다. 성경 공부 모임을 이끄는 사람은 조 위스였다. 내가 잘 아는 사람인데, 위스는 예수님의 본을 따라 한 번에 한 사람에게 영향을 미치며 살아간다.

오래지 않아 칼렙은 그 성경 공부 모임에서 분란을 일으키기 시작했다. 수시로 비열하게 행동했고, 위스가 하는 말마다 트집을 잡았다. 어떻게든 싸움을 걸려고 했다. 하지만 위스는 항상 온화한 태도를 잃지 않았다. 칼렙의 두 친구도 화를 내거나 방어적으로 굴지 않았다. 칼렙이 분노할 때마다 오히려 친절로 갚아 주었다. 그들의 한결같은 태도에 칼렙은 놀랐고, 점점 이 모임의 식구들을 진정으로 좋아하고 존경하게 되었다. 칼렙은 그들이 중오로 똘똘 뭉친 기독교의 본래 길에서 벗어난 특이한 그리스도인 집단일지도 모른다고 생각했다. 그래서 그 근원으로 들어가 답을 알아내기로 결심했다.

칼렙은 성경을 읽었고 결국 요한복음 8장에서 간음하다가 잡힌 여인이 그녀를 정죄하여 돌로 쳐 죽이려는 자들에게 끌려와 예수님의 발치에 던져진 이야기에 이르렀다.

폭로된 죄, 끔찍한 굴욕

우리는 이 여인에 관해서 많은 것을 알지 못한다. 일단, 이 여인이 유부녀라는 사실은 안다. 유대교 구전 율법 미쉬나는 처녀가 유부남과 잠자리를 하면 목을 매달고, 유부녀가 간통을 저지르면 돌로 쳐 죽이도록 규정했다.

이 여인은 결혼을 했다. 그것은 한때는 이 여인도 자신을 끔찍이 사랑해 주는 남편과 함께 토끼 같은 자식들을 키울 꿈에 부풀었던 신부였다는 뜻이다. 그녀의 희망과 꿈이 무엇이었든 거기에는 이날의 사건은 포함되어 있지 않았다. 이날의 사건은 악몽이었다.

언제부터 일이 꼬이기 시작했는지는 모르겠지만 짐작은 해 볼 수 있다. 여인은 결혼 생활에 실망했다. 남편의 잘못이었을지, 그녀의 잘못이었을지는 모른다. 아마도 둘 다 어느 정도 책임이 있을 것이다. 여인은 남편이 있었지만 지독히 외로웠다. 어떻게 그럴 수 있지 싶겠지만 겪어 본 사람은 안다. 그러던 어느 날, 다른 남자를 만났다. 자신을 지그시 쳐다보고 자신의 말 한마디 한마디에 귀를 기울여 주었다. 그녀의 아픈 가슴이 갈망하던 그런 남자였다.

처음에는 별 다른 뜻이 없었다. 그냥 친구처럼 만났다. 그러던 어느 날, 선을 넘었다. 그리고 또 한 번. 그렇게 선을 자꾸 넘다 보니 어느새 이 남자와 같은 침대에 누워 있었다. 그녀는 이번 한 번뿐이고 다시는 이런 일이 없을 거라고 못을 박았다. 하지만 그런 일이 또다시 일어났다. 그리고 또다시. 아무리 이를 악물어도 유혹을 떨쳐 버릴 수 없었다.

여인은 이 비밀을 품고 살아가기 시작했다. 매일같이 조마조마한 이중생활이 시작되었다. 거짓된 삶을 살자니 속이 썩어 들어갔다. 언제 들킬지 모른다는 두려움과 하나님은 아신다는 사실을 알기에 내면을 가득 채운 죄책감과 수치심으로 날마다 힘들었다. 당시 종교 지도자들에게 배운 것에 따라 그녀는 하나님이 죄지은 자신을 미워하시리라 확신했다.

그러던 어느 날, 일이 터졌다. 그 남자와 침대에서 뒹굴고 있는데 갑자기 그들을 응시하는 눈들이 나타났다. 마을 종교 지도자들의 냉혹한 눈들이었다. 그녀가 잘 아는 인물들이었다. 여인은 이 종교 지도자들이 자신들보다 아래라고 여겨지는 사람들을 경멸조로 쳐다보는 모습을 자주 봤다. 그들이 지금 여인의 침실에 있었다. 분노와 미움으로 이글거리는 눈들이 그녀를 노려보았다. 꼬리가 길더니 기어코 밟히고 말았다.

남자도 똑같은 죄인이었지만 그들은 남자는 그냥 놔두고 여인만 집 밖으로 끌어냈다. 그녀는 공포에 질려 비명을 질렀다. 옷이든 이불이든 뭐든 벌거벗은 몸을 가릴 것을 잡기 위해 팔을 마구 휘저었다. 여인은 마을 이곳저곳으로 끌려다니며 만인의 구경거리가 되었다. 수치스러운 퍼레이드가 시작되었다. 발걸음 하나마다 혼란과 굴욕감은 깊어 갔다.

여인은 자신이 성전으로 끌려가고 있다는 것을 알았다. 머릿속에 온갖 의문이 소용돌이쳤다. '왜 나를 성전으로 데리고 가는 거지? 나를 죽일까? 성전 안에서?'

하지만 그들은 성전 밖, 즉 성전 뜰에서 멈추었다. 여인은 극도의 굴욕감과 수치심에 눈을 감았다. 이윽고 무리 가운데에서 한 사람이 소리쳐 말했다. 이 목소리는 요한복음에 기록되어 있다. "선생이여 이 여자가 간음하다가 현장에서 잡혔나이다 모세는 율법에 이러한 여자를 돌로 치라 명하였거니와 선생은 어떻게 말하겠나이까"(요 8:4-5).

그제야 여인은 그들의 의도를 확실히 알았다. 그들은 자신을 죽이려는 것이었다. 여인은 공포에 질린 눈을 들어 절박한 심정으로 주변을 둘러보다가 '그'를 보았다. 자신의 생사를 결정할 질문을 받고 있는 사람. 언제나 그렇듯 그의 주변에는 사람들이 가득했다. 그 사람은 무릎을 꿇어 땅바닥에 손가락으로 무언가를 쓰기 시작했다. 여인을 끌고 온 자들을 무시하는 것처럼 보였다. 그들의 질문에 답할 생각이 없어 보였다.

'도대체 뭘 하는 거지?'

여인은 그가 땅에 쓰는 말이 무엇인지 알아내려고 했다. 종교 지도자들은 벌벌 떠는 여인의 손을 여전히 꽉 잡은 채 남자에게 계속해서 질문을 하며 정죄를 종용했다.

분노의 악순환

부담스러운 질문을 좀 던지겠다. "누구를 정죄하고 싶은가? 누구에게 굴욕을 주고 싶은가? 당신에게 상처를 준 누군가를 비난하고 싶은가? 누군가의 죄를 들추어 망신을 주고 싶은가? 멱살을 잡고 하나님 앞으로 끌고 가 고발하고 싶은 사람이나 집단이 있는가? 돌을 던져도 시원치 않은 사람이 있는가?"

그 종교 지도자들처럼 당신도 자기 의에서 비롯한 분노로 들끓고 있는가? 때로 그 분노는 누군가가 우리에게 저지른 짓에서 비롯한다. 당한 일의 정도에 따라 가해자를 향한 분노로 가득할 뿐 아니라 세상 모든 사람에게까지 분노를 쏟아 낼 수 있다. 분노는 삽시간에 퍼지는 암이다.

그 종교 지도자들이 보여 준 것과 같은 자기 의의 분노는 자신이 당한 일이 아니라 자신이 저지른 일에서 비롯하는 경우도 많다. 자신의 죄와 문제점에 관해 느끼는 죄책감은 분노로 표출되곤 한다. 그리고 그 분노는 점점 끓어오르다가 주변 사람들에게로 흘러넘친다. 그러면 주변 사람들도 분노로 가득해지는 식으로 악순환이 이어진다.

최근 점점 심해져 가는 보복 운전 문제에 관한 연구 보고서를 읽은 적이 있다. 우리는 서로에게 점점 더 화를 낸다. 이 원인 가운데 하나는 심리학자들이 분노 "밴드왜건 효과"(bandwagon effect; 편승 효과)라고 부르는 것이다. 분노는 전염성이 강하다. 분노한 한 사람은 주변 모든 사람을 분노하게 만들 수 있다.

사랑과 마찬가지로 분노는 한 번에 한 사람씩 퍼지는 경향이 있다. 가족 구성원 가운데 한 사람이 툭하면 화를 내면 나머지 가족들도 점점 짜증이 많아진다. 직장 내에 화가 많은 사람이 한 명 있으면 오래지 않아 사무실에 부정적인 기운이 가득찬다. SNS에서 한 사람이 분노를 표출하면 분노 서린 답글이 줄을 잇는다.

한 사람을 향해 분노를 품고 살면 그 분노는 밖으로 흘러나와 다른 관계들까지 오염시킨다. 이 현상을 지칭하는 용어는 "전이"(transference)다. 예를 들어, 지금껏 쌓아 둔 부모를 향한 분노가 엉뚱하게 배우자를 향한 분노로 전이될 수 있다. 직장 상사를 향한 분노는 집까지 따라와 자녀에게로 전이되기 쉽다.

우리에게 상처를 준 사람들을 향한 분노는 우리 마음 주변에 담을 쌓는다. 이 담은 그 사람들과의 적정한 거리를 유지시키는 것에서 그치지 않고 다른 모든 사람도 가까이 오지 못하게 만든다. 자, 그래서 누가 당신을 분노하게 하는가?

바람을 피운 배우자? 기대를 무참히 깨뜨린 자녀? 사기를 친 계약자? 거짓말을 한 동업자? 어릴 적에 상처를 준 친척? 직장 상사? 직원? 자신이 지지하는 정당의 반대당 당원들? 밤새 짖는 개를 그냥 놔두는 이웃?

당신이 이들을 정죄하는 것은 마음에 들지 않는 구석이 있기 때문이다. 그렇지 않은가? 혹은 이들에게서 당신 자신의 싫은 구석을 떠올리게 만드는 무언가가 보이기 때문일 수도 있다. 어떤 경우든, 이들이 생각하거나 행동하거나 말하거나 사람들을 대하는 방식이 마음에 들지 않고, 그것이 당신을 화나게 만든다. 그들이 저지른 짓 혹은 저지르고 있는 짓으로 인해 그들을 당신의 '한 번에 한 사람 명단'에서 지워 버렸다.

자기 의에 빠진 이 종교 지도자들은 분노로 인해 한 번에 한 사람씩 판단하고 거부하고 정죄하는 데 달인이 되어 버렸다.

- 질문 : 누군가를 비난해서 그 사람이 변한 적이 있는가?

이는 정말 중요한 질문이다. "늘 내가 옳은 줄 알고 살아왔다. 그런데 미움으로 가득한 이 사람을 만나 비난을 받고 나서 내 인생이 완전히 변했다!" 이렇게 말하는 사람을 본 적이 있는가?

나는 그런 사람을 단 한 번도 본 적이 없다.

- 또 다른 질문 : 비난당하는 기분을 느껴서 당신이 바뀌는 데 도움이 된 적이 있는가? 정죄가 당신의 변화로 이어진 적이 있는가?

절대 없으리라고 확신한다. 애초에 그렇게 될 수 없기 때문이다. 로마서 2장 4절을 보면 회개를 이끌어 내는 것은 어디까지나 인자함(kindness)이다. 화난 목소리로 죄를 지적해서는 상대방을 죄에서 건져 낼 수 없다. 원망과 미움을 엄한 사랑으로 착각하지 말라. 미움은 결코 인생을 변화시키지 못한다.

산상수훈에서 예수님은 다른 사람들을 어떻게 대해야 하는지 말씀하시면서 분노의 심각성을 지적하셨다. 분노가 눈에 보이지 않는다고 해서 대수롭지 않은 것이 절대 아니다. 또한 예수님은 충격적인 진단을 내리셨다. 마음속에 분노를 품은 사람들을 살인자와 같다고 취급하신 것이다.

마태복음 5장 21절에서 예수님은 이렇게 말씀하셨다. "옛사람에게 말한 바 살인하지 말라 누구든지 살인하면 심판을 받게 되리라 하였다는 것을 너희가 들었으나."

사람들은 이 말씀을 읽고 자신 있게 말한다. "나는 살인을 한 적도 없고 할 일도 없다." 그러면서 살인을 저지르지 않은 자신을 우월하게 여긴다. "살인하지 말라"라는 명령에 이의를 제기할 사람은 아무도 없다(혹시 이 명령에 이의를 제기하는 사람을 만나거든 무조건 도망쳐라. 때에 따라 살인도 필요하다고 믿는 사람과 절대 말다툼을 벌이지 말라).

그런데 예수님은 22절에서 명령의 범위를 확장하신다. "나는 너희에게 이르노니 형제에게 노하는 자마다 심판을 받게 되고."

예수님은 마음속에 누군가를 향한 분노를 품고 있다면 자신을 살인자와 비교하며 낮게 여기지 말라고 말씀하신다. 나는 아무도 죽인 적이 없지만 지금까지 분노를 품고 또 표출하여 상대방에게 상처를 준 적이 수없이 많다. 언성을 높이고, 욕을 하고, 무례하게 굴고, 상대방에 관해 험담을 했다. 우리는 이런 행동을 대수롭지 않게 여기는 경향이 있다. 누구나 이런 면이 조금씩은 있다며 아무렇지 않게 생각한다.

어떤 이들은 분노하되 고함을 지르거나 욕을 하지는 않는다. 돌을 집어 누군가에게 던지지도 않는다. 대신, 아무 말도 하지 않고 홱 가 버린다. 자신의 마음을 진정시키기 위해서가 아니라 상대방에게 상처를 주기 위해 그렇게 행동한다. 말을 하지 않는 수동적인 공격이 분노에서 나온 행동임을 자신은 분명히 알고 있다.

내 친구 한 명은 부아가 치밀면 "저기 있잖아"를 반복한다. 그러면서 미소를 짓는다. 하지만 착각하면 곤란하다. 그 미소는 화를 담은 표정이다. 그는 진정한 '살인' 미소를 보여 주는 친구다. 그런가 하면 화가 날 때마다 "재밌네!"라고 말하는 친구가 있다. 그가 그렇게 말하면 곧 전혀 재밌지 않은 말을 한다는 사실을 알아야 하고, 그가 말을 하면 웃지 않는 편이 신상에 이롭다 (참, 이 '친구'는 내 '아내'다. 혹시 우리 아내가 지금 이 부분을 읽으면 "재밌네!"라고 말할 것이다).

정죄의 돌을 내려놓고

이 종교 지도자들은 분노와 자기 의, 미움으로 가득 차서는 이 여인을 예수님께로 끌고 왔다. 그때 가르침을 펼치고 있던 예수님은 갑자기 땅바닥에 글을 쓰기 시작하셨다. 계속해서 이야기를 읽어 보면 예수님의 '한 번에 한 사람' 방식과 종교 지도자들의 '한 번에 한 사람' 방식의 극명한 차이를 볼 수 있다.

예수님이 왜 땅바닥에 무언가를 쓰셨는지, 그리고 무엇을 쓰셨는지는 기록되어 있지 않다. 성경학자마다 다른 가설을 내놓는다. 확실한 사실은, 예수님이 땅바닥에 무언가를 쓰면서 정죄하는 자들의 시선을 여인에게서 떼어 놓으셨다는 것이다. 예수님은 왜 그렇게 하셨을까?

그 여인이 '딸'이었기 때문이다. 여인은 하나님의 딸이었다. 예수님은 수치심, 혼란, 참담함에 빠진 여인을 깊이 긍휼히 여기셨다. 반면에 정죄하는 무리는 유죄 판결을 기다렸다. 마침내 예수님이 고개를 들고 말씀하셨다. "너희 중에 죄 없는 자가 먼저 돌로 치라"(요 8:7).

여인은 '이제 꼼짝없이 죽었구나' 하고 생각했을 것이다. 이 종교 지도자들은 죄가 없는 사람들로 알려졌기 때문이다. 혹시 의심스럽다면 직접 물어보라. 그러면 그들이 당당하게 말해 줄 것이다. 여인은 숨을 멈추고 첫 번째 돌이 머리로 날아오기를 기다렸다. 하지만 뜻밖에도 저만치서 돌이 땅에 떨어지는 소리가 들렸다. 한 종교 지도자가 손에 쥐고 있던 돌을 땅에 던졌다. 그 때부터 돌이 하나씩 땅에 떨어졌다.

여인을 꽉 움켜쥐었던 손이 풀렸다. 그리고 그들은 모두 그 자리를 떠나 버렸다. 이유는 정확히 알 수 없다. 예수님이 그들 의 죄를 땅바닥에 적으셨다는 추측도 있지만 어디까지나 추측이 다. 그렇게 해서 그들이 돌을 내려놓았을지도 모르지만 정확히 알 수는 없다. 확실한 사실은 여인이 눈앞의 상황에 어리둥절했 을 것이라는 점이다. 여인은 어떻게 해야 할지 몰라 그냥 서 있 었다. 머릿속이 지독히 복잡했을 것이다.

죄가 전혀 없는 사람만 남의 죄를 심판할 수 있다. 이 종 교 지도자들은 하나같이 죄를 지었기 때문에 그들 가운데 여인 의 죄를 심판하거나 벌할 수 있는 사람은 아무도 없었다. 아! 여 인을 정죄할 수 있는 사람이 단 한 명은 있었다. 땅바닥에 무언 가를 쓰던 남자가 고개를 들어 여인을 바라보았다. "여자여 너 를 고발하던 그들이 어디 있느냐 너를 정죄한 자가 없느냐"(요 8:10).

여인은 간음 현장에서 잡혔다. 이제 그녀는 종교 지도자들 보다 권위가 더 많아 보이는 분 앞에 벌거벗은 채로 서 있었다. 그분의 말씀에 여인은 대답했다. "주여 없나이다"(요 8:11).

여인은 아직도 무슨 상황인지 파악할 수 없었지만 한 가지만은 확실히 보였다. 바로, 긍휼이 여기는 마음이었다. 그분의 눈에는 긍휼히 여기는 마음이 가득했다. 예수님이 다시 말씀하셨다. "나도 너를 정죄하지 아니하노니 가서 다시는 죄를 범하지 말라"(요 8:11).

정말 놀라운 이야기다. 복음서들에서 볼 수 있는 수많은 이야기들과 정말 비슷하다. 그렇다. 예수님을 통하면 파멸에 관한 이야기가 언제나 축하로 끝맺음을 한다. 예수님 안에서는 망가진 것이 아름답게 변한다. 한 번에 한 사람씩, 심판을 받아 마땅하고 형벌을 기대했던 사람이 은혜와 용서를 입는다.

이 여인을 정죄한 예수님 당시 종교 지도자들은 눈감아줄 수 있는 죄들과 눈감아줄 수 없는 죄들의 암묵적인 목록을 정해 놓고 있었다. 이 두 가지 목록에 따라 사람들을 두 부류로 나누었다. 한 부류는 '대수롭지 않은' 죄를 지은 이들이었다. 다른 부류는 '정말 큰' 죄를 저지른 이들이었다. 이 두 번째 부류의 사람들은 비판과 수치, 정죄를 당했다.

종교 지도자들은 죄가 어느 목록에 속할지 판단할 때 주로 두 가지 기준을 사용했던 것으로 보인다. 첫 번째 기준은 "눈에 보이는 것인가?"였다. 종교 지도자들은 겉으로 보이는 모습에 집착했을 뿐 진정성에는 별로 관심이 없었다. 그래서 마음의 죄는 그냥 눈감아주었다. 우리도 별반 다르지 않다. 목사로서 말하는데 탐욕, 시기, 불만족, 짜증, 분노, 교만의 죄를 고백하는 사람은 거의 본 적이 없다. 우리는 아무도 보거나 알아챌 수 없는 죄는 대수롭지 않게 여긴다.

두 번째 기준은 "나한테는 없는 문제인가?"였다. 그 옛날 종교 지도자들도, 오늘날의 우리도 자신과 다른 문제점을 안고 있는 사람들을 비난하고 정죄하는 경향이 있다. 이 여인을 정죄한 무리는 그녀가 지은 죄를 가지고 그녀를 규정했다. 이제 그녀는 단순히 죄를 지은 사람이 아니라 '죄'와 '실패' 자체였다. 그들은 그녀를 밖으로 끌어내서는 그녀가 죄를 범해 인간으로서의 가치를 잃었으므로 미움과 버림을 받아도 되는 존재로 전락했다는 사실을 만인에게 보여 주고자 했다.

매트 챈들러 목사는 그의 책에서 신학교 1학년 시절에 어두운 과거가 있는 킴이라는 젊은 싱글맘과 친구가 된 이야기를 들려준다.[2] 매트와 그 친구들은 예수님을 모르던 그녀를 전도하기 시작했다. 한번은 그들이 그녀를 찬양 콘서트에 초대했다. 찬양 순서가 끝난 뒤에 설교자가 무대로 올라 성(性)에 관한 메시지를 전할 것이라고 선포했다. 그는 아름다운 장미 한 송이를 들고 말했다. "이 장미는 완벽합니다. 향기가 끝내주지요. 자, 돌아가며 이 장미를 보고 만지고 냄새를 맡아 보세요."

설교자는 장미를 청중에게로 던졌다. 이어서 그가 성난 어조로 성적인 죄에 관한 이야기를 하는 동안 장미는 손에서 손으로 전해졌다. 설교를 마치자 그는 장미를 든 사람을 무대 위로 초대했다. 장미는 잎이 다 떨어져 너덜너덜해져 있었다. 설교자는 장미를 높이 들며 선포했다. "자, 이 장미처럼 되고 싶은 사람이 있나요? 이 장미는 여러 사람의 손을 거쳤습니다. 너도 나도 만졌습니다. 더 이상 순결한 장미가 아니에요. 이런 장미를 누가 원하겠습니까? 아무도 원하지 않겠죠?"

한두 주 뒤부터 챈들러는 성경 공부 모임에서 킴을 볼 수 없었다. 그는 걱정이 되어 여러 번 문자를 보냈다. 마침내 킴의 어머니에게서 킴이 심한 교통사고로 병원에 입원해 있다는 전화가 왔다. 챈들러는 병문안을 가서 킴과 대화를 나누었다. 그런데 대화 중에 킴이 불쑥 이런 질문을 했다. "너도 내가 더러운 장미라고 생각해?"

챈들러는 가슴이 아프다고 말한 뒤 예수님이 그 장미를 원하신다는 것이 복음의 핵심이라고 설명했다. 긍휼히 여기는 마음으로 가득한 예수님은 눈앞에 서 있는 여인에게 그분은 그녀를 죄로 규정하지 않는다고 말씀하셨다. 그녀는 죄 자체가 아니었다. 그녀는 죄로 인해 무가치한 존재가 아니었다. 그녀의 가치는 그녀를 향한 하나님의 사랑에 따라 정해졌다.

죄로 이 여인을 규정하는 것은 죄에 궁극적인 권세가 있다 여기는 것이다. 하지만 오직 하나님만이 궁극적인 권세를 지니셨으며 그분이 그녀를 사랑하셨다. 예수님이 비난하는 대신 긍휼히 여겨 주신 덕분에 이 모든 것이 그녀에게 현실이 되었다.

예수님은 모든 것을 바꿔 놓으셨고, 덕분에 그 여인의 인생 최악의 날은 인생 최고의 날로 바뀌었다.

긍휼과 은혜는 다 어디에?

요한복음 13장 34절에서 예수님이 하신 말씀을 다시 보자. "새 계명을 너희에게 주노니 서로 사랑하라 내가 너희를 사랑한 것같이 너희도 서로 사랑하라."

예수님이 우리를 사랑하신 것같이 우리도 다른 사람들을 사랑해야 한다. 예수님이 한 번에 한 사람씩 우리를 사랑하기 위해 사용하시는 주된 방법은 용서받을 자격이 없는 자들을 용서해 주시는 것이다. 우리도 바로 이 방식으로 다른 이들을 사랑해야 한다. "서로 친절하게 하며 불쌍히 여기며 서로 용서하기를 하나님이 그리스도 안에서 너희를 용서하심과 같이 하라"(엡 4:32).

성경 한 부분을 더 보자.

그를 아노라 하고 그의 계명을 지키지 아니하는 자는 거짓말하는
자요 진리가 그 속에 있지 아니하되 누구든지 그의 말씀을 지키는
자는 하나님의 사랑이 참으로 그 속에서 온전하게 되었나니
이로써 우리가 그의 안에 있는 줄을 아노라 그의 안에 산다고

하는 자는 그가 행하시는 대로 자기도 행할지니라 …… 빛 가운데 있다 하면서 그 형제를 미워하는 자는 지금까지 어둠에 있는 자요 그의 형제를 사랑하는 자는 빛 가운데 거하여 자기 속에 거리낌이 없으나(요일 2:4-6, 9-10).

내가 아는 사람 중에 성경을 이미 다 안다면서 책들마다 인용해 놓은 성경 구절을 읽지 않고 그냥 건너뛰는 사람이 있다. 그런 의미에서 앞의 성경 인용문의 마지막 문장을 한 번 더 읽어 보길 바란다. 예수님을 알고 그분 안에 있기를 원한다면 그분처럼 살고 사랑해야 한다. 이는 용서와 은혜를 베풀어야 한다는 뜻이다(이는 요한일서 2장의 요지를 다시 요약한 것이다. 왜 또 반복했냐면 당신이 인용문으로 돌아가 다시 읽지 않을 것을 알기 때문이다. 우리는 다 별반 다르지 않다).

예수님의 이런 사랑을 고린도전서 13장만큼 잘 담아낸 구절도 없는 듯하다. 그 사랑은 "악한 것을 생각하지 아니하"는 사랑이다(5절). 즉 남들이 자신에게 악하게 행한 것들을 마음에 담아 두지 않고 깨끗이 잊어버리는 사랑이다. 예수님은 죄인, 불경한 자, 배신자, 비난하는 자, 부인하는 자를 긍휼히 여기시고 은혜를 내보이셨다. 당신은 어떤가? 이런 사랑을 실천하고 있는가? 아마 대부분의 그리스도인들이 이 질문에 그렇다고 대답할 것이다. 하지만 실제로 오늘날 그리스도인들은 전혀 은혜와 긍휼로 알려져 있지 않다. 우리의 생각과 현실이 일치하지 않고 있다.

이런 불일치가 일어나는 건 우리가 막연하게 남들을 이렇게 사랑한다고 생각할 뿐 '구체적으로' 행동하지 않기 때문이다. 그러니까 우리는 이론적으로는 은혜와 긍휼에 동의하지만 실제로 한 번에 한 사람에게 은혜와 긍휼을 보여 주지는 못하고 있다. 여기에는 몇 가지 이유가 있다.

은혜의 걸림돌 1 * 자기 죄를 깨닫지 못하는 것

우리는 좀처럼 자신을 죄인이라 여기지 않는다. 무슨 말이냐면, 자신이 완벽하지 않은 것은 아는데 왠지 남들이 지은 죄가 훨씬 더 크고 심각해 보인다. 우리는 자신의 죄를 합리화하거나 아예 인식하지 못한다. 그러다 보면 자신이 남들보다 우월하다고 느낀다. '내가 남보다 낫다'라는 생각은 긍휼이 아닌 비난과 정죄로 이어질 수밖에 없다. 이것은 예수님의 모습과 정반대다.

생각해 보라. 하나님은 죄가 있는 자는 남의 죄를 정죄할 수 없다고 말씀하신다. 그런데 죄가 없는 분은 오직 예수님뿐이다. 따라서 오직 예수님만 정죄할 권리가 있으시다. 그런데 남자들이 여인을 돌로 치기 위해 끌고 왔을 때 예수님은 이렇게 말씀하셨다. "너희가 죄가 없다면 이 여인을 정죄해도 좋다. 그렇다면 이 여인을 너희 마음대로 하라."

마태복음 5장의 산상수훈으로 돌아가 보자. 예수님은 분노한 자들을 살인자와 같은 부류로 취급하신 후 음욕을 품은 자들을 실제로 간음을 저지른 자들과 같은 부류로 취급하셨다.

간음하지 말라 하였다는 것을 너희가 들었으나 나는 너희에게
이르노니 음욕을 품고 여자를 보는 자마다 마음에 이미
간음하였느니라(마 5:27-28).

예수님은 자신이 간음을 저지른 사람들보다 낫다고 생각하는 이들에게 이 말씀을 하신 것이다. 간음은 다른 누군가의 죄라고 생각하는가? 그렇지 않다. 간음은 당신의 죄이기도 하다. 그날 예수님이 땅바닥에 한 단어만 쓰셨다면 그 단어가 '음욕'이 아닐까 싶다.

이 종교 지도자들은 예수님처럼 이 여인에게 사랑이나 불쌍히 여기는 마음을 품지 않았다. 그것은 자신들의 죄가, 남들의 눈에 보이지 않을지언정 하나님께는 여인의 죄 못지않게 크고 심각하다는 사실을 깨닫지 못했기 때문이다. C. S. 루이스는 《순전한 기독교》(Mere Christianity)에서 이 문제를 논했다. 그는 성적인 죄가 가장 큰 죄라는 많은 사람들의 관념에 답답함을 피력

했다.

> 육신의 죄는 악하지만 그래도 모든 죄 중에서 가장 덜 악하다.
> 최악의 쾌락들은 하나같이 전적으로 영적이다. 남들에게 잘못을
> 돌리고, 남들을 통제하고, 선심을 쓰는 체하고, 남들의 흥을 깨고,
> 험담하는 것을 즐기는 쾌락, 권력과 미움의 쾌락이야말로 가장
> 악한 죄다. 내 안에는 두 개의 자아가 있다. …… 하나는 동물적
> 자아이고, 다른 하나는 악마적 자아다. 둘 중 악마적 자아가 더
> 나쁘다. 이것이 교회에 꼬박꼬박 다니지만 냉담함과 자기 의에
> 빠져 도덕군자 행세하는 자가 창기보다 지옥에 훨씬 더 가까운
> 이유다. 하지만 물론 두 자아 모두 없는 편이 낫기는 하다.[3]

자기 의에 빠져 분노하고 도덕군자 행세하는 자가 되지 말
라. 자신의 죄를 보라. 예수님은 종교 지도자들에게 자기 의의
분노 가운데 이 여인을 정죄할 권리가 없다는 사실을 일깨워 주
셨고, 이에 그들은 돌을 내려놓고 떠나갔다. 반면, 예수님은 여
인을 정죄할 모든 권리가 있었지만 그렇게 하시지 않았다. "나
도 너를 정죄하지 아니하노니 가서 다시는 죄를 범하지 말라"(요
8:11).

예수님은 '죄 없는 분'이라는 자격을, 정죄하는 것이 아니라
은혜를 베푸는 데 사용하셨다. 여인에게 진실을 말함으로써 더

이상 죄를 짓지 않고 살게 만드는 데 정죄는 필요하지 않았다. "하나님이 그 아들을 세상에 보내신 것은 세상을 심판하려 하심이 아니요 그로 말미암아 세상이 구원을 받게 하려 하심이라"(요 3:17).

우리 모두는 자신의 죄를 깨닫고, 자신이 심판하고 정죄할 위치에 있지 않다는 사실을 깨달아야 한다. C. S. 루이스의 말을 빌리자면, "도덕군자 행세하지 말라." 혹시 어찌어찌하여 죄가 거의 없는 상태에 이르더라도 예수님이 하신 것같이 그 지위를 은혜와 사랑을 베푸는 데 사용하라.

은혜의 걸림돌 2 * 용서 없는 긍휼

상대방이 죄를 용인해 주는 것으로 착각할까 봐 걱정이 될 수 있다. 심지어 계속해서 죄를 지어도 좋다고 권장하는 것으로 착각할까 봐 이런 종류의 은혜를 베풀기를 꺼려 하는 그리스도인들이 더러 있다. 그들은 상대방이 죄를 멈추기 전까지는 사랑을 보여 주어서는 안 된다고 주장한다. 그렇지 않으면 그가 한 짓 혹은 하고 있는 짓을 대수롭지 않게 여길 수 있다고 말한다. 그들은 상대방이 자신의 긍휼히 여기는 마음을 '죄를 용납하는 것'으로 혼동할까 봐 걱정한다.

하지만 예수님이 본을 보이시고 우리에게 명령하신 것은 정

반대다. 로마서 5장 8절이 기억나는가? "우리가 아직 죄인 되었을 때에 …… 하나님께서 우리에 대한 자기의 사랑을 확증하셨느니라." 우리가 긍휼을 선택해야 하는 것은 하나님의 우리를 향한 무조건적 사랑, 예수님의 구원하시는 능력, 성령의 성화시키시는 역사를 믿기 때문이다.

긍휼은 죄를 눈감아주는 것과 다르다. 우리가 긍휼함을 보여 주었는데 상대방이 그것을 죄를 묵과한 것으로 오해한다면 그것은 어디까지나 그 사람 잘못이다. 긍휼과 죄를 묵과는 엄연히 '다르기' 때문이다. 예수님은 여인을 정죄하시지는 않되 가서 다시는 죄를 짓지 말라고 당부하셨다.

"하나님은 당신을 있는 모습 그대로 사랑하시니까 계속해서 지금처럼 해도 상관없다." 우리는 사람들에게 이렇게 말하지 않는다. 누군가가 하나님 사랑의 메시지를 다음과 같이 정리하는 것을 들은 적이 있다. "하나님은 당신을 있는 모습 그대로 사랑하시지만 너무 사랑하셔서 당신을 지금 상태 그대로 놔두시지 못한다."

죄인을 받아들이는 것과 죄를 받아들이는 것은 엄연히 다르다. 하지만 일부 사람들은 둘을 같은 것으로 받아들인다. 하지만 나는 그럴 위험을 감수할 만한 가치가 있다고 생각한다. 왜일까? 하나님이 우리에 대해 그런 위험을 감수하셨기 때문이다.

하나님의 은혜는 너무도 놀랍고 기이하다. 물론 일부 사람들은 그 은혜를 죄의 묵과로 오해한다. 예전에도 그랬고 지금도 그렇다. 로마서 6장을 읽어 보면 2천 년 전에도 그런 일이 자주 벌어졌던 것을 알 수 있다. 하지만 그것이 우리가 살면서 만나는 다른 사람들에게 긍휼과 은혜를 보여 주지 않을 이유는 되지 못한다.

필립 얀시는 이런 말을 했다. "다른 모든 종교는 인정을 받기 위한 길을 제시하는 반면, 오직 기독교만 대담하게도 하나님의 사랑을 무조건적인 것으로 만든다."[4]

하나님이 누군가가 죄를 용인하거나 권장하는 것으로 오해할 줄 잘 아시면서도 기꺼이 놀라운 은혜를 베풀어 주신다면 우리도 그 위험을 무릅쓰고 똑같이 해야 하지 않을까? 물론 우리는 사람들이 그런 실수를 하지 않기를 바라야 한다. 하지만 그것과 상관없이 무조건적인 사랑을 베풀어야 한다. 중요한 것은 이것을 이론적으로만 받아들이는 것이 아니라 실제로 삶에서 한 번에 한 사람에게 이런 은혜를 베푸는 것이다.

사랑 자체이신 진짜 예수를 만날 때

내 친구 칼렙은 동성애자 퍼레이드에서 그리스도인들에게 받은 미움을 되갚아 주기 위해 성경 공부 모임에 갔다. 하지만 그곳에서 만난 그리스도인들은 그에게 예수님에 대한 전혀 다른 인상을 심어 주었다. 덕분에 칼렙은 성경을 읽기 시작했고, 요한복음 8장을 통해 그의 모든 것이 변했다. 그는 군중이 죄를 짓다가 붙잡힌 한 여인을 정죄하려고 했을 때 긍휼을 선택하신 예수님을 보았다. 그 퍼레이드에서 성난 그리스도인들이 보여 준 거짓된 이미지가 아니라 '이것'이 진짜 예수님이었다.

결국 칼렙은 예수님을 영접하고 그분께 모든 삶을 바쳤다. 당시 그는 열여섯 살이었다. 그로 인해 어머니는 그와 관계를 끊었고, 아버지는 그를 집에서 내쫓았다. 그렇게 그는 그가 참여하던 성경 공부 모임을 이끌던 조 위스의 집으로 들어갔다.

2년 뒤 칼렙은 신학교에 입학했고, 거기서 나는 그를 만나 우리는 친구가 되었다. 그때가 1990년대였다. 놀라운 소식이 또 있다. 몇 년 전 칼렙은 마침내 예수님을 믿게 된 자신의 어머니와 아버지에게 세례를 베풀었다. 어떻게 된 일일까?

칼렙의 부모는 칼렙이 목회하는 교회 교인들을 통해 모든 그리스도인들이 자신들이 본 것처럼 도덕군자 행세를 하는 것은 아니라는 사실을 알게 되었다. 그들은 정죄보다 긍휼을 선택하는 그리스도인들을 만났다. 그들은 사랑 자체이신 진짜 예수님을 만났다. 죄로 우리를 규정하지 않고, 죄에서 나와 자유로 가는 길을 열어 주시는 예수님.

그 예수님, '진짜' 예수님은 실로 거부하기 힘든 분이다. 그래서 그들은 예수님께 삶을 바쳤고, 예수님은 그들의 삶을 변화시켜 주셨다. 이 모든 일은 조 위스를 비롯한 성경 공부 모임의 식구들이 한 번에 한 사람을 사랑해 준 덕분에 일어났다.

한 번에
한 사람씩

Part 2

세상을 구원하는 예수의 사랑법

생명으로
물들이다

7

'충만한 천국 기쁨'의
한 조각을
맛보게 하는 법

: 즐거운 '파티 한 번'의 힘

간단한 퀴즈 하나를 내 보겠다. 하나님과 그룹 비스티 보이즈(Beastie Boys)의 공통점은 무엇일까? 1986년, 비스티 보이즈는 모두가 파티를 즐길 권리를 쟁취해야 한다고 말했다. 좀 과하긴 하지만 그들은 그만큼 파티를 사랑했던 것 같다. 한편 레위기 23장에서 하나님은 모든 사람에게 파티를 하지 않으면 죽이겠다고 말씀하셨다. 아주 과격하긴 하지만 하나님도 그만큼 파티를 사랑하시는 것 같다. 하나님과 비스티 보이즈 모두에게 파티는 권리이자 의무다.

다들 고개를 갸우뚱하고 있다는 것을 잘 안다. 잠시만 내 말을 더 들어 보라. 구약에서 하나님은 그분의 백성들을 위해 연례 파티들을 마련하셨다. 하나님이 세심한 손길로 계획하신 이 축제들은 기념하고 기대하는 시간의 성격이 짙었다. 하나님의 백성들은 한자리에 모여 하나님이 행하신 역사와 행하실 역사를 축하했다.

하나님은 그분의 백성들이 감사와 기대감 속에서 살기를 원하셨다. 하나님은 그들이 받은 복에서 그분의 지문을 발견하고, 앞으로도 그분이 놀라운 역사를 행하실 줄 믿고서 행복한 기대감 속에서 살기를 원하셨다. 하나님은 그들이 단순히 그렇게 살기만 하는 것이 아니라 함께 모여서 그런 목적의 '파티'(party; 교제 모임, 연회, 잔치-편집자)를 열기를 원하셨다. 이것은 구약이다.

신약에서 예수님은 파티를 즐길 권리를 쟁취하기 위해 싸우셨다. 신약에서 우리는 파티장(연회장)에 있는 예수님을 자주 볼 수 있다. 예수님이 파티장에 얼마나 자주 가셨는지 종교 지도자 들에게 비난을 받으실 정도였다. "보라 먹기를 탐하고 포도주를 즐기는 사람이요 세리와 죄인의 친구로다"(마 11:19).

또한 예수님은 하나님 나라를 파티(잔치)에 비유하셨고, 유 명한 비유 3부작에서 한 사람이 하나님께로 돌아오면 천국에서 파티가 벌어진다고 가르치셨다(눅 15장). 이 점을 놓치지 말아야 한다. 성경에는 분명하면서도 일관된 파티 신학이 있다. 선교학 자 앨런 허쉬는 이렇게 말했다(선교학자는 하나님이 성경 속에서 그분의 백성들에게 주신 사명을 연구하고, 오늘날 다양한 선교 활동을 통해 그 사명을 어떻게 이룰지 탐구하는 사람이다). "파티는 성사(sacrament)다."[1] 성사 는 교회를 세상과 구별시키고 서로를 연합하게 하는 오랜 핵심 관행이자 의식이다. 성사에는 세례, 성찬, 결혼식…… 그리고 파 티(?)가 포함된다. 물론 인터넷에서 '기독교 성사'를 검색해 보면 실제로 성사의 목록에서 파티를 찾을 수는 없다. 하지만 이것은 문제다.

우리가 하나님이 우리에게서 원하시는 중요한 무언가를 잃 어버린 것은 아닐까? 이것을 생각하면 두어 해 전 예배 후에 겪 은 일이 떠오른다. 한 남자 성도가 나를 찾아와 항의를 했다. "야 구 모자를 쓰고 예배당에 들어온 젊은이를 보셨나요? 누가 가서 따끔하게 혼을 내 줘야 할 텐데요. 신성한 교회당에서 야구 모자라니요. 도저히 있을 수가 없는 일입니다."

그의 얼굴을 유심히 보니 농담이 아니었다. 그래서 나는 이렇게 말했다. "어릴 적부터 우리 교회를 다니지는 않았지만 예수님을 영접하고 세례를 받기 위해 온 청년을 말씀하시는군요. 야구 모자를 쓰고 온 것에 대해 제가 뭐라고 한마디를 해 주길 원하시는 거죠?"

"네, 맞아요. 누군가가 따끔하게 지적해 줘야 합니다."

속에서 열불이 나서 서둘러 그곳을 벗어났다. 화난 상태에서 당장 그의 잘못을 지적하지 않기 위해서였다. 마음을 진정시키고 나중에 기회를 봐서 잘 설명해 줄 필요성이 있었다. 혹은 그 주제에 관한 책을 주는 식으로 다른 방법을 찾는 편이 좋을 것도 같았다.

생각해 보면 수많은 그리스도인들이 그 남자와 같다. 구약에서 파티를 명령하신 하나님과 신약에서 자주 파티에 가고 파티에 관해서 말씀하신 예수님의 파티 정신을 잃어버린 그리스도인들이 너무도 많다.

오늘날 파티를 모르는 그리스도인들은 예수님 당시의 바리새인들을 똑 닮아 있다. 바리새인들은 하나님의 마음을 잃어버리고 규칙과 전통을 지키는 것을 신앙의 핵심으로 삼았다. 예수님은 바리새인들이 종교를 통해 만들어 낸 것을 해체하기 위해 오셨다. 예수님은 이 땅에 오셔서 파티를 회복시키셨다. 파티를 여는 것이야말로 한 번에 한 사람에게 영향을 미치는 최선의 방법 가운데 하나다. 왜일까?

재미없고 지루한 기독교?

누군가 당신에게 '하나님의 뜻'을 설명해 달라고 부탁한다면 뭐라고 말하겠는가? 아무래도 성경 구절을 인용하는 것이 최선일 것이다. "항상 기뻐하라 쉬지 말고 기도하라 범사에 감사하라 이것이 그리스도 예수 안에서 너희를 향하신 하나님의 뜻이니라"(살전 5:16-18).

당신의 예상과는 다를지도 모르겠다. 하지만 하나님은 항상 기뻐하는 것이 그분의 뜻에 포함된다고 말씀하신다. 예수님의 탄생을 선포할 때 천사들이 전한 메시지를 보자. "무서워하지 말라 보라 내가 온 백성에게 미칠 큰 기쁨의 좋은 소식을 너희에게 전하노라"(눅 2:10).

예수님은 "큰 기쁨"을 주시려 우리에게 오셨다. 예수님은 그분의 기쁨을 우리 안에 가득 채워 주기 위해 오셨다. "내가 이것을 너희에게 이름은 내 기쁨이 너희 안에 있어 너희 기쁨을 충만하게 하려 함이라"(요 15:11).

하나님의 뜻과 예수님의 복음은 기쁨에 관한 것이다. 하지만 '많은' 사람들이 기독교는 재미없는 종교라고들 생각한다. 우리는 이 생각을 바로잡아야 한다. 그리스도의 제자인 우리에 관한 사람들의 시각을 바꿈으로써 예수님을 바라보는 시각이 바뀌게 만들어야 한다. 기쁨 없는 기독교는 예수님과 하나님의 뜻을 잘못 보여 줄 뿐 아니라 사람들을 끌어당기는 매력이 없기 때문이다.

예수님은 기쁨 없는 모습으로 사람들을 끌어당기신 게 아니다. 사람들은 그분의 기쁜 모습을 보고 그분께 끌렸다. 그분의 제자인 우리도 기쁜 모습을 보여야 사람들이 우리에게 끌릴 것이다. 기쁨은 사람들을 끌어당기며, 파티는 기쁨을 가져온다.

이 땅에 하나님 나라를 가져오는 일

누군가 당신에게 하나님 나라를 설명해 달라고 부탁한다면 뭐라고 말하겠는가? 역시나 성경 구절을 인용하는 것이 최선일 것이다. "하나님의 나라는 먹는 것과 마시는 것이 아니요 오직 성령 안에 있는 의와 평강과 희락이라"(롬 14:17).

역시나 당신의 예상과 다를지 모르지만 하나님은 그분의 나라가 기쁨("희락")에 관한 것이라고 말씀하신다. 예수님은 하나님 나라를 구하고 그 나라를 이 땅에 가져오라고 말씀하셨다(마 6:10,

33 참조). 이는 결국 우리가 기쁨을 추구하고 가져오는 자들이 되어야 한다는 뜻이다.

예수님은 하나님 나라를 파티에 빗대셨다. 예를 들어, 마태복음 22장 1-14절을 보라. 따라서 하나님 나라를 이 땅에 가져오려면 파티를 열어야 한다. 오늘날 우리는 '탈기독교'(Post Christian)와 '손절'(cancel) 문화 시대에 살고 있다. 그런 만큼 기독교와 손절하고 그리스도인들을 배척하는 분위기가 강해지고 있다. 그럼에도 좋은 파티가 열리면 사람들은 언제라도 달려올 준비들을 하고 있다.

앞서 하나님이 주신 사명이 무엇이며 어떻게 하면 그 사명을 가장 효과적으로 이룰지 연구하는 선교학자들에 관한 이야기를 했다. 그런 선교학자인 내 친구 휴이 홀터는 내게 이런 말을 했다. "하나님에게서 멀리 떨어져 있는 사람들을 가까이 부를 수 있는 가장 중요한 열쇠가 무엇이냐고 물으면 나는 '성대한 파티를 여는 것'이라고 말하고 싶다."

전적으로 동의한다. 파티를 열면 한 번에 한 명씩 사람들을 사랑해 줄 수 있다. 실제로 어느 해에 우리 교회는 파티를 강조점으로 삼았다. 우리는 교인들에게 예수님의 이름으로 사람들을 사랑하고 섬기며, 예수님을 거부한 이들이 그분과 그분의 제자들을 다시 볼 수 있도록 파티를 열자고 요청했다. 분명한 목적을 가진 파티는 관계를 맺어 주고 키워 준다. 그리고 관계야말로 예

수님처럼 사람들을 사랑하고 그들을 예수님께로 이끌기 위한 열
쇠다.

더는 기독교 울타리 안에 숨어 살지 말라

예수님은 여러 파티에 초대를 받으셨다. 저마다 자신이 여
는 파티에 예수님과 함께하기를 원했기 때문이다. 예를 들어, 요
한복음 2장에 나오는 혼인 잔치에 관한 이야기를 보자. "예수와
그 제자들도 혼례에 청함을 받았더니"(2절).

좀 이상하지 않은가? 당신이 예수님이나 성경을 전혀 모른
다고 해 보자. 그런 상태에서 하나님이 이 땅으로 내려와 인간의
삶을 사셨다는 말을 듣는다고 해 보자. 이 신인(神人)이 파티에
초대받을 것 같은가? 모르는 사람들은 분명 이렇게 말할 것이다.
"그를 파티에 초대하지 말라. 분명 사람들을 몰래 훑어보며 잘잘
못을 수첩에 기록하고, 고개를 흔들며 혀를 찰 것이다. 그를 절
대 초대하면 안 된다!"

하지만 그런 일은 벌어지지 않았다. 예수님은 수시로 파티
에 초대를 받으셨다. 파티 초대장을 만드는 사람은 이렇게 말했
다. "다른 사람은 몰라도 예수님은 꼭 초대해야 해. 모두를 즐겁
게 해 주시는 분이거든. 다들 좋아할 거야!"

- 질문 : 당신은 파티에 초대를 받는 편인가? 동네에서든 직장에서든 당신을 아는 사람들이 당신을 긍정적이고 재미있고 사랑 많은 사람으로 여겨 당신과 어울리고 싶어 하는가? 아니면 당신을 정죄하고 비판하기 좋아하는 사람으로 여겨 초대하지 않으려고 하는가?

예수님은 파티에 초대를 받으셨다. 그리고 초대를 받아들이셨다. 그런데 이번에도 좀 뜻밖이다. 예수님께 과연 그럴 시간이 있었을까? 당시 혼인 잔치는 일주일 가까이 이어졌다. 예수님은 이 땅에서의 시간이 많지 않다는 것을 아셨다. 반면, 해야 할 일은 너무도 많았다.

예수님께 스케줄을 관리하는 비서가 있었다면 이렇게 말하지 않았을까? "예수님, 어서 '산상수훈'을 마무리하셔야 할 것 같은데요. 그런데 말이 나온 김에, 아직도 그 제목이 최선이라고 생각하시나요? 주제넘게 들리실지 모르겠지만, 과연 그런 제목으로 입소문이 퍼질지 의문스럽습니다. '행복해지는 법' 같은…… 좀 더 임팩트 있는 제목은 어떨까요? 어쨌든 이 설교를 어서 쓰셔야 합니다. 게다가 리더 양성 프로그램도 차질 없이 진행해야 합니다. 수련생들을 뽑아 놓고 이렇게 여유를 부리시면 안 됩니다. 훈련시켜야 할 것들이 아주 '많습니다'. 참, 조만간 기적 몇 가지도 선보여야 하고요. 어떻게 해서든 저희 사역이 탄력을 받아야 합니다. 그런데 일주일 가까이 진행되는 혼인 잔치에 참석하신다고요? 죄송하지만 그건 안 됩니다. 저는 절대 반대입니다."

예수님은 세상을 바꾸기 위해 이 땅에 오셨지만 이 땅에서의 삶은 상대적으로 짧았다. 그분이 사역할 시간은 불과 몇 년밖에 되지 않았다. 하지만 그분은 일주일 동안 이어지는 파티에 참석하곤 하셨다. 다른 사람들과 함께 즐기기 위한 시간을 기꺼이 내셨다.

당신은 파티 초대를 받아들이는가? 그리스도인들은 안전한 기독교 울타리 안에 숨어서, 혹시라도 거북한 상황이 발생할 수 있는 모임을 피할 때가 너무도 많다. 나도 그렇다. 나도 생각 같아선 거북스러운 상황보다 편안한 상황을 선택하고 싶다. 하지만 그것은 예수님의 선택이 아니었고 나는 예수님을 따라야 한다.

큰 기쁨을 가져오신 예수님

예수님은 파티에 초대를 받으셨고 그 초대를 받아들이셨으며 그 파티에 기쁨을 가져오셨다. 요한복음 2장을 보면 일주일에 걸쳐 진행되는 혼인 잔치 도중에 포도주가 떨어졌다. 얼핏 대수롭지 않은 일처럼 보인다. 야구장에서 치킨이 떨어지면 나는 그냥 피자를 시킨다.

하지만 1세기 문화에서 결혼식 연회장에서 포도주가 떨어지는 것은 보통 큰일이 아니었다. 유대 문화에서 포도주는 기쁨의 상징이었다. "포도주가 없으면 기쁨도 없다"라는 랍비의 말도 있을 정도다. 이런 관념은 시편 104편 15절 같은 구약의 구절에 근거를 두었다. "하나님은 사람의 마음을 기쁘게 하기 위해 포도주를 만드셨다"(나의 의역). 포도주가 떨어진 것은 기쁨이 사라졌음을 의미했다. 신랑 신부에게는 결코 좋은 징조가 아니었다.

큰일이었다. 더 이상 기쁨이 없었으니 말이다. 하지만 다행히도 그 신랑 신부 곁에는 예수님이 계셨다. 그래서 예수님의 어머니 마리아는 아들에게 가서 문제를 이야기하고, 종들에게 예수님의 지시를 그대로 따르라고 지시했다. "너희에게 무슨 말씀을 하시든지 그대로 하라"(요 2:5).

예수님은 80-110리터 정도를 담을 수 있는 돌 항아리 여섯 개에 물을 가득 채우고 나서 그 물을 떠서 연회장에게 갖다 주라고 지시하셨다. 종들은 그대로 했고, 연회장은 포도주로 변한 물을 마시고선 평생 맛본 포도주 중에 최고라고 감탄했다. 예수님은 혼인 잔치에 기쁨을 가져오셨다. 그것도 500리터가 넘는 기쁨을! 정말 멋지지 않은가. 예수님의 '제자들'도 기쁨을 가져와야 한다.

캘리포니아 주에서 목회를 하던 시절, 로스앤젤레스의 한 격조 높은 호텔에서 열린 아름다운 결혼식에서 주례를 본 적이 있다. 하객들과는 잘 몰랐지만 신랑 들러리와 친분이 있어 주례를 맡았다. 당시 나는 주례를 보았으면 당연히 피로연에 참석해야 한다고 생각했다. 식사를 마치고 디제이가 분위기를 띄우려고 애를 썼지만 왠지 모르게 분위기는 가라앉아 있었다. 이상하다고 생각하며 주변을 둘러보다가 왠지 사람들이 다 나를 보는 것 같은 기분을 느꼈다. 마침내 내 지인인 신랑 들러리가 다가와 물었다. "목사님, 오늘 밤 계획이 어떻게 되세요?"

나는 어리둥절했다. "당연히 여기 피로연에 있어야죠?"

그러자 그가 빙그레 웃었다. "저기, 목사님, 이런 말씀 드리기가 좀 그렇지만 아무래도 다들 목사님이 가시고 본격적으로 파티가 시작되기를 기다리는 것 같습니다."

아…… 무슨 말인지 알 것 같았다. 사람들은 그동안의 경험을 통해 목사와 함께는 제대로 된 파티를 할 수 없다고 생각했던 것이다. 하지만 나는 파티에 그런 영향을 미치고 싶지 않았다.

예수님은 파티에 기쁨을 가져오셨다. 따라서 우리도 그래야만 한다.

결혼식 연회에서 물을 포도주로 변화시킨 것은 예수님이 이 땅에서 보이신 첫 번째 기적이었다. 어떤 설교자들은 이 구절에 관해서 예수님이 어머니가 부탁해 어쩔 수 없이 이 기적을 행하셨다는 식으로 설명한다. "피로연에 포도주가 떨어졌다니 어떻게 할 수 없을까?" 어머니의 말에 예수님이 이런 식으로 말씀하신다. "아이고, 어머니! 첫 번째 기적은 좀 더 화려하게 장식하려고 했는데, 이건 너무 평범하잖아요. 포도주는 이미 86퍼센트가 물이니까요. 그러니까 겨우 물의 14퍼센트만 바꾸는 거잖아요. 최소한 물을 치킨으로 바꾸는 기적 정도는 선보여야 하지 않겠어요? 어쨌든 이번에는 물을 포도주로 바꿔 드릴게요. 이건 순전히 어머니가 부탁하셨기 때문이에요."

나는 아니라고 생각한다. 천사들은 예수님이 큰 기쁨을 갖고 오신다고 선언했고, 예수님은 혼인 잔치에 기쁨을 더하면서 사역을 시작하셨다. 나는 이것이 우연이 아니라고 생각한다. 요한계시록은 천국을 우리의 기쁨이 완성되는 성대한 혼인 잔치로 그린다.

예수님의 첫 번째 기적이 '한 사람', 곧 신부에 대한 가시적인 사랑의 표현이라는 사실이 실로 아름답다. 포도주가 떨어진 것이 우리에겐 별일 아닐지 모르지만, 단언컨대 그 신부에게는 정말 큰일이었다. 예수님은 첫 번째 기적을 통해서도 한 번에 한 사람에게 영향을 미치는 삶의 본을 보여 주셨다. 예수님은 기쁨을 가져오셨다. 따라서 예수님의 제자들도 기쁨을 가져와야 한다. 그리고 그렇게 하기 위한 방법 가운데 하나는 파티 초대를 수락하는 것이다.

파티 초대장을 돌리라

예수님의 제자들은 초대받은 파티에만 억지로 간 것이 아니었다. 그들은 파티를 열기도 했다. 누가복음 5장에서 예수님은 걸어가시다가 "레위라 하는 세리가 세관에 앉아 있는 것을 보시고 나를 따르라 하시니 그가 모든 것을 버리고 일어나 따르니라"(27-28절).

마태라는 이름으로 더 잘 알려진 레위는 세리였다. 이는 당시 사람들이 가장 혐오하는 자들의 목록에서도 최상위에 위치해 있었다는 뜻이다. 세리들은 압제적인 로마 정부의 편에 붙어서 동포들의 고혈을 빨아먹는 자들이었다. 그들은 유대인들에게서 세금을 걷어 로마에 바쳤다. 그런데 그들은 마피아처럼 정해진 세금 외에 추가적인 돈을 뜯어내 자기 주머니에 챙겼다.

레위는 동포들에게 미움을 받았다. 사람들은 그를 부정하게 여기며 슬슬 피했다. 종교 지도자들은 그가 성전 출입하는 일을 금했다. 그런데 예수님은 그런 레위에게 다가와 그를 제자로 초대하셨다. 이에 레위는 모든 것을 내려놓고 예수님을 따라갔다. 당신이 레위라면 이어서 어떤 행동을 하겠는가?

"레위가 예수를 위하여 자기 집에서 큰 잔치를 하니 세리와 다른 사람이 많이 함께 앉아 있는지라"(눅 5:29).

예수님의 제자로서 레위에게 가장 자연스러운 일은 파티를 여는 것이었다. 그는 하나님에게서 멀리 떨어져 있던 친구들을 초대하고 예수님을 모셔 왔다. 그 잔치는 그의 친구들이 예수님의 진면목을 볼 수 있는 완벽한 기회였다. 바리새인들은 화가 나서 당장 예수님께 찾아가 따졌다. "너희가 어찌하여 세리와 죄인과 함께 먹고 마시느냐"(눅 5:30).

그들은 예수님이 파티, 특히 그런 부류와 어울리는 파티에 참석하신 이유를 이해하지 못했다. 예수님은 그들의 비난에 이렇게 답변하셨다. "건강한 자에게는 의사가 쓸 데 없고 병든 자에게라야 쓸 데 있나니 내가 의인을 부르러 온 것이 아니요 죄인을 불러 회개시키러 왔노라"(눅 5:31-32).

"아직도 모르겠느냐? 바로 이것이 내가 온 이유다. 이것이 내 제자들이 파티를 연 이유다. 그래서 초대자 명단에 하나님에게서 멀리 떨어져 있는 자들이 가득한 것이다." 예수님은 기본적으로 이렇게 말씀하신 것이다. "당연히 파티를 열어야지. 당연히 죄인들을 불러야지. 도대체 뭘 예상했느냐?"

그리스도의 제자에게는 파티를 여는 것이 가장 자연스러운 일 가운데 하나다. 그리고 그것이 그리스도의 제자들이 할 수 있는 가장 '영적인' 일 가운데 하나이기도 하다. 자, 그러니 파티를 열자. 어떤 종류의 파티? 목적이 있는 파티, 사람들에게 예수님을 보여 주는 파티, 한 번에 한 사람에게 기쁨을 더해 주는 파티 말이다.

복음 전도를 위한 다리 놓기

우리가 열 수 있는 파티의 한 종류는 '오이코스' 파티다. 오이코스는 '집'을 뜻하는 헬라어인데, 가족이나 절친한 친구처럼 '가까운 사람들'을 지칭할 때도 사용한다. 그래서 오이코스 파티는 우리가 관계를 맺고 살아가는 사람들, 이를테면 직장 동료, 학교 친구, 이웃 주민, 같이 온라인 축구 게임을 즐기는 친구들, 자녀의 수영 레슨에서 만난 엄마들을 초대해서 즐기는 파티다. 레위가 연 연회가 오이코스 파티의 좋은 예다.

오이코스 파티 이면의 목적은 영적인 일에 무관심한 사람들과 관계를 트는 것이다. 예수님의 어머니가 종들에게 뭐라고 말했는지 기억하는가? "너희에게 무슨 말씀을 하시든지 그대로 하라"(요 2:5). 순종은 그리스도인의 첫 번째 덕목이다. 그렇다면 예수님은 우리에게 어떤 명령을 내리셨는가? 잃어버린 양을 찾아 구원의 소식을 알리라고 명령하셨다. 예수님은 우리에게 믿지 않는 사람들을 제자로 삼아 세례를 베풀고 그분의 명령에 순종하도록 가르치는 사명을 주셨다. 우리는 하나님에게서 멀리 떨어져 있는 사람들에게 다가가야 한다.

그렇게 하는 한 가지 방법은 파티를 여는 것이다. 오해하지는 말라. 꼭 파티를 통해서만 전도를 해야 하는 것은 아니다. 미끼 행사를 열어 사람들을 끌어모은 다음, 간증을 하고 복음을 전하는 방식을 권장할 생각은 전혀 없다. 그래 봐야 사람들에게 오히려 반감만 살 뿐이다. 이 오이코스 파티는 전도 '전' 행사라고 생각하면 편하다. 복음을 전할 기회가 올 줄 믿고서 먼저 파티를 통해 관계를 트고 점점 그 관계의 깊이를 더해 가라. 이 파티는 나중에 건너가 예수님에 관해 전할 수 있도록 다리를 놓는 작업이다.

우리 교회에서 교인들에게 파티를 권장했을 때, 한 초등학교 교장은 교사들을 위한 깜짝 파티를 열기로 결심했다. 그는 교사들에게 일일 교육 활동을 진행할 테니 모두 옷을 편하게 입고 출근하라고 통보했다. 아침에 교육이 진행되었고, 점심 식사 시간이 되자 교장은 그 학교에서 자원봉사를 하던 우리 교회의 한 여자 집사를 무대 위로 불렀다. 이 집사는 교사들 앞에서 자신이 왜 자원봉사와 '파티'를 사랑하는지 설명했다. 그리고 자신처럼 파티라면 사족을 못 쓰는 몇몇 교인을 데려왔다고 말했다.

이어서 교사들은 학교 식당으로 걸어갔다. 그런데 뜻밖에도 식당은 온통 풍선으로 장식되어 있고, 자원봉사자들이 음식을 나눠 주려고 줄을 서 있었다. 교사들이 각자 음식을 받아 밖으로 나가니 음악이 흘러나왔고, 거대한 에어바운스 장애물 넘기 코스를 비롯해서 온갖 종류의 놀이 기구가 눈에 들어왔다. 정말 놀라운 오후였다. 교사들은 계속해서 자원봉사자들에게 물었다. "왜 이렇게 하시는 거죠?" 그때마다 미소와 함께 "선생님들을 사랑하니까요"라는 대답이 돌아왔다.

그 파티에서 직접적인 전도는 이루어지지 않았지만 전도의 '발판'은 완벽히 마련되었다. 우리 교회에서 나온 그 자원봉사자들은 그전까지 예수님의 제자에 대해 갖고 있던 부정적인 관념을 완벽히 깨뜨렸고, 그로 인해 예수님을 보는 교사들의 시각까지 완전히 달라졌다. 그들은 파티를 열어 기쁨을 가져왔다.

누가복음 15장에서 예수님은 하나님에게서 멀어져 있는 사람들에게 다가가라고 명령하시고, 그 가운데 한 명이라도 그분께 돌아오면 천국에서 성대한 파티가 열린다고 말씀하신다. 블루릭초등학교(Blue Lick Elementary School)에서 열린 그 파티 덕분에 그 교사들 가운데 한 명이라도 예수님을 영접했다는 소식이 날아오면 얼마나 좋을까? 나는 어서 그런 소식이 날아와 천국에서 파티가 열리기를 눈이 빠지게 기다리고 있다.

소외된 사람에게 손 내밀기

우리가 열 수 있는 두 번째 유형의 파티는 '제노스' 파티다. 제노스는 '낯선 사람' 혹은 '외국인'에 해당하는 헬라어다. 히브리서 13장 2절에서 하나님은 이렇게 말씀하신다. "손님[stranger; 낯선 사람, NIV) 대접하기를 잊지 말라."

"stranger"라는 영어 단어는 헬라어 단어 제노스에서 왔지만, 이 구절의 헬라어 원문은 '필록세니아'라는 합성어를 사용한다. 이 합성어는 '손님을 대접하다'로 번역되었지만 헬라어 문자 그대로 번역하면 '낯선 사람을 사랑하다'이다. 우리는 낯선 사람들을 사랑하라는 명령을 받았다. 그리고 그렇게 할 수 있는 좋은 방법은 파티를 열어서 그들을 초대하는 것이다.

누가복음 14장에서 예수님은 또 다른 파티에 참석하셨다. 이 파티는 종교 지도자들이 열었고, 초대 명단에는 역시 종교 지도자들 이름만 빼곡했다. 전형적인 재미없는 파티였다. 하지만 예수님이 나타나시면 분위기가 달라진다. 그 파티는 종교 지도자들이 인맥을 쌓는 동시에 서로 인지도를 겨루는 자리였다. 그래서 다들 테이블에서 가장 영예로운 자리를 노렸다. 하지만 예수님은 그들의 명성에 전혀 감흥을 느끼지 못하셨고 오히려 그들을 꾸짖으셨다. "왜 너희는 너희를 위해 아무것도 해 줄 수 없는 사람을 초대하지 않느냐? 소외와 무시를 당하는 이들을 초대하면 어떻겠느냐? 어디서도 초대받지 못하는 이들을 초대하면 얼마나 좋겠느냐?"(눅 14:12-14 참조)

제노스 파티를 여는 이면의 목적은 예수님이 그러신 것처럼 다른 사람들이 피하는 이들과 어울리기 위함이다. 제노스 파티는 사람들과 연결되지 못하고 있는 이들에게 다가가는 것이다.

예수님의 제자로서 우리는 남들이 회피하는 사람들을 섬길 뜻밖의 방법들을 찾아내야 한다. 그런 의미에서 파티가 어떤가?

우리 교인들이 루이빌 지역에 사는 저소득층 임대 아파트인 팔러먼트 스퀘어(Parliament Square)에서 그곳 아이들을 위한 파티를 연 적이 있다. 우리 교인들은 그 파티를 '신학기 파티'라고 이름 붙이고서 아이들에게 좋은 음식과 필요한 학용품을 선물했다. 늘 소외되었던 이 아이들이 섬김을 받으며 즐거운 한때를 보냈다.

우리 교회에서는 싱글맘들을 위한 파티도 열었다. 먼저 싱글맘들을 탁아방 서비스를 제공하는 교육 훈련에 초대했다. 싱글맘들이 아이를 탁아방에 맡기고 나자 그들을 모두 깜짝 파티장으로 데려가 그들 자신이 특별하고 사랑받는 존재가 된 기분을 느끼게 해 주었다.

난민들을 위한 파티도 열었다. 당연한 말이지만 낯선 나라에 정착하는 것은 보통 힘든 일이 아니다. 처음 3개월이 특히 힘들다. 우리는 최근 루이빌에 자리를 잡은 사람들을 파티에 초대했는데, 무려 250명이 찾아왔다! 그들은 열두 개 나라에서 온 외국인들이었다.

하나님의 형상을 따라 지음받았음에도 마땅한 존엄성을 인정받지 못하고 있는 이들. 우리가 이들을 위한 파티를 열 때 하늘에서도 파티가 열린다.

자기 스타일에 맞는 파티를 시작해 보라

하나님은 당신에게 파티를 열라고 명령하신다. 그렇다면 당신은 어떤 파티를 열어야 할까? 뭘 어떻게 해야 할지 몰라 엄두가 나질 않는가? 이해한다. 나도 천성적으로 파티와는 거리가 먼 사람이다. 하지만 좋은 소식이 있다. 파티를 여는 법은 누구나 '배울' 수 있다. 앞서 언급했던 파티를 사랑하는 선교학자 휴이 홀터는 이런 말도 했다. "사람들에게 좋은 파티를 여는 법을 가르치고 훈련시켜야 한다."

생각만큼 어렵지 않다. 몇 가지 아이디어를 소개한다. 문 앞에서 사람들을 환영해 주라. 만나서 반갑다고 몸짓으로 표현하라. 웃는 얼굴로 맞이하라. 모든 불을 켜라. 어두우면 기분이 가라앉는다. 경쾌한 음악을 틀어라. 이왕이면 손님이 좋아하는 음악을 미리 알아내서 틀어 주면 좋다. 음식을 제공하라. 비싼 음식이 아니어도 괜찮다. 그렇다고 먹다 남은 감자 칩 봉지를 건네는 것은 실례다. 보드 게임을 하거나 재미있는 영화를 보는 식으로 함께 즐길 거리를 생각해 놓으라. 남들과 똑같이 할 필요는 없다. 각자의 스타일에 맞게 하면 된다. 이런 파티는 어떨까?

- 자녀의 친구네 가정과 함께 캠핑하는 시간.
- 동네 소방서 소방관들을 깜짝 방문해서 감사를 전하는 시간.

- 남자들끼리 모여 푸짐하게 먹으며 게임을 하는 시간.
- 가장 좋아하는 드라마들의 엔딩을 함께 보는 시간.
- 자녀의 반 아이들을 불러 피자 파티를 하는 시간.
- 저녁에 지인들을 불러 당신의 요리 솜씨를 선보이는 시간.

방법은 무궁무진하다. 하나님이 당신에게 주신 능력과 성격에 따라 최선을 다해 파티를 계획하라.

"신경 써 주는 사람이 있으니 좋군요"

한번은 우리 교인들이 주차장에서 파티를 열었다. 주차장은 파티를 열기에 좋은 분위기는 아니지만 사람들이 차를 세우고 직장이 있는 도심지의 일터로 나가는 버스로 갈아타면서 짬이 나는 곳이다. 사람들이 이른 아침에 이곳에 주차를 하기 때문에 상다리가 부러지게 차리는 대신 간단한 빵과 음료를 대접했다. 음악을 틀고, 버스를 기다리는 동안 지루함을 달랠 게임기도 설치했다.

차를 세우고 버스로 걸어가던 한 여성은 얼굴에 고민이 가득했다. 자원봉사자들이 버스에서 먹을 간식을 권했지만 그녀는 거절하고서 계속 걸어갔다. 그러다가 갑자기 발걸음을 멈추더니 이렇게 물었다. "혹시 교회에서 나오셨어요?" 자원봉사자들이 그렇다고 말하자 그녀는 뜻밖의 부탁을 했다. "저…… 혹시 저희 가족을 위해 기도해 주실 수 있나요? 지난밤에 우리 딸이 마약에 중독된 걸 알게 되었거든요."

그러고는 그녀는 곧장 달려가 버스를 탔다. 그리고 나서 창문 밖을 내다보았다. 누구인지도 모르는 사람들이 빙 둘러서 자신의 딸을 위해 기도하는 모습이 보였다.

또 다른 사람이 버스로 걸어가다가 멈춰서 빵과 음료를 받았다. 그는 떠나려다 말고 멈춰서 이렇게 말했다. "고마워요. 신경 써 주는 사람이 있으니 좋군요."

"좋다!"

이것이 우리의 파티를 바라보는 하늘의 심정이다. 우리가 한 번에 한 사람을 주목하여 신경을 써 주고, 가치 있게 여기고, 사랑해 주고, 다가가고, 궁극적으로 구원의 소식을 전할 때 천국은 기뻐하며 성대한 파티를 연다. 그리고 우리가 파티를 열 때 이런 일이 자주 일어난다.

8

어둠 짙은
'한 사람의 세상'에
빛을 창조하는 법

: 살리는 '말 한마디'의 힘

이제 이그나츠 제멜바이스에 관한 이야기를 할 때가 되었다. 이그나츠 제멜바이스 박사는 1840년대에 한 병원의 두 산부인과 병동을 조사했다. 이 두 병동은 서로 붙어 있었다. 한 병동은 산부인과 전문의들이 근무했고, 다른 병동은 산파들이 아이를 받았다. 제멜바이스 박사는 조사 결과, 의사들이 출산을 돕는 병동에서는 산파들이 출산을 돕는 병동보다 산욕열로 사망하는 임산부의 비율이 다섯 배나 높다는 사실을 발견했다. 이것은 절대 그냥 간과할 수 없는 문제였다.

제멜바이스는 두 병동의 관행이 어떻게 다른지 조사하기 시작했다. 검사 결과는, 의사들은 사망한 임산부의 검시를 마치고 나서 손이나 도구를 씻지 않은 채 곧바로 다른 아기를 받는다는 것이었다. 지금은 이것이 문제라는 것을 잘 알지만 당시에는 그런 지식이 없었다. 몇 년 뒤 루이스 파스퇴르가 세균을 발견하지만 1840년대 사람들은 세균의 존재를 전혀 몰랐다. 제멜바이스는 차이가 '왜' 생기는지 알 수 없었지만 그럼에도 의사들에게 이렇게 말했다. "이제부터 염소를 사용해서 손과 도구를 소독해 보세요."

제멜바이스는 염소가 소독제라는 사실을 몰랐다. 단순히 염소가 시체 냄새를 없애 준다고 생각했다. 그는 시체 냄새가 문제의 원인일지 모른다고 추측했다(당시는 1840년대였으니까 너그럽게 봐 주라). 의사들이 손과 도구를 씻기 시작하자 당연히 모든 것이 달라졌다. 그들은 이유는 알 수 없었지만 손 씻기라는 대수롭지 않아 보이는 행동이 생사를 가른다는 사실을 발견했다.

우리의 삶도 마찬가지다. 우리의 삶을 조사하면 그냥 간과할 수 없는 문제 상황이 눈에 들어온다. 이에 우리는 이 상황을 한꺼번에 바로잡기로 결심한다. 그래서 노력을 하지만 몇 번 실패한 끝에 결국 포기한다. 하지만 한 번에 한 사람에게 영향을 미치기 위한 열쇠가 대수롭지 않아 보이는 무언가에 있다면? 그것이 어떻게 작용하는지 이해할 수 없어도 시도해 볼 수 있겠는가? 정말인가?

좋다. 열쇠는 바로 '말'이다. 우리의 말은 생사를 가르는 힘이 있다. 좀 과장한 것 같은가? 나도 그렇게 생각하지만, 이는 다름 아닌 하나님이 하신 말씀이다. 한 사람에게 건네는 말 한마디의 영향력. "죽고 사는 것이 혀의 힘에 달렸나니"(잠 18:21).

우리는 하루에 16,000단어 정도를 말한다. 물론 이 숫자를 보며 "설마?"라는 표정을 짓는 이들도 있을 것이다. 하지만 평균적으로 우리 모두는 하루에 16,000단어 정도를 말한다. 그런데 우리가 하루에 하는 말이 이렇게 많다 보니 말 한마디를 별로 중요하지 않게 여기기 쉽다. 하루에 16,000단어를 말하는 것은 매일 우리의 말로 60쪽 분량의 책 한 권을 쓰는 것과 같으며, 이 말 하나하나가 다 중요하다.

예수님처럼 사람들을 사랑하고 그들에게 영향을 미치는 일에서 말은 큰 부분을 차지한다. 사실, 말은 세상을 만들어 낸다.

말 한마디가 뭐 그리 대수라고

그 의사들은 제멜바이스 박사가 손 씻기를 왜 그토록 중요하게 여기는지 이해할 수 없었다. 그와 마찬가지로, 혹시 당신도 말이 그다지 중요하지 않다고 생각하는가? 이해한다. 나도 말실수로 지적을 받을 때 외에는 말을 그렇게 중요하게 여기지 않을 때가 많다.

한번은 게으름을 경고하는 설교를 한 적이 있다. 그때 SNS에서 발견한 한 문구로 우리의 게으름을 묘사했다. "우리는 집에서 넷플릭스를 보며 쉬기(Netflix and chill)를 좋아하죠." 나는 젊은 세대에서 유행하는 문구를 써서 내가 트렌드에 뒤처지는 고리타분한 사람이 아니라는 점을 확실하게 증명해 보였다고 생각했다. 강대상에서 내려와 내 휴대폰에 수십 통의 문자 메시지가 와 있는 것을 발견하기 전까지는 말이다.

한 사람은 이런 문자 메시지를 보냈다. "목사님, 그 말이 무슨 뜻인지 알고 하신 건가요?" "텔레비전을 보면서 편하게 쉰다는 뜻이잖아요." 내가 이렇게 대답하자 인터넷에서 검색해 보라는 답변이 돌아왔다. 찾아보니 넷플릭스를 본다는 것까지는 맞았다. 하지만 '넷플릭스를 보면서 쉰다'는 것은 성관계를 둘러 말하는 표현이었다. 맙소사! 나는 세련된 목사처럼 보이려고만 했을 뿐 그 말에 담긴 진짜 뜻은 전혀 몰랐던 것이다. 이것이 우리의 문제가 아닌가 싶다. 우리는 말의 힘을 몰라서 말을 조심해서 사용하지 않는다.

말은 세상을 만들어 낸다

하나님은 말씀의 힘으로 세상을 창조하셨다. 말 그대로, 하나님이 말씀하시자 세상이 존재했다. 창세기 1장은 아무것도 없었다고 말한다. 하지만 하나님은 그 '무'(無)를 향해 말씀하셨다. "하나님이 이르시되 빛이 있으라 하시니 빛이 있었고"(3절). 하나님이 빛을 말씀하시자 빛이 생겼다. 곧 은하계가 생기고, 그 안에 물과 식물, 사람이 가득한 지구가 생겼다. 하나님은 말씀으로 우주를 존재하게 하셨다. 태초부터 말씀은 생명의 힘을 지니고 있었다.

성경을 넘기다 보면 말에 죽음의 힘도 있음을 알게 된다. 창세기 3장에서 죄가 세상에 들어왔다. 사탄이 뱀의 형태로 등장해 아담과 하와가 하나님께 반역하도록 꾀었다. 사탄의 방법은 무엇이었을까? 바로, 말이었다. 사탄은 말로, 생명이 있는 곳에 죽음을, 빛이 있는 곳에 어두움을 가져왔다.

흥미로운 사실은, 뱀의 말이 사실이 아니었는데도 힘이 있었다는 것이다. 그것은 하나님이 말에 힘을 불어넣으셨기 때문이다. 신약으로 가면, 요한은 예수님을 "말씀"으로 소개한다.

> 태초에 말씀이 계시니라 이 말씀이 하나님과 함께 계셨으니 이 말씀은 곧 하나님이시니라 그가 태초에 하나님과 함께 계셨고 만물이 그로 말미암아 지은 바 되었으니 지은 것이 하나도 그가 없이는 된 것이 없느니라 그 안에 생명이 있었으니 이 생명은 사람들의 빛이라 빛이 어둠에 비치되 어둠이 깨닫지 못하더라(요 1:1-5).

창세기 1장에서 하나님이 말씀으로 어둠 속에 빛을 창조하신 것을 기억하는가? 그런데 요한복음 1장을 보면 '예수님'이 바로 '하나님이 하신 말씀'이다. 예수님은 '인간의 육신을 입은' 말씀이시다. 예수님은 사역하시는 내내 말씀으로 이 땅에 천국을 가져오셨다. 예수님은 사람들에게 가서 '말씀'을 하셔야 한다고 제자들에게 밝히셨다. "내가 이를 위하여 왔노라"(막 1:38).

예수님은 성경에 기록된 첫 번째 가르침을 이렇게 시작하셨다. "주의 성령이 내게 임하셨으니 이는 가난한 자에게 복음을 전하게 하시려고"(눅 4:18). 그렇다. 예수님은 전하기 위해, 말씀하기 위해 오셨다. 그리고 실제로 예수님은 말씀을 하셨다. 말은 세상을 만들어 내기 때문이다.

예수님은 끊임없이 생명, 치유, 축복의 말씀을 하셨다. 사나운 풍랑 때문에 요동치는 배 안에서 예수님이 무엇을 하셨는가? 풍랑을 꾸짖는 말씀을 하셨다. 예수님은 생각만 하시지 않았다. 단순히 영화 〈그녀는 요술쟁이〉(Bewitched)에 나오는 소녀처럼 코를 찡그리거나 두 손으로 X자를 만들기(자동차 뒷좌석에서 당신이 형제들과 싸울 때 당신의 아버지가 했던 행동)만 하시지 않았다.

예수님은 "잠잠하라! 고요하라!"라고 말씀하셨고, 그 순간 풍랑은 잠잠해졌다(막 4:39 참조). 예수님의 말씀에는 능력이 있었다. 또 예수님은 친구 나사로의 무덤까지 가서 그를 되살리셨다. 어떤 방법을 사용하셨을까? 가끔 텔레비전에서 신앙 요법을 시전하는 자들처럼 무덤 속으로 들어가 나사로의 뺨을 때리셨을까? 전혀 아니다. 라스베이거스의 마술사들처럼 극적인 효과와 함께 무덤의 돌을 옮겨 되살아난 나사로를 보여 주셨을까? 전혀 아니다.

그렇다면 예수님은 어떻게 하셨는가? 그냥, 말씀하셨다. 그냥, 부르셨다. "나사로야, 나오라." 그러자 나사로가 나왔다(요 11:43-44 참조). 예수님처럼 살고 예수님처럼 사랑하고 싶다면 말에 생사를 가르는 힘이 있다는 사실을 인정하고 이제부터 말을 신중히 골라서 사용해야 한다.

생명의 말을 할 권세를 주셨다

한 번에 한 사람에 관한 이야기 가운데 내가 매우 좋아하는 이야기가 누가복음 7장에 기록되어 있다. 예수님은 시몬이라고 하는 바리새인이 주최한 저녁 만찬에 초대를 받으셨다. 바리새인들은 당시의 종교 지도자들이었으며 정결을 지키기 위한 온갖 규칙에 집착했다(드라마 〈사인펠드〉에서 손님들을 엄격하게 통제하려고 했던 수프 나치와 당신의 악몽에 나오곤 하는 운전면허시험장 시험관을 합치면 딱 바리새인이다). 언제나 그렇듯 그들 모두는 그날 세상 밖에서 살면서 더러워진 부분을 씻어 내기 위해 식사 전에 정결 의식을 치렀다. 그런데 이 저녁 만찬 도중에 그들의 모든 규칙에 위배되는, 전혀 예상치 못한 상황이 벌어진다. "그 동네에 죄를 지은 한 여자가 있어 예수께서 바리새인의 집에 앉아 계심을 알고 향유 담은 옥합을 가지고 와서"(눅 7:37).

"죄를 지은 한 여자"를 해석하자면 '마을의 창녀'다. 여자는 예수님이 바리새인의 집에서 식사를 하고 계신다는 소식을 듣고서 초대장도 없이 막무가내로 문을 열고 들어왔다. 그녀는 바리새인들이 혐오하는 것을 모두 갖춘 사람이었다. 바리새인들에게 이 혐오스러운 창녀가 연회장에 들어온 것은 자신들이 이 밤을 위해 치른 정결 의식을 다 망쳐 버린 짓이었다.

여자는 바리새인들이 자신을 어떻게 보는지 잘 알았다. 그들에게 그녀는 기피대상 1호였다. 하지만 상관없었다. 그녀는 무조건 들어가야만 했다. "예수의 뒤로 그 발 곁에 서서 울며 눈물로 그 발을 적시고 자기 머리털로 닦고 그 발에 입 맞추고 향유를 부으니"(눅 7:38).

여자가 들어가니 사방에서 싸늘한 시선이 그녀에게로 쏠렸다. 하지만 그녀는 오직 예수님만을 바라보았다. 그것은 그분과 같은 눈으로 자신을 바라본 사람이 한 번도 없었기 때문이다. 그녀는 그분의 사랑과 은혜 앞에 완전히 무너져 내렸다. 여자는 무슨 말을 해야 할지 몰랐다. 어쩌면 할 말이 있었지만 막상 와 보니 그 말이 입 밖으로 나오지 않은 것인지도 모른다. 그녀는 무작정 털썩 무릎을 꿇었다. 눈물이 폭포수처럼 뺨을 타고 흘러 예수님의 발에 뚝뚝 떨어졌다. 이에 여자는 자신의 머리를 풀어 예수님의 발을 닦았다.

여기저기서 "헉" 소리가 연신 터져 나왔을 것이다. 여자는 모든 규칙을 어기고 있었다. 당시 그 문화권에서 여성들은 머리를 풀지 않았다. 지탄받아 마땅한 짓이었다. 심지어 여성이 외간남자 앞에서 머리를 풀어 헤치는 것은 이혼 사유가 될 만큼 친밀한 행위로 간주되었다. 하지만 여자는 개의치 않았다. 여자는 따가운 시선을 감수하면서까지 머리를 풀어 예수님의 발을 닦았다.

다들 예수님이 여자를 꾸짖을 줄로 예상했다. "이게 무슨 짓이냐! 이것이 얼마나 부적절한 짓인지 모르느냐?"

하지만 뜻밖에도 예수님은 그렇게 하시지 않았다. 여자는 향유 옥합을 갖고 있었다. 당시 향유는 '엄청난' 가치를 지닌 물건이었다. 그 값은 거의 1년치 연봉에 해당했다. 그런데 여자는 그 옥합을 깨서 예수님께 전부 쏟아부었다.

이 옥합은 여자의 삶 자체요, 그녀가 믿어 온 전부였다. 하지만 '새로운 생명'과 '진정으로 믿을 대상'을 찾고서 그것을 전부 내놓았다. 이제 그녀의 초점은 예수님뿐이었다. 향유나 모은 재산 혹은 연회장에 있는 다른 사람들의 시선 따위는 전혀 중요하지 않았다.

여자의 행동에 모두가 충격에 휩싸였다. 성경에 따르면 연회 주최자인 바리새인은 예수님이 이 여자가 어떤 죄를 지었는지 모르는 것이 분명하다고 생각했다. 이에 예수님은 한 이야기를 들려주시면서 이 여자가 그런 행동을 한 것은 많은 것을 용서받았기 때문이라고 설명하셨다(눅 7:47 참조). 그러고 나서 여자에게로 몸을 돌려 말씀하셨다. "네 믿음이 너를 구원하였으니 평안히 가라"(눅 7:50).

너무도 아름다운 이야기다. 한편, 궁금해진다. 이 여자는 어떻게 해서 예수님을 영접하고 그토록 파격적인 종류의 예배를 드리게 되었을까? 꼭 알고 싶다. 왜냐하면 '나도' 사람들에게 그런 영향을 미치고 싶기 때문이다. 우리는 사람들이 예수님을 믿고 그렇게 자신의 전부를 내놓을 만큼 예수님을 사랑하게 만들고 싶다. 하지만 어떻게 해야 할까?

예수님은 여자가 많이 용서받았기 때문에 감사를 표현하지 않고는 견딜 수 없었다고 말씀하셨다. 아마도 여자는 그날 오전이나 오후, 혹은 전날 예수님에게서 사랑과 용서의 메시지를 들었을 것이다. 그분의 말씀을 듣고 인생이 변한 것이 분명하다. 하지만 정확히 어떤 말씀을 들었을까?

이 이야기를 전한 누가는 그날 예수님이 어떤 말씀을 하셨는지 알려 주지 않는다. 하지만 조금만 조사를 해 보면 알아낼 수 있다. 누가복음 7장 앞부분을 보면 세례 요한의 제자들이 예수님께 찾아와 정말로 메시아가 맞는지 물어보았다는 기록이 나온다. 다른 복음서인 마태복음 11장도 세례 요한의 제자들과 예수님의 이 만남을 기록하고 있다. 따라서 이날이 누가복음 7장에 나오는 날과 같은 날임을 알 수 있다. 그리고 마태복음 11장은 같은 날 예수님이 무엇을 가르치셨는지를 알려 준다.

창녀인 이 여자가 무리 뒤편에 서서 예수님을 보며 말씀을 듣는 모습을 상상해 보라. 스스로 하나님의 아들이라고 주장하는 남자, 그녀가 만나 본 그 어떤 사람과도 완전히 다른 사람. 그가 '말씀'을 하는데, 그 말씀은 놀라운 능력이 있다. 그날 예수님이 하신 말씀은 다음과 같다.

수고하고 무거운 짐 진 자들아 다 내게로 오라 내가 너희를 쉬게

하리라 나는 마음이 온유하고 겸손하니 나의 멍에를 메고 내게
배우라 그리하면 너희 마음이 쉼을 얻으리니(마 11:28-29).

이 말씀이 여자에게 어떻게 들렸을지 상상이 가는가? 여자
는 어쩌다 창녀가 되었을까? 무슨 일을 겪었을까? 오늘날 매춘
업계에 종사하는 여성들의 대다수는 어릴 적에 폭력을 당했다.
성폭력을 당한 경우도 매우 많다. 어쩌면 이 여자의 사연도 그럴
지 모른다. 물론 정확히 알 수는 없다. 하지만 확실한 사실은 그
녀가 매일같이 정죄의 말을 들으며 살아왔다는 것이다. 남들에
게 손가락질을 당하고, 심지어 스스로 자신을 경멸했을 것이다.

여자는 어릴 적에 창녀를 꿈꾸지 않았다. 그런 꿈을 꾸면서
자라는 소녀는 세상 어디에도 없다. 아무도 죄로 수치를 당하는
삶을 꿈꾸며 성장하지 않는다. 세파에 이리저리 치이다 보니 음
침한 뒷골목에 이르게 되는 것이다.

여자는 평생 사창가에서 썩을 것이라고 생각했다. 어떻게
평생 해 오던 일을 그만두고 새로 시작한단 말인가. 누가 그녀를
이 지옥 같은 삶에서 건져 낼 수 있으랴. 그녀가 남들에게 받은
유일한 반응은 정죄뿐이었고, 정죄는 그녀를 조금도 바꿔 놓지
못했다. 죄를 지적하는 비난의 목소리는 그녀를 죄에서 이끌어
내지 못했다. 수치는 그녀를 자유롭게 하지 못했다. 그녀는 평생
그렇게 살다가 죽을 것이라고 생각했다.

하지만 예수님이 나타나셨다. 하나님이 하늘에서 내려와 이렇게 말씀하셨다. "내게로 와서 마음의 쉼을 얻으라." 그 순간, 여자는 자신이 과거에 어떤 짓을 저질렀는지 혹은 남들이 자신을 어떻게 생각하는지는 중요하지 않다는 것을 깨달았다. '하나님'이 그녀를 위하시며, 용서와 관계, 자유, 새 생명을 제시하고 계셨다.

예수님의 말씀에 우리가 할 수 있는 유일하게 옳은 반응은 "예"라는 말뿐이다. 나중에 여자는 예수님이 바리새인 시몬의 집에서 열린 만찬 자리에 참석하셨다는 소식을 들었다. 그래서 그녀는 자신의 가장 귀한 보물을 챙겨서 그리로 향했다. 시몬의 집 안으로 들어간 이 깨어진 여자는 예수님의 발치에서 자신의 옥합을 깨뜨렸다.

예수님은 시몬에게 그녀가 이렇게 한 이유가 감사 때문이라고 설명했다. 많이 용서받았기 때문이라고 설명하셨다. 그리고 누구도 요지를 놓치지 않도록 여자에게로 몸을 돌려, 생명을 주는 말씀을 몇 마디 더 하셨다. "네 죄 사함을 받았느니라 …… 네 믿음이 너를 구원하였으니 평안히 가라"(눅 7:48, 50).

그날 여자는 완전히 새로운 삶을 얻어 시몬의 집을 나갔다. 예수님의 말씀은 그녀에게 새로운 세상을 만들어 주었다. 예수님은 죄로 물든 여자를 용서해 주셨다. 이것은 우리가 할 수 없는 일이다. 하지만 하나님은 우리에게 생명의 말을 할 권세를 주셨다. 그래서 우리의 말은 세상을 만들어 낸다.

당신의 세상을 만든 말들

'우리의' 세상은 말의 힘이 만들어 낸 것이다. 우리에게 생명을 주는 말을 해 준 이들이 있다. 그들의 말은 하나님, 우리 자신, 변화의 가능성을 믿게 도와주었다. 그들의 말은 우리를 세워 주고, 지금 우리가 삶에서 누리며 감사하는 긍정적인 것들을 만들어 냈다.

그런가 하면 마음속에 응어리로 남아 계속해서 잊히지 않는 죽음의 말을 우리에게 쏟아 낸 이들도 있다. 나는 내 페이스북 친구들에게 어떤 말이 영혼에 깊은 상처를 입혀 삶에 부정적인 영향을 끼쳤었는지 예를 들어 달라고 부탁했다. 곧바로 이런 대답이 달렸다. "너와 어울리고 싶어 하는 사람은 아무도 없어." "너는 결함투성이야." "너는 무책임해." "머리가 어쩜 그렇게 나쁘니." "어쩌다 너 같은 애를 낳았는지." "꼴도 보기 싫어." "오늘 경기에서 진 건 순전히 네 탓이야." "네 언니를 좀 봐. 언니 반만이라도 따라갈 수 없겠니?"

신경과학자 매튜 리버만은 우리가 관계적 고통에 관해 이야기할 때 육체적 고통의 언어를 사용하는 경향이 있다는 사실을 발견했다. 예를 들어 우리는 "가슴이 **찢어진다**", "속이 **상한다**", "그 말이 비수처럼 내 심장을 **찔렀다**"와 같은 표현을 사용한다. 리버만은 우리가 육체적 고통을 경험할 때와 관계적 고통을 경험할 때 뇌 상태의 차이를 연구하기로 했다. 그의 결론은? 그는 *Social: Why Our Brains Are Wired to Connect*(사회적: 우리의 뇌가 연결되도록 설계된 이유)라는 책에서 이렇게 말했다. "무엇이 육체적 고통에 관한 분석인지 사회적 고통에 관한 분석인지 모르는 상태에서 뇌 스캔 사진들을 나란히 놓고서 보면 차이를 구분할 수 없다."[1]

"몽둥이와 돌로는 내 뼈를 부술 수 있을지 몰라도 말로는 내게 상처를 줄 수 없다"라는 옛 속담이 있다. 하지만 이것은 틀린 말이다. 정서적 고통은 육체적 고통만큼이나 실질적이고 고통스럽다. 초등학교 3학년 때 안과에 갔다가 난생처음 안경을 쓰고 학교에 갔던 기억이 난다. 그 안경은 마치 내 코 양쪽에 놓인 두 개의 자동차 운전대와도 같았다. 나는 그 안경이 내 뻐드렁니 및 큰 귀와 잘 어울린다며 억지로 스스로를 위로했다. 그런데 교실에 들어서자마자 몇몇 녀석들이 깔깔거리며 놀리기 시작했다. "얼간이 출현 비상! 얼간이 출현 비상!" 나는 쥐구멍에라도 숨고 싶었다.

그때 지스 선생님이 나를 앞으로 불렀다. 우리는 다 지스 선생님을 좋아했다. 선생님은 대학을 갓 졸업했는데 우리는 선생님이 예쁘다고 생각했다. 선생님은 이렇게 말씀하셨다. "안경을 새로 맞췄구나." 가슴이 철렁했다. 내가 안경 쓴 것을 눈치 채지 못해서 놀릴 기회를 놓쳤던 친구들에게까지 다 알리다니! 그런데 선생님은 이어서 이렇게 말씀하셨다. "너 이렇게 하고 오니까 누구 닮았다. 클라크 켄트(영화 〈슈퍼맨〉의 다른 자아로, 안경을 쓴 인물) 같은걸!"

그 말에 내 태도가 완전히 바뀌었다. 나는 스스로 샐리 제시 라파엘(안경을 쓴 1980년대 토크쇼 진행자)처럼 보인다고 생각했다. 하지만 이제 내가 클라크 켄트처럼 보인다는 것을 알았다. 우리의 세상은 우리의 귀에 들린 말이 만들어 낸 것이며, 우리도 말로 주변 세상을 만들어 간다. 우리는 생명이나 죽음을 말할 힘이 있다. 우리는 예수님처럼 생명의 말을 해야 한다.

일단 한번 시도해 보라

이번 장을 쓰다가 당신이 이 내용을 받아들이지 않을 수 있겠다는 생각이 들었다. 당신의 말에는 그런 힘이 없다고 생각하는가? 그래서 말을 신중히 선택할 생각이 없는가?

앞서 제멜바이스가 의사들이 손을 씻어야 한다는 사실을 발견한 이야기를 기억하는가? 1840년대 당시, 의사들 대부분은 제멜바이스의 메시지를 완전히 거부했다. 왜냐하면 제멜바이스는 깨끗한 손이 왜 그토록 중요한지 그 '이유'를 설명할 수 없었기 때문이다. 의사들은 단순한 손 씻기가 그토록 중요할 리가 있겠냐며 제멜바이스를 조롱했다. 나 역시 말에 살리고 죽일 힘이 있는 '이유'를 완벽히 설명해 줄 수는 없다. 다만 말에 살리고 죽일 힘이 있다는 '사실'만 알 뿐이다.

의사들이 제멜바이스의 조언을 거부한 두 번째 이유는 자책감을 느끼고 싶지 않았기 때문이다. 제멜바이스의 말이 옳다고 인정하면 그동안 있었던 수많은 산모들의 죽음이 '자신들의' 탓이라고 인정하는 격이기 때문이었다. 그들은 자신들이 비록 고의는 아니었더라도 그런 엄청난 비극을 야기했다는 사실을 인정하고 싶지 않았다. 이렇게 자책감을 느낄까 봐 자기 말의 힘을 인정하지 않으려고 할 수 있다. 말로 상처와 고통을 준 적이 있는 사람은 그 일에 관해 생각하지 않으려고 하는 경향이 있다.

의사들이 수술 전에 손을 씻으라는 조언을 받아들이지 않은 또 다른 이유는 그 해법이 너무 단순해 보였기 때문이다. 고등교육을 받은 의사들로서는 '손 씻기'와 같은 단순한 행동이 산모 사망률을 낮추는 해법이라는 말을 믿을 수 없었다.

'자신의 말을 신중히 선택하는 것'처럼 단순한 게 한 번에 한 사람씩 사랑하는 열쇠라는 점을 믿기 어려운가? 1840년대 의사들은 좀처럼 제멜바이스의 말을 믿지 못했다. 하지만 제멜바이스는 계속해서 강권했다. "그냥 눈 딱 감고 한번 해 보십시오. 이유는 설명할 수 없지만 어떻게 되는지 일단 한번 해 보세요." (의사들은 계속해서 그의 조언을 거부하고 그를 조롱했다. 하지만 그는 주장을 굽히지 않았다. 결국 1865년 그는 신경쇠약에 걸려 정신병원에 입원했다. 14일 뒤 그는 손에 있던 상처가 괴사하는 바람에 사망했다. 여기서 우리는 궁금해진다. 그의 손을 치료한 의사들은 먼저 자기 손을 씻었을까? 만약 의사들이 자기 손을 씻기를 거부한 탓에 그가 미쳤고, 다시 의사들이 자기 손을 씻기를 거부한 탓에 손이 감염되어 죽은 것이라면 드라마 〈블랙 미러〉의 한 에피소드로 찍어도 손색이 없는 이야기다.)

나도 당신에게 강권하고 싶다. 하나님은 당신의 말에 힘이 있다고 말씀하신다. 단 한 사람에게라도 시도하고 어떤 결과가 나오는지 보라.

무슨 말을 해야 할까

우리는 어떤 종류의 말을 해야 할까?

/ 긍정의 말을 하라 / 우리의 말 한마디 한마디는 상대방을 무너뜨리기도 하고 세워 주기도 한다. 우리는 세워 주는 말을 선택해야 한다. 하나님은 이렇게 말씀하신다. "무릇 더러운 말은 너희 입 밖에도 내지 말고 오직 덕을 세우는 데 소용되는 대로 선

한 말을 하여 듣는 자들에게 은혜를 끼치게 하라"(엡 4:29).

- 남편에게 : "당신과 결혼하길 정말 잘했다는 생각이 들어요. 여보, 존경해요."
- 아내에게 : "사랑해요. 당신은 갈수록 더 아름다워지는군요."
- 아이들에게 : "네가 성장해 가는 모습이 정말 자랑스러워."
- 직장 동료들에게 : "일을 참 잘하는군요."
- 자신에게 : "너는 클라크 켄트를 닮았어!"

생명의 말을 하라. 우리 입에서 나오는 이런 말 한마디가 아름다운 세상을 만들어 간다. 우리가 다른 이들에게서 좋은 면을 찾아서 말해 주면 그들은 그 기대에 부응하는 삶을 살기 시작한다.

/ 애정을 담은 말을 하라 / 하나님은 우리에게 그런 말을 해 주시며, 우리도 서로에게 그런 말을 해야 한다. 하나님은 우리에게 이렇게 말씀하신다. "옛적에 여호와께서 나에게 나타나사 내가 영원한 사랑으로 너를 사랑하기에 인자함으로 너를 이끌었다 하였노라"(렘 31:3).

우리가 무슨 짓을 저질러도 우리를 향한 하나님의 사랑은 멈추지 않는다. 하나님은 우리가 이 사랑을 확신하도록 애정 어린 말씀을 사용하셨다. 그러므로 우리도 서로에 대한 변함없는 사랑을 말로 확인시켜 주어야 한다.

　나와 친한 한 목사에게서 열여섯 살짜리 소녀가 자기 남자 친구와 함께 자신을 찾아왔던 이야기를 들은 적이 있다. 그 아이는 갑자기 펑펑 울더니 청천벽력과도 같은 소식을 전했다. "목사님, 저 임신했어요. 어떻게 해야 할지 모르겠어요. 너무 무서워요."

　목사는 소녀에게 물었다. "아빠한테 말씀드렸니?" 그는 소녀의 아버지를 알고 있었다. 소녀의 아버지는 지역의 유지이자 교회의 리더였다.

　소녀는 말을 더듬었다. "저…… 그게…… 아직 말을 못했어요. 알면 불같이 화를 내실 거예요."

　목사는 함께 기도해 주고 나서 이후로도 몇 번 더 만났다. 그때마다 아버지께 말씀드리라고 설득했다. 한번은 소녀가 남자 친구와 함께 떠나겠다고 말했다.

　목사는 급히 만류했다. "안 돼. 지금 당장 아빠한테 가서 말하자. 내가 함께 가 줄게."

　소녀가 싫다고 말하기도 전에 목사는 두 사람을 서둘러 차에 태웠다. 이윽고 그들은 소녀의 아버지를 마주하고 앉았다.

　소녀는 차마 고개를 들지 못하고 흐느끼기 시작했다. "아빠…… 저 임신했어요."

　소녀의 아버지는 주먹으로 책상을 쾅 누르며 일어나더니 책상을 돌아 딸에게로 갔다. 그리고 말했다. "일어서서 내 눈을 똑바로 봐!"

소녀는 들었는지 못 들었는지 자리에 앉은 채 계속 흐느꼈다.

소녀의 아버지는 목소리를 높였다. "일어서서 내 눈을 똑바로 보라고 했지?"

목사는 무슨 일이 일어날까 봐 자리에서 벌떡 일어났다. 소녀는 천천히 자리에서 일어나 아버지를 쳐다봤다.

아버지는 딸의 어깨를 감싸고는 귀에다 속삭였다. "얘야, 괜찮을 거야. 아빠는 그런 것과는 상관없이 너를 사랑한단다. 함께 헤쳐 나가자. 괜찮을 거야."

아버지는 애정을 가득 담은 말로 딸이 생각했던 것과 전혀 다른 세상을 만들어 냈다.

이처럼 우리 또한 애정을 담은 말을 해야 한다. 도통 그럴 마음이 생기지 않는다면 예수님의 말씀을 마음에 새기라. "마음에 가득한 것을 입으로 말함이니라"(눅 6:45). 마음속에 있는 그대로 입으로 나오기 마련이다. 사랑과 애정을 담아 말하기가 힘들다면 하나님이 성경을 통해 당신에게 해 주신 사랑과 애정의 말씀을 묵상하고 마음 깊이 새기는 것이 급선무다.

/ 하나님을 가리키는 말을 하라 / 사람들이 세례 요한에게 의구심을 품고 정체가 무엇이냐고 물었을 때 혹은 사람들이 그를 높이 치켜세우려고 할 때 그가 보인 반응은 실로 본받을 만하다.

"나는 그가 아니다. 예수님이 그분이시다. 내 임무는 예수님을 가리키는 것이다"(요 1:19-34 참조).

우리의 삶이 예수님을 닮아 가면 많은 칭찬의 말들이 쏟아질 것이다. "정말 친절하시군요." "당신처럼 남의 말에 귀 기울여 주는 사람은 처음 봤어요." "언제나 자신보다 남을 더 챙기는군요."

사람들이 우리에게 누구냐고 묻거나 우리에게 공을 돌리려고 하면 겸손하게, 다만 이상하지 않게("내가 어린양의 피로 씻음을 받고 나서 정결한 삶을 살기로 결심한 뒤로……"와 같은 말은 듣는 사람이 '이상하게' 여길 수 있다. 신학적으로는 맞지만 관계적으로는 맞지 않을 수 있다). 예수님을 가리킬 방법을 찾으라. 예를 들어 이렇게 말하라. "좋게 봐 주시니 감사합니다. 하지만 솔직히 말하면 제 노력으로 한 것이 아니에요. 예수님이 제 삶을 변화시켜 주신 덕분입니다." "칭찬해 주셔서 감사합니다만 제가 처음부터 이랬던 것은 아니에요. 예수님과 함께하면서 그분의 성품이 언제부터인가 제게서 묻어 나오기 시작했습니다."

상대방의 마음이 열리는 조짐이 보이면 한 걸음 더 나아가도 좋다. "예수님이 그분께 와서 쉬라고, 새로운 삶의 방식을 가르쳐 주겠다고 말씀하셨다는 사실을 아시나요? 예수님은 제게 바로 그렇게 말씀해 주셨습니다."

/ 사람들에 관해서 하나님께 말하라 / 사람들에게 선한 영향을 미치려면 하나님의 도우심이 반드시 필요하다. 하나님이 우리 삶

에 보내 주신 사람들을 위해 기도해야 한다. "하나님, 저들이 주님이 필요함을 깨닫게 해 주옵소서." "하나님, 제가 저들에게 뭐라고 말해 줘야 합니까?"

주변 사람들에게 기도해 주겠다고, 혹은 함께 기도하자고 말하면 어떨까? 지인이나 직장 동료에게 "당신을 위해서 매일 기도하기 시작했는데 혹시 특별히 원하는 기도가 있나요?"라고 물어보면 어떨까? 그렇게 하면 상대방이 어떻게 생각할까? 내가 오랫동안 해 온 일 가운데 하나는 사람들이 자신들을 위한 내 기도를 들을 수 있도록 음성 파일로 녹음해서 보내 준 것이다.

가족 가운데 누군가와 심한 갈등 중에 있는 사람이 있는가? 매일 밤 잠자리에 들기 전에 그를 위해 기도하면 어떨까? 꼭 길게 하지 않아도 된다. 그를 축복하고 그를 주신 하나님께 감사하는 기도를 그가 엿들으면 놀라운 변화가 시작될 것이다.

매일의 훈련

세상에서 가장 쉬운 일은 늘 해 오던 대로 하는 것이다. 하지만 우리는 달라져야만 한다. 지금까지 생명의 말을 하지 못했는가? 단순히 책을 읽고 고개를 끄덕이는 것만으로는 조금도 변할 수 없다. 이 일은 너무도 중요하다. 그러니 당신의 진정한 변화를 도와줄 다음 계획을 꼭 실천해 보라.

/ 아침에 눈을 뜨자마자 하나님의 말씀을 크게 선포하면서 하루를 준비하라 / 말 그대로 하나님의 말씀을 큰 소리로 말하라는 뜻이다. 성경의 한 장도 좋고, 자신이 좋아하는 성경 구절들을 목록으로 만들어서 사용해도 좋다. 사람들과 나누고 싶은 구절들을 큰 소리로 읽어 주어도 좋다. 아침에 이런 말씀을 큰 소리로 선포하면서 하루를 시작하면 일과 시간 중에도 계속해서 이 말씀을 선포하기가 더 쉬워진다. 그리고 마음속에 새긴 말씀은 우리의 입에서 나오는 말에 영향을 미친다.

/ 잠자리에 들기 전에 자신이 그날 어떤 말들을 했는지 곰곰히 생각해 보라 / 비즈니스 세계에 이런 말이 있다. "기대한 대로 되었는지 점검하라." "평가한 것만이 더 나아진다." 따라서 매일 그날 한 말을 다시 되새겨 보면서 하루를 마감하라. 그렇게 하면 생명의 말을 하는 습관이 점점 자리를 잡을 것이다. 하루를 마치기 전에 몇 분간 짬을 내어 그날 했던 말을 점검하라.

예수님은 우리가 살면서 하는 모든 말에 대해 하나님 앞에서 설명해야 할 것이라고 말씀하셨다(마 12:36 참조). 그러니 반드시 우리가 하는 말 한마디 한마디에 신경을 써야 한다. 당신이 했던 모든 대화를 머릿속으로 다시 떠올리면서 스스로에게 이렇게 물으라. '오늘 내가 누구를 격려했는가? 오늘 내가 누구를 세워 주었는가? 오늘 내가 어떻게 생명의 말을 했는가?'

단순한 말 한마디일 뿐인데 우리가 이 문제를 이토록 진지하게 받아들여야 할까? 물론이다. 제멜바이스에게 물어보면 여기에 생사가 달려 있다고 말할 것이다.

9

조건 없는 사랑을
'눈에 보이게'
채워 주는 법

: 진실한 '표현 한 번'의 힘

셸리 홀리스는 전도의 열정으로 불타오르던 젊은 그리스도 인이었다. 그녀는 아이티 선교사로 부르시는 하나님의 음성을 느끼고서 주저 없이 비행기에 몸을 실었다. 그리고 아이티에서 예수님이 사랑하시는 사람들을 예수님의 사랑으로 사랑해 주었다.

그녀는 인간이라는 존재가 얼마나 사랑하기 어려운지 미처 알지 못했다. 하루는 극심한 탈수 상태로 죽기 직전에 이른 한 할머니를 만났다. 할머니의 이름은 그랜카였는데 며칠 내내 굶은 상태였다. 홀리스가 발견했을 때 그랜카는 소변과 땀으로 범벅이 된 채 작은 침대 위에 누워 있었다. 가족들은 얼마 되지 않는 그랜카의 소유물을 나눠 가지고는 그랜카 옆에 관 하나를 갖다 두고 그대로 방치한 채 다 떠나갔다.

홀리스는 말할 수 없는 연민을 느꼈다. 하지만 할머니를 다른 곳으로 옮기기에는 힘에 부쳤다. 그래서 밤낮으로 할머니 곁에 머물며 몸을 씻기고 음식을 떠 넣어 드리며 간절히 기도했다. 그렇게 며칠이 지나갔다. 하지만 극진한 간호에도 불구하고 결국 그랜카 할머니는 세상을 떠났다.

이튿날 아침, 홀리스는 자신이 일하는 학교 바깥에 놓인 테이블 앞에 망연자실한 표정으로 앉아 있었다. 걱정이 된 친구가 다가와 옆에 앉자 홀리스는 흐느끼기 시작했다. 한참 뒤에야 홀리스는 마음을 가다듬고 입을 열었다. "그랜카 할머니에게 예수님을 전하지 못했어."

홀리스는 찢어지는 가슴을 두드리며, 이번에는 꼭 예수님을 전할 수 있도록 다른 할머니를 보내 달라고 하나님께 기도했다.

얼마 뒤, 어느 늦은 밤 홀리스는 교회에서 나와 걸어가고 있었다. 그때 갑자기 한 남자가 달려와 그녀의 셔츠를 와락 낚아채며 그녀를 벽에 세차게 내동댕이쳤다. 그 바람에 어깨가 빠졌다. 그녀가 정신이 혼미한 틈을 타서 남자는 그녀의 옷을 벗기기 시작했다. 그녀는 온 힘을 다해 저항했다. 이로 물고 손전등으로 때리며 필사적인 저항을 한 끝에 남자의 손아귀에서 벗어나 거리로 달려가 도와 달라고 소리를 질렀다. 홀리스는 정신없이 달리다가 눈에 보이는 첫 번째 집의 문을 열고 들어가 바닥에 그대로 쓰러졌다.

그 집에 살던 파탈리아라는 이름의 할머니가 잠에서 깨어 방에서 뛰어나왔다. 그녀는 침입자가 있는지 확인하려고 두리번거리다가 바닥에 쓰러져 있는 홀리스를 발견하고 주위에 도움을 요청했다.

이튿날 아침, 홀리스는 미국에 있는 가족들에게 전화를 걸어 전날 있었던 일을 이야기했다. 놀란 아버지는 당장 돌아오라고 다그쳤지만 홀리스는 단호한 음성으로 아버지에게 말했다. "예수님을 전할 할머니를 다시 보내 달라고 기도했어요. 그런데 그 기회를 지금 주셨어요."

홀리스는 미국 집으로 돌아가지 않았다. 그녀는 파탈리아의 집을 다시 찾아가 예수님을 전했다. 마침내 파탈리아는 예수님을 영접했고, 홀리스는 그녀와 함께 바다로 들어가 세례를 베풀었다.

사랑이라는 '개념'을 사랑하다

우리는 사랑이라는 '개념'을 사랑한다. 그렇지 않은가? 그러니까 개념으로서의 사랑에 반대할 사람은 세상 어디에도 없다. 사람들을 사랑한다는 말은 너무도 아름답게 들린다. 문제는 우리가 사랑해야 할 사람들 가운데 사랑하기 지독하게 힘든 사람이 적지 않다는 것이다. 그래서 좀 더 정확히 말하자면, 우리는 사랑하기 쉬운 사람들을 사랑하기를 좋아한다. 누구보다 내가 그렇다.

다음과 같은 차량용 범퍼스티커를 만들어 내 차 뒤에 붙여야 마땅하다. "나는 사랑하기 쉬운 사람들을 사랑하는 것을 좋아합니다!"

혹은 이런 범퍼스티커를 붙이면 어떤 일이 벌어질까? "사랑하기 쉬운 사람들만 사랑하고 싶은 사람은 경적을 울리세요!"

그러면 아마도 쉴 새 없이 경적이 울릴 것이다. "나는 사랑하기 쉬운 사람들을 사랑하는 것을 좋아합니다!" 이 범퍼스티커는 분명 목사에게 어울리지 않지만, 어쩌랴? 이것이 내 현주소인 것을……

나는 사람들을 사랑하는 것을 좋아한다. 하지만 몸져 누운 채 죽어 가는 낯선 노인의 몸을 씻기는 일은 망설여진다. 홀리스의 이야기에 감명을 받기는 했지만, 솔직히 내 딸이 타국에서 그런 공격을 당했다면 나도 홀리스의 아버지처럼 당장 귀국하라고 난리를 쳤을 것이다.

사람들을 사랑하는 것? 좋은 일이다. 하지만 사람들을 사랑하는 데도 한계가 있지 않은가?

사랑하지 않아도 될 사람?

아주 중요한 질문이다. 특히 이런 책에서는 더더욱 중요하다. 사랑은 한계가 있는가? 사랑하지 못할 사람도 있는 것이 아닌가? '한 번에 한 사람' 옆에 괄호를 쳐서 사랑하지 않아도 될 사람들의 부류를 명시해야 하는 것 아닌가? 사랑하기 너무 힘든 사람들도 있다는 사실을 하나님도 인정하시지 않을까?

상식을 기준으로 판단하면 "그렇다"라는 답이 나올 수 있다. 하지만 예수님의 삶을 보면 우리의 답은 "아니다"가 될 수밖에 없다. 예수님은 한계 없는 사랑으로 사랑하셨다. 예수님은 모든 사람을 사랑하셨다. 심지어, 아니 특히, 사랑하기 힘든 사람들을 사랑하셨다. 예수님의 사랑은 말 이상의 것을 통해 전해졌다. 예수님은 사람들이 가장 절박할 때 만나 주심으로 사랑을 가시적으로 표현하셨다.

예수님은 언제나 우리가 눈으로 직접 볼 수 있는 방식으로 사려 깊게 긍휼을 표현하셨다. 가장 극적인 사례는 마태복음 8장에서 예수님이 나병 환자를 만지신 사건이다. 당시 사람들이 퀴즈 프로그램에 출연했는데 "세상에서 가장 사랑하기 힘든 사람은 누구일까?"라는 문제가 나왔다면 아마 정답은 "나병 환자"였을 것이다.

1세기에 나병은 사형선고나 다름없었다. 나병은 사지의 감각을 잃게 만드는 불치병이었다. 20세기에 나병 치료 분야를 선도한 의사 폴 브랜드 박사는 한밤중에 인도의 거리를 걸었던 경험을 자주 이야기했다. 나병 환자들이 길가 도랑에서 자곤 했는데, 쥐들이 달려들어 그들의 손가락을 갉아먹었다. 그래도 그들은 아무것도 느끼지 못해 잠에서 깨어나지 않았다.[1]

예수님 당시에는 나병 환자를 알아보기 쉬웠다. 얼굴이 변색되고 온통 종기로 가득했기 때문이다. 나병 환자의 '냄새'를 맡기도 쉬웠다. 참기 힘들 만큼 고약한 냄새가 났다. 당시 사람들은 나병을 하나님의 저주라 여겼고, 매우 전염성이 강한 병으로 생각했다. 그래서 누구든 나병 환자를 만지는 즉시 영적으로, 사회적으로 버림을 당했다. 나병 환자는 평생 누구와도 신체 접촉을 할 수 없었다. 포옹, 악수, 입맞춤, 다 불가했다. 그들은 '부정한 존재'로 선포되어 사회로부터 강제로 격리당했다. 실제로 그들은 다른 사람이 가까이 오면 "불결하다! 불결하다!" 하고 외치며 경고를 해야 했다. 그렇게 나병 환자들은 '절대' 사람들에게 다가가지 않았다. 단 한 명, 예수님께 다가간 나병 환자만 빼고.

> 예수께서 산에서 내려오시니 수많은 무리가 따르니라 한 나병
> 환자가 나아와 절하며 이르되 주여 원하시면 저를 깨끗하게 하실
> 수 있나이다 하거늘(마 8:1-2).

보다시피 "수많은 무리"가 예수님을 따랐지만 이 이야기는 결국 '한 사람'에 관한 이야기로 흘러갔다. 이 같은 상황이 계속해서 등장한다. 무리가 예수님께 몰려왔지만 예수님은 한 번에 한 사람을 사랑하고 그에게 영향을 미치셨다. 이것은 그분의 목회 철학이요, 일상의 리듬이었다.

이번 한 사람은 나병 환자였다. 그때까지는 나병 환자가 랍비에게 다가온 전례가 없었다. 감히 그런 짓을 했다간 무자비한 폭력과 굴욕을 당했으니 말이다. 실제로 당시 일부 랍비들은 나병 환자가 가까이 오지 못하도록 돌을 던진 것을 자랑 삼아 말했다.

예수님은 랍비셨다. 하지만 이 나병 환자는 예수님이 누구도 멀리하시지 않는 분이라는 정보를 입수했던 것이 분명하다. 예수님은 누구나, 심지어 나병 환자도 다가갈 수 있는 분이었다. 누가가 이 이야기를 전하면서 밝힌 것처럼 이 나병 환자는 '병이 꽤 많이 진행된' 환자였다(눅 5:12 참조). 하지만 예수님은 심지어 그에게도 다가갈 수 있는 분이었다. 그가 가는 곳마다 살이 썩는 냄새가 진동을 했다. 그 냄새는 마치 그를 둘러싼 방책과도 같아서 누구도 가까이하지 못하게 만들었다.

이 나병 환자는 자신이 다가가도 될 만큼 예수님이 좋은 분이라고 믿었다. 하지만 과연 예수님이 자신을 고쳐 주려 하실지에 대해서는 확신하지 못했다. 그는 "주여, '하실 수 있다면' 저를 깨끗하게 하실 수 있나이다"라고 말하지 않았다. 그는 예수님께 능력이 있다는 것은 잘 알고 있었다. 하지만 예수님이 그걸 '원하실지'에 대해서는 확신하지 못했다. 왜일까? 자신이 사랑받기 힘든 존재라는 사실을 그동안 매일같이 확인하고 또 확인했기 때문이다.

터치의 힘

앞서 말했듯이 아무도 나병 환자를 만지지 않았다. 이것은 보통 비참한 상황이 아니다. 사랑의 터치에는 놀라운 힘이 있기 때문이다. 인간은 적절한 사랑의 스킨십을 주고받으며 살도록 설계되었다. 실제로 의학계는 사람이 다른 생명체와 거의 혹은 전혀 피부 접촉이 없을 때 나타나는 "피부의 배고픔"(skin hunger) 혹은 "터치에 굶주린"(touch starved)이라는 질병을 규명했다. 피부의 배고픔을 겪으면 우울증과 불안감이 나타나고, 때로는 육체적 불편함과 고통이 발생한다. 심지어 환각 증세까지 찾아올 수도 있다.

또한 과학은 사랑의 스킨십이 생명을 주는 효과를 낼 수 있다고 말한다. 스킨십은 아이큐 향상, 어린아이들의 언어 습득, 읽기, 기억력, 신생아의 전반적인 발달, 노인병 완화와 밀접한 관계가 있다고 한다. 여러 병원에서 연구한 결과, 사랑이 담긴 스킨십을 받은 경우 환자들이 신체적·정신적 질병에서 훨씬 빨리 회복된다.

"터치는 우리가 사랑받고 있음을 알게 해 준다."

오랫동안 아무에게도 스킨십을 받아 보지 못하고 사랑할 수 없는 존재 취급을 받던 이 나병 환자가 인간적인 접촉에 얼마나 굶주렸을지 상상이 가는가? 그는 예수님이 자신의 병을 고쳐 주고 싶어 하시길 바랐지만 그분이 자신을 만질 줄은 필시 상상조차 못했을 것이다. 하지만 이제 달라졌다. "예수께서 손을 내밀어 그에게 대시며 이르시되 내가 원하노니 깨끗함을 받으라 하시니 즉시 그의 나병이 깨끗하여진지라"(마 8:3).

예수님이 나병 환자에게 손을 뻗어 만지셨다. 여기서 '손을 대다'로 번역한 원문의 단어는 문자적으로 '꽉 붙잡다'라는 의미다. 목격자인 마태는 상황을 그렇게 묘사했다. 따라서 수백만 원짜리 양복을 입고 텔레비전 사역을 하는 부흥사가 황금빛 피아노 옆에 서서 눈앞에 있는 사람의 이마에 손가락 끝을 살짝 댔다가 떼는 장면을 상상하면 곤란하다.

예수님은 이 남자를 '꽉 붙잡으셨다.' 예수님이 양손으로 나병 환자의 손을 와락 잡거나 팔을 어깨에 두르거나 양손을 어깨에 대고 그의 두 눈을 지그시 쳐다보는 장면을 상상하라.

한편, 예수님이 이 남자를 만지신 것은 전혀 뜻밖의 일이 아니었다. 성경에는 예수님이 사랑과 생명을 담아 사람들을 만지시는 모습이 계속해서 그려진다. 베드로의 장모를 치유할 때도 손을 대셨다. 아이들이 다가올 때도 손을 얹어 축복해 주셨다. 눈이 먼 자를 치유할 때도 그의 눈을 만지셨다. 언젠가 누군가 예수님에 관해서 이런 말을 하는 것을 들은 적이 있다. "그분의 마음이 느끼는 것을 그분의 손이 만졌다."

다른 한편으로, 예수님이 이 남자를 만지신 것은 뜻밖의 행동을 넘어 논란을 일으킬 수 있는 행동이었다. 예수님이 만지신 다른 사람들은 전염병 환자가 아니었다. 반면, 나병 환자와의 접촉은 철저히 금지된 행위였다. 물론 예수님은 이 남자의 나병을 고쳐 주셨다. 하지만 그러기 '전에' 그를 만지셨다. 왜 먼저 나병을 고친 '뒤에' 만지시지 않았을까? 그것은 예수님이 그를 있는 그대로 사랑하셨기 때문이라고 생각한다. 치유는 예수님의 능력을 드러냈지만 터치는? 터치는 예수님의 사랑을 드러냈다.

예수님이 어떤 사람들은 '만지지 않고' 치유하셨다는 사실도 고려할 필요성이 있다. 예수님은 이 나병 환자를 굳이 만지실 필요가 없었다. 그냥 "깨끗해져라"라고 말씀하실 수도 있었다. 그냥 윙크 한 번이나 엄지를 치켜드는 간단한 동작 한 번으로도 상황이 끝날 수 있었다. 그를 직접 만지지 않고도 얼마든지 나병을 치유하실 수 있었다. 하지만 예수님은 단순히 나병만 치료하기를 원치 않으셨다.

콜카타에서 나병 환자들을 돌보며 수십 년을 보낸 마더 테레사는 나병의 가장 비참한 점은 육체적인 질병이 아니라 "아무도 그를 원치 않는다는 것"이라고 말했다.[2] 누군가가 그런 기분을 느낀다는 것이 예수님께는 견딜 수 없이 가슴 아픈 일이었다. 예수님은 아무도 자신을 원치 않는다는 사실에서 오는 비참한 기분을 치유하셔야만 했다. 그래서 모두가 만져서도 안 되고 사랑할 수도 없다고 생각하는 사람에게 손을 뻗어 만지셨다. 그분의 마음이 느끼는 것을 그분의 손이 만졌다.

조건적 사랑에 익숙한 인간

게리 채프먼은 사랑하기 힘든 사람들을 사랑하는 것이 "사랑의 가장 큰 도전"이라고 말했다.[3]

몇 년 전 신학자 윌리엄 반스톤은 "사랑의 현상학"(phenomenology of love)에 관해 썼다. 그 책에서 반스톤은 거짓 사랑과 참된 사랑의 차이점을 설명했다.[4] 거짓 사랑은 조건적이다. 그러니까 우리의 사랑을 받을 만한 가치가 있다고 판단되는 사람과 우리의 필요를 채워 주는 사람만 사랑하는 것이다. 거짓 사랑은 대가를 기대한다. "내 기분이 좋아지니까 혹은 너도 나를 사랑해 줄 테니까 혹은 네가 나를 위해서 무언가를 해 줄 테니까 사랑해 줄게." 반면, 참된 사랑은 무조건적이다. 이 사랑은 '때문에'가 아니라 '그럼에도 불구하고' 사랑하는 것이다.

대부분의 사람들에게 이런 종류의 사랑을 표현하는 것은 외국어나 다름없다. 믿지 못하겠다면 다음번에 쇼핑을 가서 축하·감사 카드를 파는 코너에 가 보라. 특별한 사람에게 보낼 적당한 카드를 찾을 수 있도록 갖가지 종류의 카드들이 있다. 잠시 그 카드들의 공통점을 찾아보라. 대부분의 카드 문구는 이런 생각을 담고 있다. "당신은 똑똑하고/아름답고/잘생기고/위트 있고/융통성이 있고/사려 깊고…… **그래서** 나는 당신을 좋아하고 사랑한다."

우리는 상대방의 성과에 따라 사람을 사랑하는 경향이 있다. 우리는 사랑받을 자격을 갖춘 사람들을 사랑한다. 우리는 우리 사랑에 사랑으로 보답해 줄 수 있는 사람들을 사랑한다.

사랑하기 힘든 사람들을 사랑하는 것이 힘든 것은, 그것이 진짜 사랑이기 때문이다. 아무것도 돌려받지 못할 줄 알면서도 무조건적으로 사랑해야 하기 때문이다. 이런 사람을 사랑하는 것은 사랑의 가장 큰 도전이지만 예수님은 우리에게 바로 이런 사랑을 요구하신다.

예수님은 편안한 사랑에서 한 걸음 더 나아가라고 명령하신다. 카드 코너에 가 보면 남편, 아내, 아버지, 어머니, 졸업생 등 다양한 사람들에게 보내는 감사와 축하 카드들이 있다. 하지만 거기서 찾을 수 없는 카드의 범주가 있다. 그것은 바로 '원수들'에게 보내는 카드다. 원수들에게 사랑을 표현하는 카드는 없다. 그런 카드는 팔리지 않기 때문이다. 하지만 한 번에 한 사람을 사랑해 주는 예수님의 손길은 원수들에게까지 뻗어 간다.

예수님은 이렇게 말씀하셨다. "네 이웃을 사랑하고 네 원수를 미워하라 하였다는 것을 너희가 들었으나 나는 너희에게 이르노니 너희 원수를 사랑하며 …… 너희가 너희를 사랑하는 자를 사랑하면 무슨 상이 있으리요"(마 5:43-44, 46).

구체적으로 누구를 사랑해야 할까

예수님은 원수를 사랑하라고, 사랑하기 힘든 자들을 사랑하라고 명령하셨다. 그렇다면 구체적으로 누구를 사랑해야 할까? 이를테면 다음과 같은 사람이다.

우리를 학대한 부모.

매일같이 사소한 흠을 지적하며 괴롭히는 직장 상사.

지금도 악몽에 자주 나타나는 학교 폭력 가해자.

만날 때마다 신세한탄을 해서 진을 빼놓는 자칭 '희생자.'

항상 비판하고 깎아내리는 배우자.

언제나 스포트라이트를 독차지해야만 직성이 풀리고, 항상

우리를 이기려고 하며, SNS에서 자랑질을 일삼는 '친구.'

은근히 괴롭히는 직장 동료.

가족 모임을 망치는 성격 나쁜 친척.

어린 시절을 악몽으로 만든 새아빠 혹은 새엄마.

몸과 마음을 만신창이로 만들어 버린 옛 애인.

당신에게는 누가 사랑하기 힘든 사람인가? 생각나는 이름과 얼굴이 있는가? 일부러 못되게 구는 것은 아니지만 사랑하기 힘든 사람들도 있다. 어느 화요일에 동네 카페에서 내게 말을 걸

려고 다가왔던 노신사가 기억난다. 노트북으로 그 주의 설교문을 작성하고 있었는데, 그 노신사는 큰 잔을 무심코 내 노트북 옆에 내려놓았다. 그리고 그만 실수로 그 안의 커피를 내 노트북 위로 쏟아부었다. (실수였다고 믿고 싶지만 정말 그럴까?) 순간, 팍 소리가 나면서 화면이 나가 버렸다.

노신사는 껄껄 웃으며 말했다. "아이고, 미안합니다." 그러고는 냅킨을 집으러 갔다. 자신이 무슨 짓을 저질렀는지 전혀 모르는 것이 분명했다. 나는 거의 유체이탈 상태에 빠졌다. '꿈인가 생시인가? 이게 뭐지?' 그러다가 퍼뜩 정신을 차리고 노트북을 들고 냅다 뛰기 시작했다. 노트북에서 나온 커피가 내 팔에 쏟아져 3도 화상을 입었지만 그런 줄도 모르고 정신없이 뛰었다.

어디로 달리는지도 모르고 무작정 뛰었다. 너무 늦은 건 아닌가 하는 의심이 들면서도 어떻게든 내 노트북을 살려야 했다 (말은 의심이라고 했지만 사실 확신했다). "아버지, 저 사람을 용서해 주옵소서. 저 사람은 자기가 하는 일을 알지 못합니다." 그렇게 기도하려고 해 봤지만 도무지 마음이 내키지 않았다.

사랑하기가 너무 어렵다고 결론을 내어 버린 사람은 누구인가? 예수님의 이름으로 그 사람을 사랑하겠는가?

사랑받을 자격이 없는 사람을 사랑하는 것이야말로 우리가 할 수 있는 가장 강력한 일이다.

아마도 "그 사람을 사랑하겠는가?"보다 더 좋은 질문은 "그 사람을 **어떻게** 사랑할 수 있을까?"일 것이다. 그 나병 환자는 예수님이 능력이 있으신 줄 알았지만 예수님이 그 능력을 '기꺼이' 발휘해 주실지는 확신하지 못했다. 반대로, 우리는 마음은 있지만 능력이 부족하다. 우리가 한 번에 한 사람씩 까다로운 사람들을 사랑하고 싶지 않은 것은 아니다. 다만 과연 우리가 그런 사랑을 할 수 있을지 자신이 없을 뿐이다.

두 가지 유용한 질문

원수를 사랑하고 사랑하기 힘든 사람들을 사랑하는 문제에 관해서 좀 더 이야기할 생각이다. 하지만 일단 이 문제에서 내게 도움이 되었던 두 가지 질문을 짚고 넘어가자.

하나님이 나를 어떻게 사랑하셨는가

사랑하기 힘든 사람들을 생각하면 여러 이름이 떠오르지만 우리 자신의 이름은 떠오르지 않는다. 하지만 가슴에 손을 얹고 생각해 보면 우리는 결코 사랑하기 쉬운 사람이 아니다. 하나님이 우리를 사랑하시는 것은 우리가 너무 사랑스럽기 때문이 아니다. 우리가 하나님 앞에 무언가 내놓을 것이 있기 때문도 아니다.

로마서 5장은 우리가 아직 원수일 때 하나님이 우리를 사랑하셨다고 말한다. 하나님은 우리가 깨끗해지기 전부터 사랑하셨다. 우리에게서 나는 지독한 악취는 그분의 사랑을 막지 못했다. 요한일서 4장 19절은 이렇게 말한다. "우리가 사랑함은 그가 먼저 우리를 사랑하셨음이라."

이 사실이 너무도 중요하다. 이는 사랑이 만들어 내는 것이 아니라는 뜻이다. 사랑이 자라는 방법은 사랑의 감정을 끌어내는 것이 아니다. 사랑이 자라는 방법은 사랑을 받는 것이다. 하나님의 사랑을 받아 그 사랑으로 충만해지면 그 사랑이 우리 밖으로 흘러넘치기 시작한다. 사랑은 우리 안에서 끌어내는 것이 아니다. 우리는 사랑이 흘러가는 통로일 뿐이다. 하나님의 사랑을 더 깊이 이해하고 경험하면 저절로 더 잘 사랑하게 된다.

그렇다면 하나님은 우리를 어떻게 사랑하셨는가? 바울은 로마서 8장 38-39절에서 하나님의 무조건적이고 끝없는 사랑을 기술하고 있다.

내가 확신하노니 사망이나 생명이나 천사들이나 권세자들이나 현재 일이나 장래 일이나 능력이나 높음이나 깊음이나 다른 어떤 피조물이라도 우리를 우리 주 그리스도 예수 안에 있는 하나님의 사랑에서 끊을 수 없으리라.

하나님은 우리를 사랑하신다. 하나님은 우리가 어떤 상태라 하더라도 우리를 사랑하신다. 하나님은 우리가 상상하는 것보다 훨씬 더 우리를 사랑하신다. 우리를 향한 하나님의 사랑은 사랑하기 힘든 사람들을 사랑하기 위한 본보기요, 동기가 된다.

그의 삶은 어떠할까

우리가 사랑하기 힘든 사람들의 삶은 어떠할까? 내가 처음 사역했던 교회에는 주일마다 혼자 찾아오는 일곱 살짜리 꼬마가 있었다. 꼬마의 이름은 랜디였는데, 랜디는 그리 멀지 않은 곳에 살았지만 부모는 그 아이를 매번 혼자 보냈다.

랜디는 좀체 말을 듣지 않는 말썽꾸러기였다. 고함을 지르며 사방으로 뛰어다니고 눈에 보이는 것은 죄다 때려서 망가뜨렸다. 전체 교인이 50명 정도라서 랜디는 더욱 눈에 잘 띄었다. 나는 참으려고 애를 썼지만 결국 폭발하고 말았다. 그 교회에서 내가 가장 사랑하기 힘든 사람이 일곱 살배기 꼬마였다는 사실을 말하려니 창피해서 얼굴이 화끈거린다. 하지만 당신은 랜디를 꼭 알아야만 한다.

어느 주일, 운명의 날이 왔다. 나는 설교를 하면서 로비를 뛰어다니는 랜디를 보았다. 예배당과 로비 사이에는 유리문들이 있었다. 나는 설교단에서 설교를 하면서도 수시로 랜디 쪽을 감시했다. 그런데 정신없이 마구 뛰어다니던 녀석이 갑자기 멈춰 서더니 장난감 자동차를 집어 냅다 유리문을 향해 던졌다. 유리는 즉시 산산조각이 났다. 온 교인이 소스라치게 놀랐고, 나는 불같이 화를 냈다.

예배 후에 아내와 나는 랜디를 데리고 랜디네 집으로 쳐들어갔다. 랜디 혼자 보낼 거면 더 이상 보내지 말라고 부모에게 따끔하게 말할 참이었다. 도착해 보니 랜디의 집은 좁고 낡은 이동식 주택이었다. 그의 엄마는 밖으로 나와 랜디와 함께 있는 나를 보더니 대뜸 고함을 질렀다. "저 빌어먹을 녀석이 이번은 또 무슨 짓을 저질렀어요?"

엄마는 랜디의 팔을 잡고 집 안으로 홱 끌어당겼다. 그리고 이 빌어먹을 녀석 때문에 자신의 삶이 얼마나 힘든지 모른다고 내내 욕을 섞어 가며 하소연했다. 집 안으로 들어가 보니 지저분한 베개와 담요가 놓인 소파 하나가 보였다. '저기가 랜디가 자는 곳이군. 저기가 랜디의 방이야.' 엄마는 여전히 욕을 하고 있었다. 가만히 보아 하니 랜디의 인생에 아빠는 없는 것이 분명했다.

갑자기 머릿속에서 한 가지 질문이 소용돌이를 쳤다. '랜디의 삶은 어떤 삶일까?' 감히 상상도 할 수 없었다. 순간, 그 아이를 향한 긍휼함이 파도처럼 밀려왔다. 내내 그토록 사랑하기 힘들었던 그 아이에 대해 갑자기 사랑밖에 느껴지지 않았다. 나는 랜디의 엄마에게 말했다. "랜디가 정말 특별한 아이라는 걸 말씀드리려고 왔습니다. 아이와 함께 교회에 오신다면 언제나 환영이지만 매주 오신다면 더더욱 환영입니다." (그녀는 결국 오지 않았다. 하지만 그녀가 올 주일을 위한 설교를 준비해 두었다. 혹시 몰라서 종이에 적어서 매주 호주머니에 넣고 다녔다. 이 설교는 정말 좋은 설교였는데!)

그날부터 아내와 나는 랜디를 볼 때마다 꼬옥 안아 주었다. 몇 번 그렇게 하고 나니 그런 포옹이 이 아이에게 얼마나 큰 의미가 있는지 알게 되었다. 랜디가 우리를 보자마자 포옹을 해 달라고 달려와서는 우리가 뒤로 나자빠지도록 세게 안겼기 때문이다.

당신의 삶에 사랑하기 힘든 사람이 있다면 잠시 멈춰서 스스로에게 질문을 던지라.

"그의 삶은 어떠할까?"

잠시 자신에게서 눈을 떼고 기도하면서 상상해 보라. '학대하는 부모에게 시달리며 자라는 삶은 어떠할까? 장애를 안고 살아가는 삶은 어떠할까? 배우자가 바람을 피워 집을 나간 사람의 삶을 어떠할까? 시간과 돈의 압박에 시달리는 싱글맘의 삶은 어떠할까?'

그들의 삶은 어떠할까? 그들과 직접 만나서 사연에 귀를 기울이며 이런 질문에 대한 답을 찾아보는 것도 좋다. 그렇게 그들의 입장이 되어 보면 그들을 사랑하기가 더는 그렇게 어렵지 않다.

사랑하기 힘든 나를 사랑해 주신 분

우리가 평소에 경멸했던 사람에게 연민을 느낀다고 생각하기는 상대적으로 쉽다. 현미경으로 마음속을 이 잡듯이 뒤져서 티끌만 한 동정이라는 감정 하나를 겨우 찾아내고서 사랑이라고 부르기 쉽다.

하지만 사랑은 터치다. 예수님은 그 나병 환자에게 단순한 연민과 사랑의 감정만을 느끼시지 않았다. 그분의 마음이 느끼는 것을 그분의 손이 만졌다. 그래서 당신에게 강권하고 싶다. 사랑하기 힘든 사람을 사랑해야 한다고 말이다. 머리로만 인정하며 고개를 끄덕이거나 원수를 향한 사랑의 감정을 억지로 끌어올리려 하는 대신 그 사람을 찾아가 사랑을 눈에 보이게 표현하라.

나병 환자가 피부의 배고픔을 겪고 있었기 때문에 예수님은 그를 만지셨다. 당신 주변의 '부정한' 사람은 무엇에 굶주려 있는가? 예수님은 곧 배신할 가룟 유다의 발을 씻어 주셨다. 당신을 속이거나 버리거나 등 뒤에서 비수를 꽂은 사람의 발을 어떻게 씻어 줄 수 있을까?

예수님은 의심하는 도마에게 그분 손에 난 못 자국을 만져 보라고 말씀하셨다. 그것은 도마에게 확신이 필요했기 때문이다. 당신에 대해 의심하는 사람에게 어떻게 확신을 줄 수 있을까? 예수님은 귀가 먼 사람의 귀에 손가락을 대 들을 수 있게 해 주셨다. 사랑하기 어려운 사람에게 어떤 말을 해 주어야 할까? 베드로가 불신하여 물속으로 가라앉기 시작하자 예수님은 손을 뻗어 붙잡아 주셨다. 주변에 믿지 못하는 사람이 있는가? 어떻게 그에게 손을 뻗어 도와주어야 할까?

예수님을 십자가에 못 박는 임무를 맡은 로마의 백부장이 있었다. 그는 예수님의 손을 붙잡아 십자가에 못 박은 자였다. 이 백부장은 예수님이 숨을 거두기 전에 그분을 마지막으로 만진 사람이었다. 이 백부장은 예수님의 죽음에 직접적인 책임이 있는 자였다. 이 사람보다 사랑하기 더 힘든 사람이 또 있을까? 하지만 십자가 위에서 예수님은 이 백부장을 보고 고개를 하늘로 올려 하나님께 그를 용서해 달라고 간청하셨다(눅 23:34 참조). 예수님이 돌아가시자 비로소 이 백부장은 예수님이 하나님의 아들이셨다는 사실을 깨닫고 선언했다(막 15:39 참조). 그는 방금 자신이 하나님의 무고한 아들을 죽였다는 사실을 깨달았다. 그 순간, 그가 예수님에게서 필요한 것은 무엇이었을까? 용서. 그런데 예수님은 이미 그에게 용서를 베푸셨다.

C. S. 루이스는 이렇게 말했다. "그리스도인이 되는 것은 하나님이 우리 안의 용서할 수 없는 자를 용서해 주셨기 때문에 용서할 수 없는 자를 용서하는 것을 의미한다."[5] 우리가 사랑하기 힘든 자일 때 하나님이 먼저 사랑해 주셨기 때문에 우리는 사랑

하기 힘든 자들을 사랑한다.

내 힘으로는 할 수 없는 용서지만

셸리 홀리스를 기억하는가? 홀리스는 선교사가 되기 위해 아이티로 날아갔다. 그곳에서 예수님을 전하겠다는 그녀의 결심은 너무도 확고했기에 심지어 괴한에게 강간을 당할 뻔하고서도 그곳을 떠나지 않았다.

그 시점으로부터 시간을 2년 뒤로 빨리 감아 보겠다. 홀리스는 여전히 아이티에 있었다. 어느 주일 아침, 교회로 향하던 그녀는 자신을 강간하려고 했던 그 남자와 마주쳤다. 남자의 이름은 파날. 그는 홀리스에게 저지른 짓 때문에 감옥에서 2년을 살고 나왔다. 그가 풀려났다는 소식을 듣지 못했던 홀리스는 그와 눈이 마주치자 심장이 멈추는 듯했다. 다리가 후들거려 달릴 수도 없었던 그녀는 교회까지 최대한 빨리 걸어갔다. 걸음걸음 눈물이 뚝뚝 떨어졌다.

교회에 도착해서 문 손잡이에 손을 대는 순간, 홀리스는 갑자기 멈춰 섰다. 돌아가서 파날에게 그리스도의 사랑을 전하라는 하나님의 부르심이 느껴졌기 때문이다. 하나님은 그녀를 강간하려고 했던 남자에게로 돌아가라고 말씀하셨다.

잠시 이야기를 멈추고 당신에게 묻고 싶다. 당신이라면 파날에게로 돌아가겠는가? 하나님의 부르심이 느껴진다면 가겠는가? 참, 하나님은 '이미' 당신을 부르셨다. 하나님은 사랑하기 힘든 사람을 사랑하라고 '이미' 당신에게 촉구하고 계신다. 이번 장을 읽는 내내 계속해서 머릿속에 떠오르는 '사랑하기 힘든 한 사람'은 누구인가? 당신이 그 사람을 사랑하지 못할 이유가 홀리스가 파날에게로 가지 않을 이유보다 더 강한가?

홀리스는 몸을 돌려, 왔던 방향으로 돌아갔다. 눈을 뜬 채 기도하며 파날을 찾아 두리번거렸고, 마침내 찾았다. 예수님은 그녀의 마음에 긍휼함을 가득 채우셨고, 그렇게 해서 그녀의 마음이 느낀 것을 그녀의 손이 만졌다. 그녀는 손을 뻗어 파날을 안고 말했다. "당신을 용서했어요. 이유를 설명해 줄 테니 함께 교회로 갈래요?"

파날은 고개를 끄덕였다. 홀리스는 그의 손을 잡고 함께 교회로 걸어갔다.

누가 당신의 가시적인 사랑 표현을 필요로 하는가? 누구를 격려해야 할까? 누구를 용서해야 할까? 누구를 초대해야 할까? 누구를 방문해야 할까? 누구에게 금전적인 도움을 주어야 할까? 누구의 말을 경청해 주어야 할까? 누구를 참아 주어야 할까? 누구를 안아 주어야 할까? 누구의 손을 꼭 붙잡아야 할까? 누구를 사랑해 주어야 할까?

교회 담장 밖으로 나가
말을
붙이는 법

: 복음을 담은 '대화 한 번'의 힘

나는 당시 태어나지도 않았지만 1956년에 정말 놀라운 일들이 일어났다. 우선 그해에 서츠(Certs; 미국에서 가장 유명한 입 냄새 완화용 박하사탕 - 편집자)가 발명되었다. 입에서 뿜어 나오는 청량한 느낌을 좋아하는 사람들은 대체 이런 걸 누가 발명했느냐며 찬사를 보냈다. 그해에 플레이도우(Play-Doh: 유명 고무찰흙 브랜드 - 편집자)도 발명되었다. 원래 벽지 클리너로 발명된 것인데 아이들이 그것을 갖고 놀기 좋아하면서 지금처럼 되었다.

1956년은 엘비스 프레슬리의 첫 앨범 '하트 브레이크 호텔'(Heart Break Hotel)이 발매된 해이기도 하다. 그해에 최초의 쇼핑몰이 생겼고, 텔레비전 오락 프로그램 〈더 프라이스 이즈 라이트〉(The Price Is Right; 가격을 맞춰라) 첫 회가 방송되었다. 이 모든 것이 중요한 사건이긴 하지만 이것들이 내가 1956년에 관심을 갖는 이유는 아니다.

1956년 미국 일리노이 주의 작은 마을 세인트 조세프에서 오빌 허바드와 딕 울프가 어느 집 문을 두드렸다. 이 두 남자에게 특별한 점이라고는 없었다. 그 집에는 한 젊은 부부가 네 자녀와 갓난아기 한 명을 키우고 있었다. 바로 이 갓난아기가 인연이 되어 이 부부는 허바드와 울프를 알게 되었다. 울프는 출산으로 아내가 병원에 있을 때 이 가족을 처음 만났다. 그의 아내가 이 집의 안주인과 나란히 출산을 했고, 덕분에 그들은 금세 친구가 되었다.

허바드가 문을 두드리자 집주인이 문을 열어 주었다. 울프가 중요한 이야기를 전할 것이 있으니 잠시만 들어가도 될지 물었다. 집주인은 두 사람을 반갑게 맞았고, 허바드와 울프가 복음을 전하는 동안 아내와 함께 소파에 앉아 있었다. 허바드와 울프는 예수님과 관계를 맺는 것이 무슨 의미인지를 설명하기 시작했다. 여덟 살배기 아들이 방바닥에서 트럭 장난감을 갖고 노는 동안 부부는 이 두 남자가 하는 이야기를 경청했다.

이 두 남자는 모든 사람이 죄를 지었고 그에 대한 형벌은 죽음, 그리고 영원히 하나님과 분리된 채 지옥에서 신음하는 것이라고 설명했다. 하지만 하나님은 우리의 죄에도 불구하고 우리를 사랑하셔서 예수님과 그분의 십자가 죽음을 통해 영생의 선물을 제시하신다. 허바드와 울프는 그들이 예수님을 구주로 영접하면 천국에서 영원히 살고 이 땅에서도 풍성한 삶을 누릴 수 있다고 설명했다. 그 부부와, 트럭 장난감을 사랑하는 여덟 살배기 아들은 그날 예수님을 구주로 영접했고 그다음 주에 바로 세례를 받았다.

말 꺼내기 두려워서 도망치다

이 이야기를 듣고서 이런 생각을 했다. '나도 이런 이야기의 주인공이고 싶다. 나도 이런 식으로 사람들을 예수님께로 안내하고 싶다. 내 영향력을 통해 하늘나라에 가는 사람이 더 많아졌으면 좋겠다.'

당신도 나와 같은 마음일 것이다. 이것이 당신이 이 책을 읽고 있는 이유일 것이다. 좋은 소식이 있다. 당신이 여러 인생들에 영향을 미칠 수 있는 힘은 생각보다 크다. 하지만 그리 좋지 않은 소식도 있다. 당신의 영향력은 주로 예수님을 전하는 '대화'를 통해 발휘된다. 사실, 이것은 전혀 나쁜 소식이 아니지만 많은 사람이 이런 대화를 두려워한다. 어떻게 대화를 이어 갈지 몰라 먼저 겁부터 집어먹는다. 그런 의미에서 '두려운' 소식이라고 하는 편이 더 맞을지도 모르겠다.

몇 해 전, 아내는 어떤 사람이 집을 비우게 돼 그의 개를 돌봐 주기로 했다. 내게 한마디 상의도 없이 말이다. 아무튼 그 개의 이름은 '돼지갈비'였다. 어느 날 집에 와 보니 낯선 개가 떡하니 집 안에 한자리를 차지하고 있었다. 내가 들어가자 돼지갈비는 나를 보더니 오줌을 싸고 도망쳐 버렸다. 아내는 우리가 하루 베이비시터가 아닌 도그시터가 되었으며 돼지갈비는 남자를 무서워한다고 말했다. 그래서인지 녀석은 나를 볼 때마다 '여지없이' 오줌을 싸고 줄행랑을 쳤다.

그런데 많은 사람이 사람들과 예수님을 주제로 대화를 나누는 것에 대해 이렇게 두려워한다는 생각이 든다. 우리는 그런 대화 자리를 피해 도망칠 때가 너무도 많다.

도망치기를 멈추어야 한다. 우리의 영향력은 그런 대화를 통해 나오기 때문이다. 예수님은 이 점을 아셨다. 성경을 보면 예수님은 무리에게는 열다섯 번 말씀하셨지만 일대일 대화는 40번 나누셨다. 두려움에 얼어붙어 있다면 하나님이 우리를 통해 사람들에게 행하시려는 역사를 놓칠 수밖에 없다. 나는 딕 울프 부부가 그 부부와 같은 시간에 병원에 있었던 것이 전혀 우연이 아니라고 생각한다.

나는 하나님이 '당신'을 지금 사는 집에 두신 것은 주변 이웃들에게 예수님을 전하기 위해서라고 확신한다. 하나님이 당신을 지금 그 직장에 두신 것은 일터에서 선교사가 되게 하기 위해서다. 마트에서 당신의 물건을 계산하는 직원, 당신과 같은 감방을 쓰는 재소자, 비행기에서 당신 옆에 앉은 사람, 식당에서 당신의 음식을 가져온 종업원. 이 모두는 무작위적으로 그리된 것이 아니라 하나님이 완벽한 계획에 따라 섭리하신 것이다.

하나님이 우리에게 주신 '한 번에 한 사람과 대화할 기회'로부터 도망친 탓에 하나님이 우리를 통해 세상에 행하시려는 역사를 놓친다면 얼마나 안타깝겠는가. 그런 기회를 계속해서 놓치다가 인생의 끝에 이르면 얼마나 후회스럽겠는가.

다행히 예수님은 이 두려움을 극복하도록 도와주신다. 또한 예수님은 이런 대화를 하는 '방법'을 직접 보여 주셨다. 요한

복음에 기록된 예수님의 대화에서 배워 보자.

다채로운 변명들

이 대화는 이루어지지 않았어야 했다. 왜일까? 예수님의 대화는 여인과의 대화였기 때문이다. 당시 남녀가 남들이 보는 앞에서 대화하는 경우는 매우 드물었다. 심지어 남편도 밖에서는 자기 아내에게 말을 걸지 않았다. 이 사람은 여성이었을 뿐 아니라 거의 모든 사람이 거들떠보지도 않는 사람이었다. 사실, 그녀는 많은 사람이 일부러 피하는 사람이었다. 워낙 과거가 문란했기 때문에 그녀와 함께 있다는 것만으로도 사람들의 입방아에 오를 수 있었다.

또한 그녀는 '사마리아' 여인이었다. 예수님은 유대인이었고, 당시 유대인들은 경멸하는 사마리아 족속과 일절 상종해서는 안 된다고 배우며 자랐다. 게다가 예수님은 피곤하고 배가 고팠기 때문에 이 대화는 이루어지지 않을 수도 있었다. 예수님의 제자들은 음식을 구하기 위해 나갔고, 예수님은 잠시 숨을 돌리기 위해 우물가에 앉아 계셨다. 당신은 어떤지 모르겠지만, 나는 배가 고프면 낯선 사람과의 깊고도 중요한 대화 같은 건 절대 하고 싶지 않다.

이렇듯 이 대화가 이루어지지 않았어야 하는 온갖 이유가 있었다. 예수님은 이 대화를 시작하지 않기 위해 충분히 이유를 대실 수 있었다. 우리는 영적 대화를 시도하지 않는 데 다양한 이유를 찾는 경향이 있다. 예를 들어 다음과 같은 변명이다.

- 내 삶은 별로 모범적이지가 않아서 섣불리 나설 수 없다.
- 나는 전도에 서툴러서 할 수가 없다.
- 나는 말을 잘할 줄 몰라서 신앙 이야기를 꺼낼 수 없다.
- 나는 상대방의 질문에 답을 하지 못할 게 분명하기 때문에 예수님에 관한 이야기를 꺼내기가 곤란하다.

이 모든 이유에서 공통점이 눈에 들어오는가? 바로 '나'다. 이 모든 이유는 '나'에 관한 것이다. 하지만 이 일은 궁극적으로 '내'가 하는 것이 아니기 때문에 이 모든 이유는 변명에 불과하다. '내'가 사람들을 예수님께로 인도하는 것이 아니다. 궁극적으로 하나님이 하신다.

물론 나도 역할이 있다. 내가 예수님에 관한 대화를 시작해야 한다. 하지만 나는 사람들을 예수님께로 인도할 수 없다. 그 일은 하나님이 하신다. 그러니 잘할 수 없다거나 말주변이 없다는 식으로 걱정하지 말자. 우리가 우리의 역할을 충실히 감당하면 나머지는 하나님이 알아서 챙겨 주신다.

우리가 영적 대화를 시도하는 데 또 다른 걸림돌은 사람들이 어떻게 반응할지 모른다는 두려움이다. 하지만 예수님이 하신 대로만 하면 거의 모든 사람이 생각보다 쉽게 마음을 열 것이다.

그리고 우리는 그 두려움을 극복할 수 있다. 오늘날 세상에는 예수님을 전하면 자칫 목숨을 잃을 수 있는 국가가 적지 않다는 것을 아는가? 하지만 그런 위험도 그곳에서 예수님을 전하는 사람들을 막지 못하고 있다.

한 이슬람교 국가에서는 선교사가 몇몇 사람을 전도하면 복음을 받은 그들에게 예수님을 믿지 않는 또 다른 사람들의 명단을 작성하게 한다. 대개 이 명단에는 그 사람들이 아는 모든 사람이 포함된다. 선교사는 그 가운데 그들이 예수님을 전했다는 이유로 그들을 죽일 가능성이 가장 낮은 열 명의 이름에 동그라미를 치게 한다. 그런 다음, 갓 믿은 신자들에게 그 열 사람을 최대한 빨리 전도하라고 권한다. 그러면 그들은 목숨을 걸고 그 일을 한다!

분명 두려울 것이다. 하지만 복음을 받은 그들은 두려움을 이겨 낸다. 자, 이제 당신에게 숙제를 내겠다. 당신 주변에서 당신이 예수님을 전했다는 이유로 당신을 죽일 가능성이 가장 낮은 사람 열 명을 찾아내라. 그런 다음, 그들 한 명 한 명을 찾아가 영적인 대화를 시도하라.

하나님을 향한 사랑과 영혼들에 대한 걱정으로 우리의 온갖 변명들을 극복해야 한다. 그들의 영혼을 진정으로 걱정하면 충분히 그럴 수 있다. 내가 아는 한 목사는 사람들에게 이렇게 말한다. "한 사람에게 예수님을 전할 때마다 10,000달러를 주면 하겠습니까? 사람들과 영적 대화를 할 기회를 열심히 찾겠습니까? 아마도 그렇게 하겠지요. 왜일까요? 우리는 두려움과 변명을 극복할 만큼 돈을 중시하기 때문입니다. 이제 우리는 하나님과 사람들을 돈보다 더 중요하게 여겨야 합니다."

하나님의 도우심으로 우리는 변명과 두려움을 극복할 수 있다. 그리고 예수님께 이런 대화를 나누는 법을 배울 수 있다.

대화할 기회를 적극적으로 찾으신 예수님

예수님은 이 마을에서 저 마을로 계속 옮겨 다니셨다. 그런데 성경을 보니 한번은 예수님이 "사마리아를 통과하여야"(요 4:4)만 하셨다고 한다.

'반드시' 통과하셔야 했다. 이 말은 지리적인 이유로 사마리아를 통과할 수밖에 없었다는 말처럼 들린다. 하지만 그것이 아니었다. 사실, '사마리아를 통과하는 길'은 유대인들이 절대 가지 '않는' 길이었다. 유대인들은 사마리아인들을 '개'와 같이 여겼다. 그것은 그들이 금지된 이방인과의 결혼으로 혼혈인이 되었기 때문이다. 그래서 유대인들은 사마리아를 '절대' 통과하지 않았다. 대신 요단강을 건너 베뢰아를 통과했다. 훨씬 돌아가는 길이었지만 사마리아로 들어가 영적으로 더럽혀지지 않도록 그렇게 빙 돌아갔다.

자, 지리적인 이유가 아니었다면 예수님은 왜 '반드시' 사마리아를 통과하셔야 했을까? 아마도 원래 계획했던 길은 여느 사람들처럼 베뢰아를 통과하는 것이었지 않을까 싶다. 하지만 그날 아침 기도하시다가 사마리아를 통과하라는 하나님의 촉구하심을 느끼시지 않았을까? 당신도 그런 느낌을 받은 적이 있는가? 하나님이 무슨 일이 있는지 찾아가 봐야 할 옛 친구나 이야기를 나눠 봐야 할 직장 동료, 전화를 걸어 봐야 할 가족이 있다는 느낌을 주셨는가?

더 좋은 질문은 이것이다. 그런 느낌을 달라고 '기도하고' 있는가? 내가 아는 한 목사는 교인들에게 매일 이렇게 기도하라고 권한다. "오늘도 저를 사랑하시는 하나님, 오늘 저를 통해 누구를 사랑해 주길 원하십니까?"

당신은 누구를 만나야 할지 알려 달라고 기도하고 있는가?

예수님은 모든 사람이 하나님과 가까워지기를 원하셨기 때문에 하나님에게서 멀리 떨어져 있는 이 여인을 애써 찾아가셨다. 우리도 그렇게 해야 한다.

물론 쉽지 않은 일이다. 대개 그리스도인이 된 지 오래될수록 불신자들과 보내는 시간이 점점 줄어들기 때문이다. 조 앨드리치는 이 문제에 관해 광범위한 연구를 진행했는데, 보통 교회에 다닌 지 2년쯤 지나면 불신자와 닿아 있던 의미 있는 관계가 모두 사라진다고 말한다.[1] 그것은 그리스도인들이 같은 그리스도인들과 매우 많은 시간을 보내고 온갖 교회 행사에 참여하기 때문이다. 혹자는 이것을 "토끼 굴 기독교"라 불렀다. 그리스도인들이 불신자들과 어울리는 유일한 시간은 그들의 기독교인 굴에서 튀어나와 다른 기독교 행사로 미친 듯이 달려갈 때뿐이기 때문이다.

우리는 하나님에게서 멀리 떨어져 있는 사람들에게 가까이 다가가야 한다. 왜일까? 우리는 하나님을 사랑하기 때문이다. 그리고 하나님이 우리를 사랑하시기 때문이다.

또 다른 이유는……

그리스도의 사랑이 우리를 강권하시는도다 우리가 생각하건대
한 사람이 모든 사람을 대신하여 죽었은즉 모든 사람이 죽은
것이라 그가 모든 사람을 대신하여 죽으심은 살아 있는 자들로
하여금 다시는 그들 자신을 위하여 살지 않고 오직 그들을
대신하여 죽었다가 다시 살아나신 이를 위하여 살게 하려
함이라(고후 5:14-15).

예수님은 대화를 할 기회를 적극적으로 찾으셨다. 우리가 이런 기회를 '반드시' 찾아야겠다고 생각하면 지금보다 훨씬 더 많은 대화를 할 수 있을 것이다.

상대를 '받아 주는 것'이 첫걸음

브로드웨이 뮤지컬을 보는 중이었다. 하프타임(사람들은 인터미션이라고 부르는 것 같다)을 틈타 스트레칭을 하려고 자리에서 일어섰다. 그러자 옆 좌석에 앉았던 남자도 일어섰다. 딸의 고등학교 졸업을 축하해 주러 같이 연극을 보러 왔다고 했다. 나는 결혼 9주년 기념일이라고 말했다. 그는 내게 자녀가 있는지 물었다. 나는 각각 3살, 4살, 6살짜리 딸 셋이 있다고 말했다.

그는 빙그레 웃으며 자신의 딸을 가리켰다. "이 아이가 여섯 살 때가 기억나네요." 그의 목소리 톤은 부드러웠다. 잠시 후 그는 내게 아주 자연스럽고도 편안하게 물었다. "저 애가 여섯 살 때 어떤 일이 있었는지 아세요? 그 일로 저는 완전히 다른 아빠가 되었답니다. 들어 보시겠어요?"

나는 고개를 끄덕였다.

"저는 딸이 태어나고 6년간 밤낮없이 일만 했습니다. 딸과 보내는 시간이 거의 없었죠. 저는 별로 좋은 아빠도 남편도 아니었어요. 그러다 보니 아내와 다툼이 끊이지 않았죠. 그러다 이 일이 일어났습니다. 한 친구가 저를 교회로 초대했죠. 교회를 따 분하고 불필요한 곳으로 생각하시는 줄 압니다. 저도 처음에는 그렇게 생각했으니까요. 처음에는 가고 싶지 않았습니다. 그런 데 친구가 끈덕지게 초대를 하지 뭡니까. 결국 두 손을 들고 말 았습니다.

저는 조직화된 종교를 별로 좋아하지 않았습니다. 지금도 마찬가지고요. 하지만 예수님과의 관계는 달랐습니다. 그 관계 가 제 인생을 바꿔 놓았죠. 예수님이야말로 제가 내내 찾던 답이 었습니다. 예수님은 저희 가정을 완전히 바꾸셨어요. 그 뒤로 남 편으로서, 아버지로서 큰 기쁨을 누리며 살아왔습니다. 그것이 제 평생에 가장 잘한 일이에요. 우리가 서로 모르지만…… 음, 그냥 제 딸이 여섯 살 때 제가 그런 결정을 내려서 얼마나 감사 한지 모른다는 말을 하고 싶었습니다. 정말 모든 것이 달라졌거 든요."

내가 그리스도인이라는 사실을 밝혔어야 했는데 너무 충격 을 받은 나머지 타이밍을 놓치고 말았다. 모르는 사람이 내게 전 도한 것은 그때가 처음이었다. 뮤지컬은 다시 시작되었고, 둘 다 다시 자리에 앉았다. 어느새 내 눈에는 눈물이 고여 있었다. 뮤 지컬이 너무 감동적이어서가 아니라 방금 객석에서 일어난 일 때문이었다. 옆 좌석에 앉은 남자는 용기를 내서 다른 사람에게 말을 걸었고, 예수님이 어떤 분이시며 자신의 삶에서 어떤 역사를 행하실 수 있는지를 설명했다.

나는 뮤지컬 극장에 앉아 있었다. 예수님은 사마리아의 한 우물가에 앉아 계셨다. 당시 우물은 일종의 사교장이었다. 해가 지면 여성들은 물을 긷고, 사람들을 보고, 수다를 떨고, 험담을 하고, 어느 식당의 스파이시 치킨 샌드위치가 최고인지 입씨름을 벌이기 위해 우물로 모여들었다. 그런데 예수님이 계실 때는 우물가에 아무도 없었다.

왜일까? 물을 긷기에는 햇볕이 너무 뜨거운 정오였기 때문이다. 당시 정오에 우물로 가는 것은 요즘으로 치면 새벽 세 시에 장을 보러 가는 것과 비슷했다. 한마디로, 그 시간에는 아무도 우물에 가지 않았다.

예수님이 앉아 계시는데 한 여인이 물동이를 이고 나타났다. 이 여인은 다섯 번이나 결혼을 했고, 지금 사는 남자는 남편이 아니었다. 그녀는 경멸의 눈빛과 수군거림의 대상이었다. J. 버논 맥기라는 설교자는 이런 말을 했다. "그 여인이 마을 여자들에게 인기가 없었던 이유 하나는 마을 남자들에게 인기가 너무 많았기 때문이다."[2]

그녀가 스스로 원해서 이 남성들과 이혼했을까? 그럴 가능성은 낮다. 당시 여성들은 마음대로 이혼을 할 수 없었다. 반면, 남편들은 어떤 이유로도 이혼할 수 있었다. 사연이 무엇이었든 그녀는 다섯 번 결혼했고, 그 모든 결혼은 실망스럽게 끝나고 말았다. 모든 남편은 평생 사랑으로 돌봐 주겠노라 약속했지만 하나같이 그녀에게 상처만 입히고 떠나갔다. 그때마다 그녀는 지독한 외로움에 빠졌다.

혹시 당신이 새벽 세 시에 장을 보러 간다면 그 이유는 무엇일까? 아마도 아무도 보지 않기 위해서일 것이다. 이 여인은 왜 정오에 우물에 갔을까? 아무도 보고 싶지 않았기 때문이다. 하지만 누군가와 마주쳤다. 예수님이 그곳에 계셨다. 여인은 예수님이 자신의 흑역사를 몰라도 그것과 상관없이 무조건 자신을 깔보리라는 것을 알았다. 그분은 남자고 그녀는 여자였기 때문이다. 이는 그분이 그녀에게 말조차 걸지 않을 것이라는 뜻이었다.

하지만 예수님은 여인에게 말을 건네셨다.

"물을 좀 달라"(요 4:7).

여자는 깜짝 놀랐다. 남자가 자신에게 말을 걸었기 때문만이 아니라 그 억양에서 유대인임을 알았기 때문이다. 그녀는 사마리아인이었지만 어떤 이유에서인지 그분은 그녀를 정죄하지 않았다. 그녀에게 말을 건다는 것은 그녀를 받아 준다는 뜻이었다. 받아 주는 것은 영향을 미치는 첫걸음이다.

하나님이 우리 삶에 사람들을 보내 주실 때 그들과 우리 사이를 가로막는 것들이 있을 수 있다. 그들이나 그들의 과거에 관한 무언가 때문에 그들을 경멸하게 될 수 있다. 하지만 예수님은 그렇게 하시지 않았다. 그리고 상대방을 경멸해서는 그를 예수님께로 이끌 수 없다. 자고로 경멸당하고 정죄를 받아 믿음에 이른 사람은 단 한 명도 없다.

하나님은 우리에게 "그리스도께서 우리를 받아 하나님께 영광을 돌리심과 같이 너희도 서로 받으라"(롬 15:7)라고 명령하셨다. 예수님은 우리의 수많은 죄에도 불구하고 우리를 받아 주셨다. 이렇게 예수님이 우리를 받아 주신 것같이 우리도 남들을 받아 주어야 한다. 그럴 때 그들이 예수님을 영접하게 될 수 있다.

질문으로 대화의 물꼬를 트라

예수님은 질문으로 대화를 시작하셨다.

"물을 좀 줄 수 있겠는가?"

이 장면은 내가 한 번에 한 사람과 연결되는 방식에 큰 변화를 가져왔다. 질문을 한다는 것은 상대방의 가치를 인정해 주는 것이다. 상대방이 가치 있는 존재이기 때문에 그에 관해 알고 싶다고 말하는 것이다.

그리스도인들은 말이 많고 자기주장이 강한 부류로 잘 알려져 있다. 반면, 예수님은 질문을 하는 분으로 잘 알려져 있었다.

실제로 사복음서를 보면 예수님은 무려 307번이나 질문을 던지셨다. 또한 사람들은 예수님께 183번 질문을 던졌는데 예수님은 그중 세 가지 질문에만 직접적으로 대답하셨다.

우리가 조금만 더 예수님을 닮으면 어떨까? 우리는 질문, 그것도 많은 질문을 던져야 한다. 상대방에게 관심이 있으면 그럴 수밖에 없기 때문이다. 예수님은 이 여인에 관한 사소한 사실 하나하나에 깊은 관심을 가지셨다. 우리도 그래야만 한다. 모든 질문은 관계의 깊이를 더해 주며, 깊은 이야기로 들어가도록 도와준다.

예수님은 아주 간단한 질문으로 대화를 시작하신다. 그렇다. 무언가 심각하고 개인적인 질문으로 시작할 필요가 없다. 다짜고짜 심각한 질문을 던지면 상대방은 부담을 갖고, 자신에게 무언가를 팔려는 속셈인가 하고 의심할 수 있다.

하루는 아내와 함께 쇼핑몰에서 쇼핑을 하고 있었다. 내가 쇼핑을 한다는 것은 각 매장의 남편 지정 구역에 앉아 있다는 뜻이다. 아내는 나를 한 매장의 의자에 앉혔고, 나는 참을성 있게 기다리고 있는데 다른 여자분이 자기 남편을 내 옆에 앉혔다. 그 여자분이 물건을 보러 가자 그는 내게 말을 걸었다. "수입을 단번에 두 배로 올릴 비결을 알고 있습니다. 어떤가요? 관심 있으세요?"

나는 황당하다는 표정으로 쳐다봤다. '무슨 뜬금없는 소

리야?'

　무언가를 팔려는 것처럼 보이는 질문으로 대화를 시작하지 말라. 당신은 무언가를 팔려는 것이 아니다. 당신은 상대방을 사랑해서 전도하려는 것이다. 진정으로 관심 있는 사람에게 던질 법한 자연스러운 질문을 하라. 왜냐하면 당신은 상대방에게 진정으로 관심이 있으니까. 만약 그렇지 않다면 앞에서 배운 '안에서 **이후에** 통해서' 연습을 좀 더 하고 다시 오라.

　간단한 질문이면 좋다. "고향이 어디세요? 자녀가 있나요? 취미가 뭐예요?" 우리 가족이 식사를 위해 둘러앉을 때면 아내는 대화 상자를 꺼내곤 한다. 그 상자 안에는 온갖 질문이 적힌 수백 장의 카드가 담겨 있다. 추억에 관한 질문도 있고 의견과 취향에 관한 질문도 있다. 개인적인 이야기를 하게 만드는 질문도 있다. 아내가 카드를 꺼내면 즉시 신음이 터져 나온다. 하지만 일단 질문이 시작되면 모두가 열심히 참여한다.

　무슨 질문을 해야 할지 모르겠다면 예수님에게서 배우라. 예수님은 눈앞의 상황에서 질문을 찾아내셨다. 그 순간 예수님은 우물가에 계셨기 때문에 물에 관해 물으셨다. 따라서 우리가 헤어스타일을 바꾸는 중이라면 미용사나 이발사에게 지금까지 본 최악의 손님에 관해 물어볼 수 있다. 직장에서는 동료들에게 이 일의 어떤 점이 가장 마음에 드는지 물어볼 수 있다. 동료들의 책상 위에 놓인 사진에 관해 물어도 좋다. 헬스클럽에서는 옆에서 운동하는 사람에게 보통 어떤 운동들을 어떤 순서로 하는지 물어보라.

질문을 던지고 나서, 영적 대화의 문이 열릴 테니 기대하고 준비하라.

피상적 대화에서 영적 대화로

예수님은 물을 달라 청하셨고, 깜짝 놀란 여인은 왜 자신과 같은 사람에게 기꺼이 말을 걸어 주는지 물었다. 그러자 예수님은 이렇게 대답하셨다. "네가 만일 하나님의 선물과 또 네게 물 좀 달라 하는 이가 누구인 줄 알았더라면 네가 그에게 구하였을 것이요 그가 생수를 네게 주었으리라"(요 4:10).

여인은 어리둥절했다. "아니, 선생님은 두레박도 없잖아요? 그런데 어떻게 제게 물을 주시겠다는 거죠?"

순간, 예수님은 피상적 대화에서 영적 대화로 넘어갈 기회를 포착하셨다. "내가 주는 물을 마시는 자는 영원히 목마르지 아니하리니 내가 주는 물은 그 속에서 영생하도록 솟아나는 샘물이 되리라"(요 4:14).

누군가와 이야기를 나눌 때 다음과 같은 긴장되는 순간이 찾아올 수 있다.

- 명절에 신앙이 없는 친척이나 가족과 식사를 할 때 "제가 식사 기도를 해도 될까요?"라고 말하고 싶어진다.

- 이웃과 이야기하다가 상대방이 나에게 이번 주말에 어떻게 지냈냐고 묻는다. 순간, 교회에서 있었던 일을 이야기할 기회가 왔음을 깨닫는다.

- 관중석에 앉아 자녀의 운동 경기를 보고 있는데 다른 부모가 자기 아이의 플레이를 자랑한다. 순간, 양육이 어렵지만 하나님이 지금까지 도와주셨다는 이야기를 할 기회라는 생각이 든다.

어느 순간, 피상적 대화에서 영적 대화로 전환할 기회가 눈에 들어온다. 물론 부담이 되겠지만 그 기회를 예상하고 또한 잡아야 한다. 나는 목사다. 예수님에 관해 이야기하는 분야의 '전문가'다. 나는 몇천 명 앞에 서서는 별로 긴장이 되지 않는다. 하지만 누군가와 일대일로 마주 앉으면 긴장해서 땀을 뻘뻘 흘린다.

몇 해 전, 내 자동차를 수리하는 동안 대기실에 앉아 있었다. 대기실에는 나 말고는 한 사람밖에 없었다. 한 여성이 〈피플〉(People) 잡지를 읽고 있었다. 잡지 커버는 칩 게인스·조안나 게인스 부부의 사진이었다. 나는 사진을 가리키며 여성에게 물었다. "〈픽서 어퍼〉(Fixer Upper; 집을 리모델링해 주는 텔레비전 프로그램 -편집자) 팬이신가 봐요?" 그녀는 열렬한 팬이라며 내가 그 이야기를 꺼내자 좋아서 어쩔 줄 몰라 했다. 나는 그 프로그램을 몇 번 봤지만 잘 알지는 못했다. 그래서 계속 질문을 던졌다. "그 프로그램이 왜 그렇게 인기가 있을까요?" "몇 회가 가장 재미있었나요?" "집이 실제 삶에서도 텔레비전에 나오는 것과 똑같을까요?"

나는 그렇게 질문을 이어 가면서 영적 대화로 넘어갈 기회를 계속해서 노렸다. 억지로 하고 싶지는 않았고, 이대로 대화가 끝나도 괜찮았다. 친구를 얻은 것만으로 수확이라고 생각했다.

마침내 한 가지 질문이 기회의 문을 열었다. "그 프로그램에서 어떤 부분이 가장 재미있나요?"

"그거야 당연히 마지막에 완성된 작품을 선보일 때죠. 가끔은 달라진 후 모습을 빨리 보고 싶어서 빨리 감기를 하곤 해요. 완전히 바뀐 모습이 정말 놀랍죠."

드디어 기회가 왔다. 나는 침을 꿀꺽 삼키고서 말했다. "저도 그 순간이 가장 좋아요. 저 같은 경우는, 그 순간에 제 직업이 생각나거든요."

"리모델링 일을 하세요?"

나는 가볍게 웃었다. "아뇨, 그건 제 아내의 소원이고요. 사실 저는 목사랍니다. 제 일에서 가장 좋은 순간은 한 사람의 인생이 변화되는 것을 보는 것이지요." 그러면서 우리 교회 성도 한 분이 최근 중독 치료를 마쳤는데 너무 달라져서 하마터면 못 알아볼 뻔했다는 이야기를 해 주었다.

우리는 조금 더 이야기를 나누었고, 그러다⋯⋯ 나는 직원 휴게실에서 그녀에게 세례를 베풀었다!

아니다. 사실은 그렇지 않다. 대신 그녀가 우리 동네로 새로 이사했다는 것을 알고서 우리 교회에 그런 사람들을 돕는 그룹이 있다는 이야기를 해 주었다. 곧 그녀의 자동차 수리가 끝났기 때문에 우리의 대화는 거기서 끝났다. 하지만 그 짧은 시간에 나는 그녀에게 대화를 시도하고 예수님에 관한 이야기까지 전했다. 〈픽서 어퍼〉 재방송을 볼 때마다 나는 그녀를 위해서 기도한다.

질문을 하면서 대화의 방향을 영적인 쪽으로 바꿀 기회를 찾으라. 하지만 핸들을 갑자기 확 꺾지는 말라. 참을성을 갖고 자연스러운 기회가 오기를 기다리라.

영적 대화에서 개인적 대화로

예수님은 이 사마리아 여인에게 갈증을 해소해 줄 물을 제시하셨다. 그의 요지는 영적인 것이었지만 그녀는 여전히 물질적인 것을 생각하고 있었다. 그녀는 예수님께 '한 번 마시면 갈증이 영원히 해소되는' 이 황당한 물을 달라고 부탁했다. 그러자 예수님은 이렇게 대답하셨다. "가서 네 남편을 불러오라"(요 4:16).

이에 여자는 자신이 아무에게도 알리고 싶지 않았던 사실을 예수님이 전혀 모르고 있다고 생각했다. 하지만 그렇지 않았다. 예수님은 다 알고 계셨고, 이어서 그 이야기를 꺼내셨다.

> 여자가 대답하여 이르되 나는 남편이 없나이다 예수께서 이르시되 네가 남편이 없다 하는 말이 옳도다 너에게 남편 다섯이 있었고 지금 있는 자도 네 남편이 아니니 네 말이 참되도다(요 4:17-18).

예수님은 이 이야기를 왜 꺼내셨을까? 결국 영적 대화에서 개인적 대화로 넘어가야 하기 때문이다. 많은 사람이 기독교를 접했다가 자신의 삶과 관련이 없다는 결론을 내린다. 따라서 우리는 상대방과의 연결점을 찾아 줘야 한다. 성경이 그저 일부 사람이 믿는 2천 년 된 옛 문서에 불과하지 않다는 사실을 보게 해주어야 한다. 성경이 우리를 온전히 아시고 사랑하시며 우리 삶을 근본적으로 변화시키실 수 있는 하나님에 관한 책이라는 점을 이해시켜야 한다.

나는 고통으로 신음하는 사람들의 경우에 개인적인 대화로 넘어가기가 가장 수월하다는 사실을 발견했다. 고통은 자신에게 없는 답이나 도움을 찾게 만든다. 당신 주변에 있는 사람들을 생각하며 이렇게 기도해 보길 권한다.

"지금 누가 상처로 신음하고 있는지 알게 하옵소서."

사랑하는 가족을 잃은 사람이나 불치병 진단을 받은 사람, 재정 압박에 시달리는 사람, 가정이 무너져 내리고 있는 사람이 절실히 원하는 소망의 메시지를 전해 주어야 한다. 그것이 우리가 그들에게 베풀 수 있는 가장 큰 호의다.

필요할 때 꼭 알맞은 말을 주시는 분

예수님은 대화를 개인적인 쪽으로 이끌어 가셨다. 그런데 우물가의 사마리아 여인은 거의 대부분의 사람들이 하는 행동을 보였다. 화제를 바꾸려고 했던 것이다.

> 여자가 이르되 주여 내가 보니 선지자로소이다 우리 조상들은
> 이 산에서 예배하였는데 당신들의 말은 예배할 곳이 예루살렘에
> 있다 하더이다(요 4:19-20).

예수님은 개인적 대화를 시도하셨지만 여인은 신학적 문제로 화제를 바꾸었다. 그녀는 예수님을 논쟁에 끌어들이기 위해 논란이 분분한 주제를 꺼냈다. 이 일은 우리에게도 일어날 것이다. 개인적 이야기로 넘어가려고 할 때 상대방이 화제를 바꾸기

위한 질문을 던지리라 미리 예상해야 한다. 대개 그런 질문은 영적 연막이다. 그것은 하나님과의 거리를 좁히지 않기 위한 작전이다. 나는 이런 질문을 들을 때마다 고지가 멀지 않았다고 생각한다.

우리가 받게 될 질문은 매우 뻔한 것들이다. 사람들은 이런 질문을 할 것이다.

"신에게로 가는 길이 하나밖에 없다는 것이 말이 되나요?"

"하나님이 선하시다면 왜 세상에는 이토록 고통이 가득한 거죠?"

"왜 교회에는 위선자가 그토록 많은가요?"

"하나님은 사랑이 많다면서 왜 사람들을 지옥에 보내죠?"

나쁜 소식은, 이런 질문에 답하기가 쉽지 않다는 것이다. 좋은 소식은, 논쟁에서 이기려고 애쓸 필요가 없다는 것이다. 우리는 하나님이 사랑하시는 사람을 사랑하려고 애쓰기만 하면 된다. 더 좋은 소식은, 우리 혼자서 이 질문에 답해야 하는 것이 아니라는 점이다. 하나님이 우리와 함께 계신다. 언제나 하나님은 필요한 때에 꼭 알맞은 말을 주실 것이다.

내 친구 매트 레이건은 비행기로 여행하던 중에 성인용품 업계에서 일하는 여성과 나란히 앉았다. 레이건이 목사라는 사실을 말하고 나자 갑자기 대화는 언쟁으로 변했다. 여자는 쉴 새 없이 공격을 퍼부었다. "정말 이 기독교라는 것은 이해를 못하겠어요. 어떻게 그런 신을 믿을 수 있죠? 당신이 믿는 신이 정말 대단하다고 말하시는데 매일 수백만 명의 아이들을 굶어 죽게 만드는 신이 참도 위대하네요. 이러고도 신이라고 말할 수 있나요?"

레이건은 공격의 강도를 높이고 싶었다. 충분히 이길 자신이 있었다. 하지만 이를 악물고 조용히 기도했다. 그러자 하나님은 레이건 자신의 망가진 구석들과 그가 품고 있는 그분에 대한 의문들을 상기시키셨다. 어느 순간, 걷잡을 수 없이 긍휼한 마음이 레이건을 휘감았다. 그리고 하나님은 그에게 한 가지 질문을 주셨다. 레이건은 그 질문을 여자에게 했다. "하나 여쭈어도 될까요?"

여자는 가소롭다는 표정으로 대답했다. "얼마든지요."

"세상의 굶주린 아이들 때문에 하나님께 화가 나신 건가요? 아니면 당신이 어릴 적에 학대를 당했기 때문에 화가 나신 건가요?"

방금 전까지만 해도 기세등등하던 여성이 갑자기 소리 내어 울기 시작했다. 곧 레이건도 따라 울었다. 하나님은 담을 허물어 둘 사이에서 그분에 관한 진정한 대화가 이루어질 수 있게 하셨다.

질문을 받으면 기도하라. 그러면 하나님이 뜻밖의 답변을 주실지 모른다. 하지만 그렇지 않으실 수도 있으니 가장 흔한 질문들에 대한 기본적인 답 정도는 준비하는 편이 옳다. 장황한 답이 아니어도 된다. 간단하고 솔직한 답변이면 충분하다. 책이며 설교와 웹사이트까지 도움이 될 만한 자료가 널려 있다. 정 어렵다면 상대방이 스스로 답을 찾을 수 있게 웹사이트를 알려 줘도 좋다.

어떤 식으로든 질문에 답은 해 주어야 한다. 그렇게 상대방의 말을 경청했다는 표시를 한 뒤에는 할 말을 하라. 예수님은 그렇게 하셨다. 예수님은 여인의 물음에 답해 주셨다. 하지만 예수님의 설명을 듣고 나서도 여인은 여전히 혼란스러워했다. 그녀는 이렇게 말했다. "메시야 곧 그리스도라 하는 이가 오실 줄을 내가 아노니 그가 오시면 모든 것을 우리에게 알려 주시리이다"(요 4:25).

이에 예수님은 여인을 보며 말씀하셨다.

"네게 말하는 내가 그라"(요 4:26).

사복음서에서 예수님이 스스로를 "메시야"라고 밝히신 것은 그때가 처음이었다. 예수님이 평판이 나쁜 사마리아 여인에게 그 사실을 처음 밝히셨다는 사실이 뜻밖이지 않은가.

이 여인에게 그 순간이 어떠했을지 상상해 보라. 여인은 새벽 세 시에 마트에 갔다가 생수 코너에서 하나님을 만났다. 예기치 못한 대화로 예수님이 어떤 분이신지 알고 나서 그녀의 인생이 백팔십도로 변했다. 이것이 하나님이 우리를 통해 하시려는 대화다. 우리가 예수님의 본을 따라 영적 대화를 시도하면 그 대화를 통해 사람들이 예수님을 따라가게 될 수 있다.

한 번의 대화가 지핀 부흥의 불길

예수님과 대화를 나눈 뒤 이 여인이 보인 반응은 실로 아름답다.

> 여자가 물동이를 버려 두고 동네로 들어가서 사람들에게
> 이르되 내가 행한 모든 일을 내게 말한 사람을 와서 보라 이는
> 그리스도가 아니냐 하니 그들이 동네에서 나와 예수께로 오더라
> (요 4:28-30).

여인은 그리스도를 만났고, 그분이 죄와 상관없이 자신을 받아 주셨다는 사실을 깨달았다. 이 놀라운 사랑에 그녀는 행동하지 않고서는 배길 수 없었다. 그래서 여인은 늘 피해 왔던 사람들에게로 달려갔다. 생각해 보라. 여인은 그들과 이 대화를 하지 '않을' 큰 이유가 있었다. 그들은 그녀가 한 모든 행동을 정죄했다. 하지만 그녀는 그들에게 다가가 초대했다. "내가 행한 모든 일을 내게 말한 사람을 와서 보라"(요 4:29).

여인이 그토록 부끄러워했던 이야기는 예수님을 전하기 위

해 남들에게 기꺼이 밝힐 수 있는 이야기로 변했다. 예수님을 만난 그녀의 반응은 다른 사람들도 그분을 만나도록 돕는 것이었다. 하나님께 받은 사랑에 대한 그녀의 반응은 다른 사람들도 그사랑을 경험하도록 돕는 것이었다. 삶이 변한 데 대한 그녀의 반응은 다른 사람들도 삶이 변하도록 돕는 것이었다.

그리고 실제로 그런 일이 일어났다.

여자의 말이 내가 행한 모든 것을 그가 내게 말하였다
증언하므로 그 동네 중에 많은 사마리아인이 예수를 믿는지라
사마리아인들이 예수께 와서 자기들과 함께 유하시기를 청하니
거기서 이틀을 유하시매 예수의 말씀으로 말미암아 믿는 자가
더욱 많아 그 여자에게 말하되 이제 우리가 믿는 것은 네 말로
인함이 아니니 이는 우리가 친히 듣고 그가 참으로 세상의 구주신
줄 앎이라 하였더라(요 4:39-42).

죄 속에 뒹굴고 스캔들을 일으키며 경멸을 당하던 여인이 온 마을에 부흥의 불길을 일으켰다.

참, 이 책의 3장에서 다루었던 사도행전 8장의 이야기가 기억나는가? 그때 알아챘는지 모르겠지만 빌립은 사마리아에서 많은 남녀에게 설교하고 세례를 베풀었다. 그곳에서 큰 부흥이 일어났다. 하지만 그 부흥은 빌립에게서 시작된 것이 아니다. 그

부흥은 예수님이 우물가의 한 여인과 대화를 나누시고 그 여인이 다른 사람들과의 대화 속에서 예수님이 자신에게 행해 주신 일을 증언했기 때문에 일어났다.

그녀가 할 수 있었다면 '당신'도 할 수 있다. 모든 것은 한 번의 대화에서 시작된다.

용기 내 문을 두드린 순종 덕분에

오빌 허바드와 딕 울프는 젊은 부부가 사는 집 문을 두드렸고 그들과 영적인 대화를 나누었다. 예수님을 전했다. 그리하여 그 부부와 아들이 예수님을 영접했다. 그때는 1956년이었다. 지금 나는 그 부부를 할아버지와 할머니라고 부른다. 트럭을 갖고 놀던 여덟 살짜리 아이는 바로 우리 아버지셨다. 내 삶의 모든 좋은 것들은 내가 만나 본 적도 없는 두 남자가 한 번에 한 사람을 사랑하는 마음으로 용기를 내어 문을 두드리고 대화를 시도했던 그날로 거슬러 올라간다.

내가 천국을 손꼽아 기다리는 이유 가운데 하나는 그들에게 감사하기 위해서다. 분명 그들은 그날 그 일 말고도 다른 할 일을 찾을 수 있었을 것이다. 문을 두드리고 안에 들어가기 전에 무척 긴장했을 것이며, 대답할 수 없는 질문을 받을까 봐 두려웠을 것이다. 그 행동은 분명 그들의 안전지대 밖에 있는 행동이었다. 하지만 그들은 끝내 그 행동을 했다. 그것은 그리스도의 사랑이 그들을 강권했기 때문이다.

어서 그들을 만나 감사하다는 말을 전하고 싶다. "제가 믿음의 가정에서 자라게 해 주어 감사합니다. 우리 아이들이 신앙 안에서 자랄 수 있게 해 주어 감사합니다. 지금 제가 목사가 되어 정말 멋진 교회 식구들과 함께 신앙생활을 하고 있는 것에 감사합니다. 제가 사랑과 목적과 소망으로 충만한 삶을 살아오게 해준 것에 감사합니다. 제가 천국에 가게 해 주어 감사합니다. 우리 할아버지 할머니와 그 중요한 대화를 나누어 주어서 감사합니다."

그들이 우리 할아버지 할머니에게 예수님을 전해 준 덕분에 '내' 삶이 완전히 변했다. 그들을 생각하면 나 자신에게 이렇게 묻지 않을 수 없다. '천국에서 누가 **내게** 감사할까?'

천국에서 누가 당신에게 감사할까? 알 수 없는 일이다. 하지만 확실한 것은 당신이 이번 주에 영적인 대화를 시도할 기회를 얻으리라는 사실이다. 일터에서일지 모른다. 카페에서일지 모른다. 학교에서일지 모른다. 우편함 옆에서일지 모른다. 하나님이 이번 주에 당신의 삶으로 누군가를 보내실 것이다. 하나님은 한 번의 대화를 통해서 한 사람의 삶을 변화시키기 위해 당신을 쓰시고자 하신다.

11

둘러앉아
밥상을 나누며
마음과 삶을 잇는 법

: 마음을 나누는 '밥 한 끼'의 힘

고백할 것이 있다. 나는 배가 고프면 사람보다 음식을 더 생각한다. 나는 캐러멜콘을 아주 좋아한다. 캐러멜콘은 간식이지만 나는 거의 밥처럼 먹는다. 그리고 항상 바닥이 날 때까지 먹는다. 뭐라고 날 판단해도 어쩔 수 없지만, 이 맛있는 걸 한 줌밖에 못 먹는 사람이야말로 진짜 문제라고 본다.

내가 캐러멜콘을 너무 좋아해 많이 먹게 되니 아내는 집에서는 먹는 것을 허락하지 않는다. 대신 가족 여행을 갈 때면 대형할인마트에서 캐러멜과 치즈 팝콘이 섞인 거대한 봉지를 산다.

지난여름에 가족과 친척까지 무려 스물다섯 명이 모여 여행을 간 적이 있다. 첫째 날, 나는 거대한 캐러멜과 치즈 팝콘 봉지를 까서 소파에 앉아 스포츠 경기를 보았다. 봉지에는 "캐러멜이 가라앉을 수 있습니다"라는 문구가 적혀 있었다. 이는 캐러멜이 바닥에 깔려 있으니 캐러멜만 먹으려면 좀 고생을 해야 한다는 뜻이다. 손으로 치즈 팝콘을 휘저어 캐러멜을 캐내야 한다. 나는 소파에 앉아서 그 고생을 했다. 노련하고 끈덕진 광부처럼 치즈 팝콘을 파내려가 캐러멜을 하나씩 캐 먹었다. 그런데 그렇게 먹다 보니 나는 전혀 몰랐지만 캐러멜이 다 없어졌다.

그날 내 누이 가운데 한 명이 캐러멜이 다 떨어진 사실을 알아채고 가족들에게 일일이 따져 댔다(캐러멜콘 중독은 유전이 분명하다). 누이는 아이들 가운데 한 명이 팝콘을 뚫고 캐러멜을 모두 먹어치웠다고 확신했다. 그때부터 삿대질과 고성, 거친 비난이

오갔다. 이번 휴가비를 부담한 우리 아버지는 서로 싸우느라 난리인 자녀와 손주들을 말리려고 애를 썼다.

나도 화가 나서 손가락질을 하다가 문득 깨달았다. '아, 내가 범인인가?' 내가 다 먹은 줄도 몰랐다. 내가 멈칫하자 순간, 누이가 내 손을 확 잡았다. 신속한 조사 끝에 누이는 증거를 찾아냈다. 내 손가락에 캐러멜 채굴로 인한 치즈 조각이 잔뜩 묻어 있었다. 결국 나는 가족들에게 범행을 자백했다. "저, 맞아요. 죄송해요."

누이가 노발대발했다. "죄송하다고? 그게 다야?"

나는 혼이 나도 쌌다. 팝콘을 그릇에 쏟아 놓고서 다 함께 소파에 앉아 먹고 떠들고 웃으며 좋은 시간을 보내면 좋았을 것을. 오랜만에 일가친척이 다 모인 자리인 만큼 즐겁게 보낼 수 있었는데 음식 때문에 난장판이 되었다.

이번 장에서는 음식을 놓고 서로 연결되는 것에 관해 이야기하고자 한다. 복음서들에서 우리는 음식이 사람들을 분열시켜 서로 다투게 만드는 것이 아니라, 서로 다른 사람들이 같이 음식을 먹으며 하나가 되는 모습들을 볼 수 있다. 우리가 한 번에 한 사람씩 함께 식사를 할 때 무언가 아름다운 일이 일어난다.

혹시 눈치를 챘는지 모르겠지만, 우리가 지금까지 살핀 '한 번에 한 사람' 이야기들 가운데 많은 이야기에서 다른 사람들과 함께 식사하시는 예수님을 발견할 수 있다. 종교 지도자들이 예수님을 비난한 가장 흔한 이유 가운데 하나는 부정한 죄인, 사회에서 버림받은 자, 외지인들과 한 식탁에 앉는다는 것이었다. 이처럼 예수님은 주로 음식을 앞에 놓고서 사람들과 마음을 나누고 가까워지셨다.

성경은 하나님을 "아버지"로 묘사한다. 하나님은 완벽한 하늘 아버지이시다. 하나님은 사랑하는 자녀가 가득한 세상을 굽어보시면서 이 자녀들이 서로 사랑하기를 깊이 원하신다. 자녀가 수많은 것들로 편을 갈라 서로에게 칼을 겨누는 것만큼 하늘 아버지를 가슴 아프게 하는 일은 없다. 정치, 인종, 사회적 지위, 종교, 캐러멜콘…… 정말 우리는 온갖 것으로 분열되어 있다.

서로 잘 어울리지 않는 70억 자녀를 둔 아버지는 심정이 어떠하실까? 더 안타까운 사실은, 사람들 사이의 분열이 하나님과의 분열을 더욱 심화시킨다는 것이다. 그렇다면 우리가 서로간에 쌓은 담과 장벽에 대한 해법은 무엇일까? 바로 음식이다.

음식에는 치유의 힘이 있다

세련된 입맛을 갖고 전국 곳곳에 있는 유명 고급 식당을 순례하는 식도락가들이 있다. 하지만 나는 값싼 돼지고기 핫도그를 좋아한다. 핫도그 위에 비스킷이 살짝 둘러 있으니 그래도 완전 싸구려는 아니라고 할 수 있겠다. 하지만 100퍼센트 프리미엄 소고기 핫도그는 아니다. 나는 성분이 뭔지도 모르는 값싼 핫도그를 군말 없이 잘 먹는다.

나는 식도락가도 아니요 음식 전문가도 아니다. 하지만 한 가지만은 분명히 안다. 음식에는 치유의 힘이 있다. 식탁 주위에서 일어나는 어떤 현상이 있다. 함께 먹으면 하나가 된다. 음식을 나누면 삶을 나누게 되기 쉽다. 누군가에게 영향을 미치기 위한 가장 효과적인 방법은 밥 한 끼를 함께 먹는 것이다.

식사를 하면 애피타이저를 먹는 동안에는 서로 어색할 수 있다. 하지만 메인 코스가 나올 즈음에는 대개 의미 있는 대화가 오간다. 날씨 같은 곁가지 이야기를 하다가 어느새 각자의 삶에 관한 이야기를 나누기 시작한다. 식사 자리에서 우리는 단순히 음식만 나누는 것이 아니다. 서로의 어려움과 꿈, 관심사를 나눈다. 이렇게 서로 가까워지다가 마침내 예수님이 우리의 삶에서 행하신 일을 자연스럽게 나눌 기회가 나타난다.

장벽 허물기

성경에서 우리는 예수님이 식사하셨다는 기록을 '많이' 볼 수 있다. 왜일까? 예수님은 사람들과 하나님을 연합시키기 위해

서, 그리고 하나님의 자녀인 사람들을 서로 연합시키기 위해서
오셨기 때문이다.

> 그는 우리의 화평이신지라 둘로 하나를 만드사 원수 된 것 곧
> 중간에 막힌 담을 자기 육체로 허시고 …… 이는 이 둘로 자기
> 안에서 한 새사람을 지어 화평하게 하시고 또 십자가로 이 둘을
> 한 몸으로 하나님과 화목하게 하려 하심이라 원수 된 것을
> 십자가로 소멸하시고 또 오셔서 먼 데 있는 너희에게 평안을
> 전하시고 가까운 데 있는 자들에게 평안을 전하셨으니 이는 그로
> 말미암아 우리 둘이 한 성령 안에서 아버지께 나아감을 얻게 하려
> 하심이라(엡 2:14-18).

예수님은 하나님과 사람들을 갈라놓는 장벽인 죄의 담을 허
물기 위해서만이 아니라, 사람들 사이를 막는 장벽을 허물기 위
해 오셨다. 그렇게 사람들이 하나가 되면 하나님께로 함께 나아
갈 수 있다. 예수님은 사람들이 하나님께 연결될 길을 마련하기
위해서만이 아니라, 사람들을 서로 연결시키기 위해 오셨다.

예수님은 장벽을 허물기(break barriers) 위해 오셨는데, 그
렇게 할 수 있는 가장 좋은 방법 가운데 하나는 빵을 쪼개어
(breaking bread) 나누어 먹는 것이었다. 하나님은 우리의 아버지
이신데, 자녀인 우리는 정치부터 팝콘, 마스크에서 음악 취향까

지 거의 모든 것을 이유로 뿔뿔이 나뉘어 있다. 서로 편을 갈라서 장벽을 높이 쌓고 있다. 이제 예수님의 제자들이 그런 장벽을 허물어야 할 때다.

서로의 말을 듣고 존중하는 대화의 장

정치는 그 무엇보다도 사람들을 갈라놓는 요인이다. SNS에서 정치적인 글로 우정이 깨지고, 어느 당에 투표할지를 놓고 가족들이 편을 나누거나 아예 연을 끊는다. 2016년 미국 대선 때 특히나 심했다. 힐러리 클린턴은 도널드 트럼프 지지자들의 절반이 "개탄스러운 무리"라고 말했다. 트럼프는 모든 정적들을 겨냥해 조롱조의 별명을 지어냈고, 테드 크루즈의 부친이 존 F. 케네디 암살에 관여했을지 모른다고 추측했다.

선거 다음 날, 저스틴 리라는 여성은 이런 생각이 들었다. '정치적·사회적 배경이 다른 사람들을 한자리에 모아 함께 식사를 하면 어떨까?' 저스틴 리는 음식의 치유력을 믿었고 궁금했다. 그녀는 정치에 참여하는 사람이 아니었다. 그저 사람들을 아끼는 사람이었다. 그래서 한 친구와 함께 '미국을 다시 저녁 식사 자리로 만들라'(Make America Dinner Again; 이상 MADA)라는 단체를 설립했다. 이는 정치적 입장이 다른 사람 6-10명을 초대해 함께 식사를 하는 모임이었다.

현재 MADA는 미국 전역의 여러 도시에서 저녁 식사 모임을 갖고 있다. 잉글랜드에서 MADA를 차용한 비슷한 운동이 일어났다. MADA는 서로의 말에 귀를 기울이고 서로 존중하는 대화의 장을 마련한다. 서로의 의견을 이해하려고 노력하면 서로가 조금은 더 인간으로 보이기 시작한다. 참여자들은 다른 사람들과 그들의 시각을 특정한 틀 안에 가두는 것이 지나친 단순화라는 사실을 깨닫게 된다.

정치로 인해 친구나 가족과 충돌하고 있는가? 혹은 주변에 정치적 입장 차이로 서로 원수가 되어 버린 친구들이 있는가? 우리가 하나님의 치유하시는 능력을 믿고서 함께 둘러앉는 식사 자리를 마련하면 어떨까?

차별 없는 복음

하루는 로스앤젤레스 카운티의 한 상점에서 계산대 앞에 줄을 서서 앞으로의 일정에 관해 생각하고 있었다. 그때 뒤에 서 있는 남자가 말을 걸어왔다. 나보다 나이가 많아 보였는데 셔츠를 보니 그 상점에서 일하는 것 같았다.

남자는 뜬금없이 제2차 세계대전에 관한 이야기를 하면서 자신의 아버지가 그 전쟁에 참전했다고 말했다. 그가 차마 입에 담을 수 없는 표현을 사용해 가며 일본인들의 만행을 나열하는 말을 듣고 충격을 받았다. 그는 주먹을 꽉 쥐며 말했다. "그런 자들이 버젓이 이 나라에서 살고 있다는 사실을 생각하면 피가 거꾸로 솟구칩니다!"

상점의 직원인 이 남자가 왜 내게 이런 말을 하는지 알 수가 없었다. 아무런 대꾸도 하지 않는 편이 최선이라고 판단하고서 다른 곳을 보며 그를 무시했다. 그러다 내 차례가 되어 계산대 직원을 보았다. 20대, 혹은 10대 후반쯤 돼 보이는 아가씨였다. 그리고 일본인처럼 보였다. 눈에는 눈물이 가득했다. 순간, 내 눈에도 이슬에 맺혔다. "제가 대신 사과할게요."

그러자 그녀는 눈물을 훔치며 애써 미소를 지어 보였다. "괜찮아요."

하지만 괜찮지 않았다. 그리고 하나님도 괜찮지 않으시다. 하나님의 자녀를 가르는 수많은 담 가운데 하나는 피부색이다. 연구에 따르면 대부분 사람들의 관계는 거의 같은 피부색을 가진 사람들로만 이루어져 있다. (이 사실을 가장 쉽게 확인할 수 있는 방법 가운데 하나는 당신의 페이스북에 가장 먼저 뜨는 100명의 친구들을 확인하는 것이다. 그들 가운데 당신과 같은 인종은 몇 명인가?) 설상가상으로 일부 사람들은 다른 인종에게 그릇된 관념을 품고 그들을 의심의 눈초리로 본다. 일부 도시에서는 이것 때문에 극심한 분열과 충돌이 일어났다.

　이 분열의 담이 고의적인 것이라는 말은 아니다. 다만 이 담은 우연히 허물어지지는 않는다. 예수님은 이런 분열을 없애고 우리 모두가 동등하게 창조되었다는 사실을 보여 주기 위해 오셨다. 성경은 이렇게 말한다. "너희는 유대인이나 헬라인이나 종이나 자유인이나 남자나 여자나 다 그리스도 예수 안에서 하나이니라"(갈 3:28). 그런데 우리 가운데 많은 사람이 전혀 다르게 배우며 자랐으며, 어릴 적부터 쭉 믿어 온 것을 극복하기란 여간 어렵지 않다.

　예수님의 첫 제자 가운데 한 명이었던 베드로는 유대인이었기 때문에 이방인들을 차별해야 한다고 배우며 자랐다. 하지만 예수님과 3년을 동고동락한 끝에 모든 사람을 동등하게 대해야 한다는 사실을 깨달았다. 그리고 실제로 그렇게 했다. 딱 하나, 영향력 높은 유대인들과 함께 있을 때만 빼고 말이다. 그는 자신이 이방인들과 어울리는 모습을 보면 그 유대인들이 어떻게 생각할지 걱정했다. 흥미롭게도 그가 담을 쌓았다는 증거 가운데 하나는 이방인들과 식사하는 것을 그만두었다는 것이다.

　또 한 사람의 초대 교회 리더 바울은, 베드로가 인종주의적 사고로 행동하는 것을 목격했고 갈라디아 교회에 보내는 편지에서 그 일을 거론했다.

게바가 안디옥에 이르렀을 때에 책망받을 일이 있기로 내가 그를
대면하여 책망하였노라 야고보에게서 온 어떤 이들이 이르기
전에 게바가 이방인과 함께 먹다가 그들이 오매 그가 할례자들을
두려워하여 떠나 물러가매 남은 유대인들도 그와 같이
외식하므로 바나바도 그들의 외식에 유혹되었느니라 그러므로
나는 그들이 복음의 진리를 따라 바르게 행하지 아니함을 보고
모든 자 앞에서 게바에게 이르되 네가 유대인으로서 이방인을
따르고 유대인답게 살지 아니하면서 어찌하여 억지로 이방인을
유대인답게 살게 하려느냐 하였노라(갈 2:11-14).

바울은 베드로가 이방인들과 함께 먹다가 유대인들이 오
니 갑자기 그 식사 자리를 떠났다고 밝힌다. 바울은 자기 민족이
다른 민족들보다 나은 것처럼 구는 베드로의 행동을 "책망받을
일", "외식", "복음의 진리를 따라 바르게 행하지 아니함"이라고
불렀다.

바울은 그 행동이 죄였기 때문에 베드로를 직접 대면하여
질책했다. 당신의 인종이나 국민이 우월하다고 생각한다면 그것
은 엄연한 죄이니 회개해야 한다. 바울이 가장 문제 삼은 부분은
베드로가 다른 인종과 식사를 하지 않으려고 했다는 점이다. 그
렇다면 우리는 우리와 달라 보이는 사람들과의 식사 자리를 마
련해야 하지 않을까?

인종이 다른 친구가 없는가? 인종이 다른 주변 사람에게 함께 점심 식사를 하자고 해 보면 어떨까? 이 나라에서 다른 인종으로 살아가는 삶이 어떤 것인지 이해하고 싶다고 아주 겸손하게 말해 보면 어떨까? 그들 자신과 그들이 속한 인종에 관해 알고 싶다고 말하고, 인종차별을 당한 경험을 말해 달라고 하면 어떨까?

예수님은 사람들을 가르는 담을 허물기 위해서 오셨다. 우리가 그분을 따르기로 결심했다면 사람들을 가르는 담을 허무는 일에 온 힘을 쏟아야 한다. 예수님은 평화를 이루기 위해 오셨으며 우리도 평화를 이루는 일로 부르고 계신다(마 5:9; 엡 2:14 참조). 그리고 평화를 이루는 가장 좋은 방법 가운데 하나는 식탁에 둘러앉아 함께 밥을 먹는 것이다.

나의 식탁에 누구를 초대할까

사람들이 어떻게 분열되어 있는지 확실히 보고 싶다면 학교 구내식당에 가 보라. 학창 시절을 기억하는가? 운동부를 비롯해서 소위 '잘나가는 아이들'이 한 테이블을 차지하고 있고, 소수 인종 학생들은 다른 테이블에 따로 앉아 있다. 그런가 하면 어느 집단에도 속하지 못한 외톨이 학생들이 각자 멀찍이 떨어져 앉아 있다.

데니스 에스티몬은 초등학교 구내식당에서만큼 지독한 외로움을 느껴 본 적이 없다고 말한다. 아이티에서 바다를 건너 미국 플로리다 주로 온 그는 학교 식당에서 앉을 자리를 찾기 힘들었을 뿐 아니라, 영어를 잘 못하고 아이티 억양이 강한 탓에 아이들과 대화하기가 두려웠다. 그런 아픈 기억을 안고 살던 에스티몬은 고교 시절에 '우리는 함께 먹는다'라는 클럽을 만들었다. 그 클럽의 목표는 홀로 점심을 먹는 학생이 단 한 명도 없게 만드는 것이었다. 에스티몬은 〈피플〉 인터뷰에서 다음과 같이 말했다.

식탁에서 오랜 우정이 쌓입니다. 우리는 아이들이 안전지대에서 나오기를 원합니다. 각자 태어난 곳이나 배경, 말하는 억양은 달라도 공통점이 많다는 것을 깨닫기를 원합니다. 어떤 식으로든 우리 모두는 닮아 있습니다.[1]

이 클럽에 관한 발상은 한 교사가 학생들에게 학교에서 무엇이 가장 바뀌었으면 좋겠는지 물으면서 시작되었다. 학생들은 점심시간이라고 입을 모았다. 에스티몬은 그 교사에게 이렇게 말했다. "식당 한쪽에는 백인 아이들과 인기 있는 아이들, 부유한 집 아이들이 있고, 다른 쪽에는 새로 온 아이들과 가난한 집 아이들, 장애를 가진 아이들, 유색인종 아이들이 있어요. 친구가 한 명도 없어서 혼자 점심을 먹는 아이들도 많고요."[2] 에스티몬과 몇몇 친구는 '변화의 주역'이 되기로 결심하고서 학교 구내식당의 상황을 완전히 바꿔 놓았다.

하나님이 당신 주변에 누구를 두셨는가? 새로 온 사람, 별로 인기가 없는 사람, 소외당하는 사람, 외로움으로 힘들어하는 사람은 누구인가? 그 사람을 어떻게 당신의 식탁으로 초대할 수 있을까? 그의 외로움을 조금이라도 달래 주기 위해 무엇을 해 줄 수 있을까?

문화를 뛰어넘어

데이브 스톤은 나의 가장 친한 친구다. 오랫동안 동역하면서 보았는데, 스톤만큼 다른 사람들과 연결되려고 애쓰는 사람은 본 적이 없다. 다른 사람들에게 다가가 가까워지기 위해 황당하게 보이는 방법까지 사용할 정도다. 예를 들어, 그는 외국인 식당에 가면 그 나라의 억양을 흉내 냈다. 그 식당에서 일하는 사람들과 가까워지고 싶은 마음이 그만큼 강하기 때문이었다. 하지만 사람들이 하도 말려서 요즘은 거의 그렇게 하지 않는다.

사도 바울은 자신과 다른 사람들에게 다가가기 위해 그들처럼 되려고 노력했다고 말한다. "내가 여러 사람에게 여러 모습이 된 것은 아무쪼록 몇 사람이라도 구원하고자 함이니"(고전 9:22). 이 접근법을 높이 평가하지만 과연 바울이 이탈리아 식당에서 이탈리아 억양을 사용했을지는 의심스럽다.

또한 스톤은 상대방의 출신지를 알면 자신이 아는 사람 이름을 대면서 혹시 그 사람을 아는지 물어본다. 이 또한 황당하다. 그는 식당에서 건너편 테이블에 앉은 사람들이 텍사스 주 출신이라는 것을 알면 호들갑을 떨며 묻는다. "그래요? 그러면 혹시 드류 셔먼을 아시나요?"

텍사스 주에 사는 사람은 무려 3천만 명에 달한다. 스톤이 아는 셔먼은 댈러스에 산다. 건너편 테이블에 앉은 이 사람들은 샌안토니오 교외에서 왔다. 그런데도 스톤은 셔먼과 이 사람들이 서로 알지도 모른다고 생각한다. 특히, 멕시코 억양으로 그들에게 물을 때는 더더욱 황당하다. 하지만 옆 테이블 사람과 어떻게든 연결점을 찾으려는 노력만큼은 가상하다.

스톤은 내가 아는 사람 중에 '식사 한 끼'의 접근법을 가장 효과적으로 사용하는 사람이다. 그는 어디를 가든 사람들에게 다가가 가까워진 이야기를 갖고 돌아온다. 그리고 그 이야기에는 대개 음식이 포함된다.

예를 들어, 2년 전 스톤과 그의 딸은 케냐로 선교 여행을 다녀왔다. 그 부녀는 한 식당에서 여러 번 식사를 했는데 매번 나디아라는 같은 종업원을 찾았다. 손님이 뜸해지면 부녀는 나디아를 가까이 불러 아프리카의 그 지역에서 사는 삶이 어떤지를 비롯해서 그녀에 관한 이모저모를 물었다. 부녀는 케냐를 떠나기 전 나디아와 계속해서 연락을 취할 앱을 찾아냈다. 귀국한 뒤에도 스톤 부부와 딸은 그 앱을 통해 계속해서 나디아와 연락을 나누고 그녀를 위해 기도해 주었다. 심지어 나디아는 앱을 통해 스톤의 가족 모임에도 참여했다.

문화가 전혀 다른 머나먼 땅에 온 사람들 중에서 당신이 밥 한 끼를 하면서 가까워질 수 있는 사람은 누구일까?

당신의 삭개오는 누구인가

죄인들은 예수님과 어울리기를 원했다. 하지만 그들만 예수님과 어울리기를 원했던 것은 아니다. 예수님도 그들과 어울리기를 원하셨다. 사실, 죄를 지은 사람을 만났을 때 예수님이 보이신 반응은 그와 함께 식사를 하는 것이었다.

종교적인 자들은 그것 때문에 분노했고, 예수님은 그들에게 신랄하게 비난을 당하셨다.

모든 세리와 죄인들이 말씀을 들으러 가까이 나아오니

바리새인과 서기관들이 수군거려 이르되 이 사람이 죄인을

영접하고 음식을 같이 먹는다 하더라(눅 15:1-2).

정확한 지적이었다. 예수님은 죄인들을 환영하고 그들과
식사를 하셨다. 한번은 예수님이 여리고 마을로 들어서셨다. 그
마을에서 가장 악명 높은 죄인은 하나님과 그분의 백성들을 배
신한 매국노 삭개오였다.

당시 로마인들은 무력과 압제로 세상을 차지했다. 로마 군
대는 마을로 쳐들어가 로마 황제를 숭배하도록 강요했고 그것을
거부하는 자들은 모조리 처형하는 식으로 영토를 넓혀 갔다. 그
런 다음에는 현지인을 세리로 영입했다. 여리고에서는 삭개오가
그런 세리였다.

삭개오는 유대인이면서도 로마 편에 붙어서 동포들에게서
로마 군대에 바칠 세금을 거두어들였다. 덕분에 로마인들은 여
리고를 신경 쓰지 않고 다른 마을을 공격하고, 로마 황제 숭배를
강요하고, 거부하는 신실한 유대인들을 살육할 수 있었다. 삭개
오는 그런 매국노 짓으로도 모자라서 동포들에게 로마인들이 요
구한 것 이상의 세금을 뜯어내 남는 돈을 뒷주머니에 챙겼다.

- 질문 : 삭개오가 지금 당신 앞에 서 있다면 그에게 뭐라고
  말하겠는가?

당장 내 머릿속에 그에게 퍼부을 말이 줄줄이 떠오른다. "어떻게 그런 짓을 할 수 있는가?" "유대인이 같은 유대인들을 죽이는 로마의 앞잡이 노릇을 하다니! 당신은 살인 공범이오!" "로마의 편에 서는 것이 하나님을 배신하는 것이라는 사실을 정녕 모르시오? 어찌 감히 그런 짓을! 어떤 천벌을 받으려고 그러는 것이오?" 당시 소셜 미디어가 있었다면 삭개오는 모두에게 친구 삭제를 당했을 것이다.

그렇다면 예수님은 삭개오에게 뭐라고 말씀하셨을까? "내가 오늘 네 집에 유하여야 하겠다"(눅 19:5). 예수님은 점심 식사를 함께하자고 제의하셨다. 왜일까? 이번에도 요한복음 3장 17절이 떠오른다. "하나님이 그 아들을 세상에 보내신 것은 세상을 심판하려 하심이 아니요 그로 말미암아 세상이 구원을 받게 하려 하심이라."

예수님은 죄를 정죄하기 위해서 이 땅에 오시지 않았다. 예수님은 긍휼히 여기는 마음으로 죄의 담을 허물어 사람들을 하나님께로 인도하기 위해 오셨다. 예수님은 식사를 하기 위해 삭개오의 집으로 가셨고, 그 방법은 효과가 있었다. 디저트를 앞에 놓고서 삭개오는 죄를 회개하고 하나님과 함께하는 풍성하고도 영원한 삶으로 한 발자국 내딛었다.

어떻게 하면 사람들에게 사랑받는 느낌을 줄 수 있을까? 하나의 방법은 같이 식사 한 끼를 하는 것이다. 함께 빵을 쪼개어

: 276

나누면 둘 사이를 가로막은 장벽이 허물어진다. 이것이 예수님이 '죄인들과 함께 먹으라'라는 티셔츠를 입으신 이유다. 예수님은 하나님과 사람들 사이의 장벽을 허물어 사람들을 하나님께로 이끌기 위해 오셨다. 그래서 틈만 나면 사람들과 함께 빵을 쪼개어 나누셨다. 그리고 명심하라. 당신이 예수님을 따르기로 선택했다면 이 땅에서 당신의 삶에 품으신 하나님의 뜻은 예수님의 삶을 향한 하나님의 뜻과 동일하다.

당신의 삭개오는 누구인가? 하나님이 그분에게서 멀어져 있는 어떤 이를 당신의 인생길에 두셨는가? 당신의 삶에 대한 하나님의 뜻은 당신이 바로 그 사람을 그분께로 데려오는 것이다. 부담스러운가? 그렇다면 한 끼 식사로 시작하라. 동료를 점심 식사에 초대하거나 이웃을 저녁 식사에 초대하라. 그 첫 식사 자리에서 심오한 영적 대화를 나눌 필요는 없다. 그냥 함께하는 시간을 즐기며 질문을 많이 하고 경청하면 된다. 그렇게 되면 자연스럽게 두 번째 식사 자리가 마련될 것이다. 서로의 관계가 깊어지면 예수님 이야기를 꺼내기가 더 편해질 것이다. 결국 대화를 피상적 수준에서 영적 수준으로 전환할 기회가 찾아올 것이다.

보통 예수님과 삭개오의 경우처럼 한 끼 식사에 모든 것이 이루어지지는 않는다. 하지만 한 끼 식사가 무엇으로 이어질지는 아무도 모른다.

놀라운 하나님의 섭리

앞서 말한 내 친구 데이브 스톤이 최근 펜실베이니아 주에서 열린 한 행사에서 메시지를 전했다. 그날 그와 아내 베스는 한 식당에서 저녁 식사를 했다. 식사를 마치고 그의 아내는 곧장 밖으로 나갔고, 스톤은 옆 테이블에 앉은 누군가와 이야기를 나누기 시작했다. 이윽고 스톤이 식당 입구로 걸어가니 아내가 한 종업원과 대화를 나누고 있었다. 베스는 남편을 보자 손짓을 했다. "여보, 이분은 레아예요. 어디서 온 줄 알아요? 글쎄, 케냐에서 왔다지 뭐예요?"

"아, 그래요? 3년 전에 딸과 함께 케냐에 갔는데요. 거기 식당에서 한 분을 만났는데 지금도 연락하고 지낸답니다. 혹시 당신도 알지 모르겠네요."

또 황당한 버릇이 나왔다. 조사해 보니 케냐에는 5천만 명이 넘게 살고 있다. 스톤은 휴대폰을 꺼내 케냐에서 만난 그 종업원의 인스타그램 사진을 보여 주었다. 그런데 레아는 그것을 보더니 소리를 질렀다. "나디아!"

스톤은 깜짝 놀랐다. '혹시 이 사람, 알아요?'라는 전략이 그전까지는 실제로 한 번도 통하지 않았기 때문이다.

"잠깐, 잠깐만요! 정말 나디아를 안다고요?"

"네! 식당에서 함께 일했어요."

베스는 남편과 레아의 사진을 함께 찍어 나디아에게 전송했다. 그리고 잠시 후 나디아에게서 답장이 왔다. "레아!" 이어서 이런 문자가 왔다. "같은 동네에서 살았어요. 같은 식당에서 일했죠."

그 일로 대화가 시작되었다. 레아는 이렇게 털어놓았다. "이곳에서 산 지 두 달밖에 안 돼서 친구가 한 명도 없어요. 가족이 너무 그립네요. 너무 외로워요."

스톤은 자신이 주일 아침에 설교를 전할 교회 예배로 레아를 초대했다. 레아는 흔쾌히 응하고 그 주일에 교회에 찾아왔다.

하나님은 펜실베이니아 주에서 이루어질 스톤과 레아의 만남을 계획하셨고, 그 만남은 3년 전 미국에서 10,000킬로미터 이상 떨어진 케냐에서의 한 번의 식사 시간을 통해 준비되었다.

자, 이것이 당신의 과제다. 복음의 선한 영향력을 흘려보내고 싶은 사람과 한 끼 식사를 할 시간을 내라.

12

순종하는 '한 사람'에게서
부흥의 파도가
시작되다

: 걸림돌을 치우는 매일의 훈련

내 책을 끝까지 읽고 나서 얼마나 큰 감명을 받았는지 SNS를 통해 알려 오는 독자들에게 고마운 마음이 든다. 하지만 내가 정말 원하는 것은 독자들이 "목사님이 쓰신 책 잘 읽었습니다"라는 말과 함께 자신의 간증을 들려주는 것이다. 내게는 이것이 책의 성패를 가늠하는 잣대다. 이런 책일수록 특히 더 그렇다.

내가 원하는 것은 단순히 당신이 《한 번에 한 사람》이라는 책을 읽는 것이 아니라, 당신이 실제로 '한 번에 한 사람에게 영향을 미치는 삶'을 사는 이야기를 들려주는 것이다. 그런 의미에서 이 책의 끝은 실제 여행의 시작이다.

이 마지막 장에서는 마태복음 13-15장에 기록된 예수님 인생 속의 며칠간을 따라가 보겠다. 그리고 나서 함께 배운 것들을 생각하며 우리가 실제로 '한 번에 한 사람'의 삶을 살지 못하도록 방해하는 몇 가지 걸림돌을 다루어 보자.

걸림돌 1 * 사람들에게 다가가기에는 너무 지쳤다

고향 산천을 밟거나 페이스북에서 옛 친구들의 얼굴을 보면 특별한 느낌이 든다. 평생 알아 온 장소와 사람들에게는 특별한 무언가가 있다. 그런데 마태복음 13장을 보면 예수님이 고향으로 돌아가셨을 때 고향 사람들은 그분을 "배척"했다(57절).

어릴 적부터 예수님을 봐 온 사람들은 그분이 마리아와 요셉의 자식 이상이라는 사실을 받아들일 수 없었다. 이를테면 그들의 기억 속에는 동네 구멍가게에서 사탕이나 사고 자전거로 동네를 쏘다니던 코흘리개 꼬마의 모습만 남아 있을 뿐이었다.

이에 예수님은 이렇게 말씀하셨다. "선지자가 자기 고향과 자기 집 외에서는 존경을 받지 않음이 없느니라"(마 13:57). 거부가 주는 얼얼한 느낌을 경험해 본 적이 있는가? 잘 알고 지내던 사람에게 거부당해 배신감에 떨었는가? 가장 잘 아는 사람에게 거부당할 때 가장 아픈 법이다.

다음 구절은 고향 사람들이 믿지 않아서 예수님은 그곳에서 많은 기적을 행하시지 않았다고 말한다. 예수님은 고향 사람들을 어릴 적부터 평생 봐 왔기에 그들에게 애틋한 마음을 갖고 계셨지만 그들을 도우실 수 없었다. 누군가에게 많은 기대를 걸었지만 뜻대로 되지 않아 낙심했던 적이 있는가?

예수님도 낙심하셨을 것이다. 설상가상으로, 14장으로 페이지를 넘기면 곧바로 엄청난 비극이 발생한다. 예수님의 사역 초기에 더없이 중요한 역할을 했던 사촌 세례 요한이 참수를 당했다는 소식이 날아온다. 이렇게 삶이 순식간에 속절없이 무너져 내릴 때가 있다. 대형 사고가 잇따라 터질 때가 있다. 나쁜 소식이 날아오자마자 곧바로 더 나쁜 소식이 날아올 때 당신은 어떻게 하는가?

"예수께서 들으시고 배를 타고 떠나사 따로 빈 들에 가시
니"(마 14:13).

우리가 변화와 진보를 이루고 무언가 대단한 일을 하려고
하면 여지없이 삶이 뒤통수를 친다. 그럴 때 예수님도 그런 일을
당하셨다는 사실을 기억하고, 나아가서 그분이 그럴 때 어떻게
하셨는지를 기억하라. 예수님은 아버지 안에 거하기 위해 홀로
한적한 곳으로 가셨다. 그렇게 예수님은 아버지와 연결된 상태
를 유지하며 끊임없이 생명력을 공급받으셨다. "내가 아버지 안
에 있고, 아버지께서 내 안에 계시다"(요 14:11, 새번역).

기억하는가? 하나님은 우리를 '통해서' 역사하시기 전에 먼
저 우리 '안에서' 역사하기를 원하신다. 우리 삶에 미치는 하나님
의 영향은 우리가 다른 이들에게 영향을 미치는 데 필요한 원동
력이다. 예수님은 그렇게 말씀하셨다. "나는 포도나무요 너희는
가지라 그가 내 안에, 내가 그 안에 거하면 사람이 열매를 많이
맺나니 나를 떠나서는 너희가 아무것도 할 수 없음이라"(요 15:5).

그래서 예수님은 세례 요한이 죽었다는 소식을 들으시고 홀
로 배를 타고 떠나셨다. 그다음 상황은 다음과 같다.

무리가 듣고 여러 고을로부터 걸어서 따라간지라 예수께서
나오사 큰 무리를 보시고 불쌍히 여기사 그중에 있는 병자를 고쳐
주시니라(마 14:13-14).

무리. 언제나 무리.

예수님도 힘드신 상황이었다. 죽마고우들에게 거부당하고, 가까운 친척이 죽임을 당했으니 말이다. 그런데 또다시 사람들이 필요한 것을 해 달라고 예수님께 우르르 몰려왔다. 예수님의 정서적 여력이 바닥이 났을 줄 알았지만 예수님은 아버지와 시간을 보내시며 다시 충만하게 채워진 상태였다. 하나님과 단둘이 시간을 보내면 한 번에 한 사람씩 다른 이들에게 영향을 미치기 위해 필요한 것을 받을 수 있다.

그날 저녁, 제자들은 예수님께 굶주린 거대한 인파를 집으로 돌려보내 각자 끼니를 해결하고 오게 하라고 권했다. 하지만 예수님은 고개를 내저으셨다. "아니다. 너희가 식사를 제공해라." 제자들은 어리둥절했다. "뭐라고요? 저기 저 사람들이 보이시지 않나요? 남자만 무려 5,000명이에요. 여자와 아이들까지 다 합치면 족히 10,000명, 아니 15,000명은 될 거예요. 게다가 우린 조리도구도 없어요. 그렇다고 근처에 피자 가게가 있는 것도 아니고요. 그런데 저 많은 사람을 어떻게 먹이라는 말씀이세요?"

무리의 수는 엄청났고, 그 숫자만큼 그들에게 필요한 것도 엄청났다. 때로 우리는 셀 수 없이 많은 머릿수에 무기력감을 느낀다. 제자들도 무기력감을 느꼈을 것이다. 사실, 제자들의 반대는 합리적일 수 있다. 하지만 알다시피 예수님은 한 소년의 도시락으로 10,000명이 넘는 무리를 모두 먹이셨고, 그 엄청난 기적에 제자들은 거의 넋이 나갈 지경이었다. 제자들은 할 수 없다고 확신했지만 예수님은 그들을 통해 그 모든 사람들의 필요를 초자연적으로 채울 능력이 있으셨다.

그래서 바로 다음 장의 상황은 이해하기가 참 힘들다. 다음 장에서 '또 다른' 대부대가 등장한다. 축구장 하나를 가득 채우고도 남을 '배고픈' 무리가 '또 다른' 산을 가득 메웠다. 그리고 예수님은 또다시 제자들에게 무리가 굶주렸음을 알리셨다. 이제 그들은 예수님이 손짓 한 번만 하시면 이 모든 무리를 배 터지게 먹이고도 남을 줄 '알고' 있었다. 그렇다면 이번에는 제자들이 자신 있게 팔을 걷어붙이고 나섰으리라 짐작해 볼 수 있다. "이건 일도 아니지!"

아니다. 제자들은 그렇게 말하지 않았다. 대신, 이렇게 대답했다. "우리가 어디서 이런 무리가 배부를 만큼 떡〔bread; 빵, NIV〕을 얻으리이까"(마 15:33).

'맙소사, 농담이지?'

제자들은 결과를 분명히 알고 있었다. 예수님은 스테판 커리가 3점 슛을 성공시키듯 빵을 찍어 내셨다. 제자들은 3점 슛을 날리고 나서 공이 골대에 들어가는지 보지도 않고 몸을 돌려야 옳았다. 그들은 예수님의 권능을 확신했어야 했다. 그런데 왜 그들은 예수님께 어디서 그 많은 빵을 구할 수 있냐며 물었을까?

내가 볼 때 그들은 그 고생을 또다시 하고 싶지 않았다. 그들은 지쳐 있었다. 하긴, 수천 명에게 음식을 나눠 주는 일은 온몸에 알이 배길 만큼 고된 일이다. 한 번에 한 사람의 필요를 채워 주며 사람들을 사랑하는 일은 보통 고된 일이 아니다.

심리학자들은 "연민 피로"(compassion fatigue; 혹은 공감 피로)라는 표현을 사용한다. 이것은 연민을 느껴야 할 때 피로가 느껴지거나 '아무것도' 느껴지지 않는 상태를 말한다. 그 이유가 무엇일까? 자신이 가진 연민을 이미 다 썼기 때문이다.

능력의 한계까지 남들을 돌보느라 연민의 탱크가 그만 바닥이 나면 당신은 어떻게 하는가? 그럴 때는 자동차에 기름을 떨어졌을 때처럼 해야 한다. 그러니까 다시 채워 넣어야 하는 것이다.

〈위대한 예수 제빵 쇼〉 1회가 끝난 직후 예수님이 무엇을 하셨는지 보라. "무리를 보내신 후에 기도하러 따로 산에 올라가시니라 저물매 거기 혼자 계시더니"(마 14:23).

우리가 함께 살펴보았던 예수님의 첫 번째 '한 번에 한 사람' 이야기를 기억하는가? 오랫동안 혈루증을 앓던 여인은 몰래 예수님의 옷자락을 만져 기적의 능력을 경험했다. 그리고 예수님은 무슨 일이 일어났는지 바로 알아차리셨다. "내게 손을 댄 자가 있도다 이는 내게서 능력이 나간 줄 앎이로다"(눅 8:46).

예수님이 그분을 필요로 하는 사람을 만나시자 그분에게서 능력이 빠져나갔다. 우리를 필요로 하는 사람을 만나면 우리에게서도 무언가가 빠져나간다. 하지만 예수님은 하나님과 단둘이 만나는 시간을 통해 능력을 다시 채워 넣으셨기 때문에 연민 피로를 극복하고 계속해서 사람들을 돌보실 수 있었다. 우리도 그렇게 해야 한다. 비결은 '안에서 **이후에** 통해서'다.

걸림돌 2 * 영향을 미치기에는 너무 시시하다

예수님은 5,000명을 먹이신 뒤 홀로 기도하셨다. 그러고 나서 새로운 장소에서 제자들과 합류하셨다.

> 그곳 사람들이 예수이신 줄을 알고 그 근방에 두루 통지하여 모든 병든 자를 예수께 데리고 와서 다만 예수의 옷자락에라도 손을 대게 하시기를 간구하니 손을 대는 자는 다 나음을 얻으니라(마 14:35-36).

이번에도 각자 필요한 것이 있는 사람들이 구름처럼 몰려왔다. 예수님의 사명은 이토록 힘든 일이었다. 그럼에도 예수님은 언제나 한 번에 한 사람씩 사랑하기로 선택하셨다.

지금까지 우리가 읽은 예수님의 치유에 관한 이야기에는 나병 환자나 눈먼 사람, 죽은 소년 같은 사람들이 등장한다. 그런데 "그곳 사람들이 모든 병든 자를 데리고" 왔다면 그 모든 병자에는 어떤 병자들이 포함되어 있었을까?

분명, 손거스러미가 생긴 아주머니가 있었을 것이다. 어떤 이는 예수님을 찾아와 귀에다 조용히 속삭였을 것이다. "여자 친구가 제 입 냄새가 심하대요. 혹시 구취 치료도 할 수 있나요?" 리틀 야구 리그에서 원하는 대로 안타를 치지 못하는 아들을 데리고 와서 특별한 '야구 축복'을 부탁한 아빠도 있었을 것이다. 정말 사람들이 이런 유의 시시콜콜한 부탁까지 들고 왔을까? 장담할 수는 없지만 나는 사람들을 안다. 분명, 그런 사람들이 있었을 것이다.

그런데 우리 주변에 이런 시시콜콜한 것을 필요로 하는 사람들이 있을 때, 그런 일을 도와준다는 것이 너무 시시해서 무의미하게 느껴질 수 있다. 그런 생각은 한 번에 한 사람씩 사랑하는 데 걸림돌이 될 수 있다.

내가 가장 큰 힘을 쏟는 사역 가운데 하나는 매춘업계에 종사하는 여성들을 돕는 일이다. 그 여성들이 죄를 사랑하거나 화려한 화류계 생활을 좋아한다고 속단하여 정죄하기 쉽다. 하지만 현실은 대개 그보다 훨씬 더 복잡하고 비극적이다. 매춘업계에 종사하는 여성들 대부분은 어릴 적에 성추행과 성폭력을 당한 이들이다. 인신매매로 강제로 몸을 팔게 된 여성들도 있다. 착취와 학대의 세월이 오래되다 보면 심리적으로 완전히 무너져 시궁창 같은 현실에서 벗어나기가 극도로 어려워진다. 그래서

10대 때 사창가로 흘러들어온 여성이 60대가 되어서도 여전히 사창가를 전전하는 경우가 비일비재하다.

하나님은 그분의 딸들이 자유로워지기를 원하신다. 하지만 그 여성들이 악의 구렁텅이에서 빠져나오도록 우리가 어떻게 도울 수 있을까?

어느 날 아침, 친한 목사와 이야기를 나누고 있었다. 그는 자신이 개척한 교회에 케일리라는 매춘부가 출석하기 시작했다고 말했다. 케일리는 매춘업계에서 나와 예수님을 따르기로 결심했다. 하지만 그렇게 하고 나니 수입이 사라졌다. 전날 밤 케일리는 그 목사 부부를 만나, 12개월 전 매춘을 그만둔 뒤로 수입이 전혀 없다고 말했다. 월세도 내지 못해 집에서 쫓겨나기 직전이었다. 나이 든 아버지와 함께 살고 있기 때문에 보통 심각한 상황이 아니었다. 설상가상으로, 장애인 시설에서 지내는 중증 장애인 동생에게도 시설 이용료를 보내야 했다. 하지만 모아 둔 돈까지 다 떨어져서 더 이상 돈을 보내 줄 수 없었다.

다행히 좋은 소식이 있었다. 케일리는 마침내 합법적인 일자리를 구했다. 월급이 나온 뒤로 자신의 입에 풀칠은 할 수 있게 되었다. 하지만 나쁜 소식도 있었다. 당장 날아온 청구서의 돈을 내지 않으면 아버지와 함께 셋집에서 쫓겨나고 동생도 장애인 시설을 떠나야 했다. 케일리는 그 목사 부부에게 자신이 "원래 하던 일을 이번 주말에 한 번만 더 하면" 하나님이 이해해 주실지 물었다. 그녀는 주말 하루만 하면 다음 달까지 넉넉히 버틸 수 있다고 말했다.

목사는 이렇게 말했다. "어떻게 하든 하나님은 당신을 사랑하실 겁니다. 하지만 당신이 예전으로 돌아가기를 원하시지는 않을 거예요. 당신은 더 이상 예전의 그 사람이 아니니까요."

케일리의 눈에 눈물이 가득 고였다. "그렇게 말씀해 주시기를 바랐어요."

그들은 하나님이 상황을 해결해 주실 줄 믿고 함께 기도하기로 결심했다. 나는 그 목사에게 케일리에게 돈이 얼마나 필요한지 물었다. 알고 보니 그리 큰 액수가 아니었다. 그런데 바로 이것이 문제였다. 나는 우리 교회에서 케일리에게 필요한 돈을 충분히 지원할 수 있다는 것을 알았다. 하지만 그 액수가 너무 작아 보였다. 그래서 그런 푼돈을 줘 봐야 무슨 의미가 있을까 싶었다.

나는 인신매매 희생자들을 돕는 일이 얼마나 철옹성같이 비집고 들어갈 틈이 없고 복잡한 난제인지 잘 알았다. 그래서 나는 더 도와주고 싶었다. 나는 그 목사에게 우리 교회가 케일리에게 그 독촉 청구서가 요구하는 돈을 주고 싶다고 말했고, 실제로 그 돈을 전달했다. 하지만 동시에, 그런 약소한 돈이 케일리가 다시는 옛 삶으로 돌아가지 않는 데 얼마나 큰 도움이 될까 의심스럽다고 약간의 좌절감을 솔직히 털어놓았다.

이런 심정을 느껴 본 적이 있는가? 단돈 1달러를 원하는 노숙자를 볼 때? 틈만 나면 낙심하는 직장 동료가 그저 자신의 하소연에 귀를 기울여 줄 한 사람을 원할 때? 가족들이 먹을 과자를 굽다가 갑자기 가난한 이웃들을 위해 한 접시 더 구워야겠다는 생각이 들 때? 비행기에서 옆 좌석에 앉은 사람이 어떤 질문을 하는 순간, 피상적 대화에서 영적 대화로 넘어가야 할 기회임을 깨닫고 비행기가 착륙하기까지 단 몇 분의 시간밖에 남지 않았지만 최선을 다해 예수님을 전할 때?

이것이 실질적인 변화로 이어질까?

사람들에게 필요한 것이 너무 엄청난 것이어서가 아니라, 오히려 너무 사소한 것처럼 보여서 문제일 때가 너무도 많다. 우리가 충분히 해 줄 수 있지만 과연 의미가 있을까?

그것은 우리가 판단할 문제가 아니다. 우리가 무엇을 내놓든 하나님이 사용하실 줄 믿으면 된다. 즉 하나님은 한 소년의 초라한 도시락 하나로 수천 명을 먹이실 수 있었다. 흔히 마더 테레사가 한 것으로 알려진 다음 말을 우리 모두가 되새겨야 한다. "하나님은 우리가 큰일을 하기를 원하시지 않는다. 하나님은 우리가 작은 일을 큰 사랑으로 하기를 원하신다."

내게 필요한 것을 해 준 이들은 정작 그 일을 기억조차 못할 것이다. 그 일이 대단치 않아 보였을 것이기 때문이다. 하지만 그것이 내게는 정말 큰 의미가 있는 일이었다.

8학년 때 나를 가르친 주일학교 선생님 스캇 필즈가 생각난다. 한번은 선생님이 주일공과 후에 내게 남으라고 하셨다. 모두가 떠난 뒤 선생님은 내 눈을 지그시 쳐다보며 말씀하셨다. "하나님이 너를 크게 쓰실 거라는 말을 해 주고 싶어. 너는 세상을 바꾸는 큰 인물이 될 거야"(나중에 선생님이 그 말을 나 말고도 거의 모든 아이들에게 하셨다는 사실을 알게 되었다).

선생님은 그때 모르셨지만, 전날 야구 감독이 내 신발 위에 자기가 피우던 담배를 뱉으며 나를 쓰레기라고 부른 터였다. 선생님은 주일학교를 마치고 불과 몇 분 동안 나와 시간을 보냈을 뿐이다. 아마도 선생님은 그 한마디가 내게 큰 영향을 미쳤으리라고 생각하지 않았을 것이다. 하지만 나는 그 한마디를 평생 잊지 않고 가슴에 간직해 왔다.

전도사 시절 우리 가정의 재정은 늘 적자였다. 그런데 밸런타인데이 전 주말에 누군가가 내 손에 100달러짜리 지폐 한 장을 쥐어 주었다. 그는 빙그레 웃으면서 이렇게 말했다. "사모님과 좋은 시간 보내세요." 누군가는 그리 크지 않은 돈이라고 생각할 수도 있겠지만 우리에게는 큰 의미가 있었다.

한번은 친척들이 방문하기로 해서 그전에 우리 집 지하실에 페인트칠을 하고 싶었다. 하지만 살림이 쪼들려서 그럴 만한 여유가 없었다. 그런데 아내와 내가 출타한 동안 우리 소그룹 식구들이 몰래 와 지하실을 칠해 놓고 갔다.

몇 년 전, 큰 고민거리가 있어서 우리 교회의 한 리더십을 만났다. 점심 식사 자리에서 내가 고민을 털어놓았더니, 그는 내 눈에 그득한 눈물을 보고서 자리에서 벌떡 일어났다. 순간, 나는 어리둥절했다. '어, 왜 이러시지?' 그는 내 쪽으로 와서 "좀 옆으로 가시죠"라고 말했다. 그러고는 내 옆에 앉았다. 자신이 어떤 경우에도 내 편이라는 뜻이었다. 그는 내 고민을 끝까지 경청하고 나서 나를 위해 기도해 주었다.

우리가 작은 일을 큰 사랑으로 할 때 그것이 어떤 영향을 미칠지 우리는 알 수 없다. 그리고 이런 일은 우리를 예수님을 닮게 변화시킨다. 예수님은 분명 그 아주머니의 손거스러미를 치료하고서 씩 웃으셨을 것이다.

걸림돌 3 * 너무 바빠서 신경 쓸 틈이 없다

예수님의 하루는 계속되고, 이번에는 한 가나안 여인이 찾아와 자신의 딸을 치료해 달라고 애원했다. 이에 제자들은 예수님께 이렇게 권했다. "그 여자가 우리 뒤에서 소리를 지르오니 그를 보내소서"(마 15:23).

무엇보다도 그 여인이 "우리"를 부르지는 않았을 것이 분명하다. 제자들은 자신들이 예수님의 최측근이라고 생각하여 어깨에 힘이 잔뜩 들어가 있었다. 예수님을 원하는 사람들이 자신들도 원하리라고 생각했다. 하지만 딱히 그렇지는 않았다. 이것은 마치 NBA 프로농구팀 시카고 불스의 일개 팀원이 마이클 조던 다큐멘터리를 자신에 관한 다큐멘터리로 착각하는 것과도 비슷하다.

제자들은 상대방이 여성이거나 가나안 사람이기 때문에 쫓아내려고 했을지도 모른다. 유대인이 아닌 가나안 사람이기 때문에 부정해서 받아들일 수 없다고 판단했을지 모른다. 하지만 그럴 가능성은 크지 않다. 예수님과 동행한 지 꽤 오래되어서 그분이 사람들을 그런 식으로 대하시지 않는다는 것을 이미 알았을 것이기 때문이다. 그렇다면 제자들이 그 여인을 보내려고 한 주된 이유는 타이밍이 좋지 않았기 때문이 아닐까 싶다. 사실, 이것이 내가 한 번에 한 사람의 필요를 채워 주지 못할 때마다 대는 핑계다. 하고 싶지 않은 것은 아니다. 단지 현재 할 일들이 일정표를 꽉 채우고 있어서 다른 일을 할 시간이 나지 않을 뿐이다.

이 책을 시작할 때부터 나는 당신에게 한 가지 말을 할까 말까 계속해서 망설여 왔다. 당신이 이 책을 지금까지 읽은 것을 보니 이젠 안심하고 말해도 될 것 같다. 최근 비행기를 탔다. 승객이 일단 타서 어디에 앉을지 선택할 수 있는 비행기였다. 내 바로 옆 좌석은 비어 있었지만 사람들이 계속해서 들어오고 있었다. 누군가가 내 옆 좌석에 앉는다면 분명 나는 그에게 대화를 시도할 것이다. 긴 비행이니 그에게 예수님에 관해 이야기할 기회가 찾아올 가능성이 높다. 보통 나는 이런 기회를 고대한다. 하지만 이번에는 비행기 안으로 들어오는 사람들을 보며 내 옆 좌석에 아무도 앉지 않게 해 달라고 기도하는 나를 발견했다. 정말이다.

나는 '일을 할 수 있도록' 옆에 아무도 앉지 않게 해 달라고 기도했다. 설상가상으로 내가 하려는 일은 '한 번에 한 사람씩 사람들에게 영향을 미치는 것에 관한 이 책을 쓰는 것'이었다.

내가 1장에서 기술한 깨달음 이후로 예수님이 어떻게 한 번에 한 사람을 사랑하셨는지 연구하다가 두 가지 사실을 발견했다. 첫째, 예수님이 사람들을 사랑해 주시는 것은 언제나 그들이 필요한 것을 채워 주시는 것을 의미했다. 둘째, 그들이 필요한 것을 해 주시려면 거의 대부분 예수님의 일정이 방해를 받을 수밖에 없었다. 지금까지 우리가 살폈던 모든 이야기에 관해 곰곰이 생각해 보면 예수님이 언제나 '어딘가로 가시던 중'에 '무언가를 원하는 사람'에게 방해를 받으셨다는 사실을 알 수 있다.

한번은 우리 교회에 방문한 적이 있는 준이라는 나이 지긋한 부인에게서 전화가 걸려 왔다. 준은 췌장암에 걸려 호스피스 치료를 받으며 시한부 인생을 살고 있다면서 심방을 좀 와 달라고 했다. 기적이 일어나지 않는 한 남은 시간이 얼마 없었다.

그런데 솔직히, 타이밍이 그보다 더 이상 나쁠 수 없었다.

준을 보러 갈 시간이 있는지 일정표를 확인해 봤지만 작은 틈조차 없었다. 그날 모든 일정이 꽉 차 있었다. 일정대로라면 이 부인의 심방 부탁을 정중하게 거절해야겠지만 한 번에 한 사람씩 사람들을 사랑하기로 결심한 터라 무척 고민스러웠다.

두 가지 일이 상충하고 있었다. 평소 같았으면 일정대로 밀고 나가는 편을 선택했을 것이다. 하지만 이번에는 도무지 결정이 쉽지 않았다. 이미 일정에 있는 일을 취소하기 싫어서 한 번에 한 사람의 필요를 채워 주는 일을 거절해야 할까? 하지만 준에게는 이 땅에서의 시간이 얼마 남지 않았다. 결국 나는 기존의 약속을 취소하고 그녀에게 "잠깐 들를" 시간을 "내보겠다"라고 말했다. 그러니까 이런 뉘앙스였다. "제가 너무 바빠서 정말 갈 수 없는 상황이지만 차에 시동을 걸어 둔 채로 재빨리 얼굴만 비치고 가겠습니다."

준이 처녀 시절 이후로는 우리 교회에 오기 전까지 한 번도 교회에 간 적이 없다는 사실을 알게 되었다. 준의 집에 들어가니 남편이 맞아 주었다. 남편은 다른 종교를 가진 사람이었다. 그를 따라 거실로 가니 준이 휠체어에 앉아 있었다. 나는 자리에 앉아 준에게 복음을 전했다. 나는 그녀도 나처럼 죄인이라고 말했다. 남편은 무슨 소리냐며, 자기 아내는 정말 괜찮은 여자라고 펄쩍 뛰었다. 나는 우리가 죄로 인해 받아 마땅한 형벌은 죽음이라고 설명했다. 그러고 나서 예수님이 우리의 죄를 위해 돌아가시기 위해, 우리의 형벌을 대신 받기 위해 오셨다는 복음의 소식을 전했다. 용서와 은혜는 죄를 회개하고 예수님을 구주로 믿는 이들에게 값없이 주시는 하나님의 선물이라고 설명했다.

눈물이 준의 뺨을 타고 흘러내렸다. "너무 늦지 않았으면 좋겠어요. 제게도 기회가 있었지만 너무 많은 세월을 그냥 흘려보냈어요. 너무 늦지 않았으면 좋겠어요."

나는 눈물이 글썽이는 눈으로 말했다. "걱정 말아요. 전혀 늦지 않았어요."

준은 나와 함께 기도했고, 그날 저녁 세례를 받았다. 그뿐만 아니라 그녀의 딸과 손녀도 세례를 받았다. 당시 그 주 내 일정표에 정말 중요한 일이 있었는지 지금 아무리 기억하려고 해도 전혀 기억이 나질 않는다. 물론 무슨 일과 회의, 마감일이 있었을 것이다. 그런 일이 많았을 것이다. 하지만 내가 내 일정에 있는 일들 때문에 하나님의 일정에 있는 일을 포기할 뻔했다는 생각을 하면 식은땀이 흐른다. 준을 만나 예수님을 전할 기회를 하마터면 놓칠 뻔했다.

사람들을 사랑해 준다는 것은 대개 그들에게 필요한 것을 해준다는 뜻이고, 그들에게 필요한 것을 해 준다는 것은 대개 우리 일정이 방해받는 것을 감수해야 한다는 뜻이다. 이런 선택의 기로에 설 때 한 번에 한 사람을 사랑해 주는 일을 선택하라. 그렇게 하고 나면 분명 그러길 잘했다는 생각이 들 것이다.

걸림돌 4 * 결과가 보장되지 않은 일에
너무 많은 투자를 해야 한다

예수님처럼 한 번에 한 사람에게 영향을 미치며 사는 데 가장 큰 걸림돌은 결과를 모른다는 점이지 않을까 싶다. 준과 딸, 손녀까지 세례를 받게 될 줄 알았다면 그녀의 집을 방문하기로 결정하기가 훨씬 쉬웠을 것이다. 하지만 결과를 몰랐기 때문에 그 기회를 놓칠 뻔했다.

우리가 원하는 결과(우리가 사람들에게 가까이 다가가 궁휼한 마음으로 행동하는 이유)를 마태복음 15장에서 찾을 수 있다. 예수님이 한 번에 한 사람씩 사람들에게 필요한 것을 해 주신 결과가 어떤 것인지 한 문장으로 정리되어 있다. "무리가 보고 놀랍게 여겨 이스라엘의 하나님께 영광을 돌리니라"(31절).

정말 놀라운 사실은 여기서 이스라엘의 하나님을 찬양한 이들이 다름 아닌 '이방인들'이었다는 것이다. 그들은 원래 이스라엘의 하나님을 믿지 않았지만 예수님의 사랑의 행위가 그들의 마음을 변화시켜 믿음으로 이끌었다.

이것이 우리의 소망이다. 우리는 우리가 섬기는 사람들이 우리 안의 예수님을 보고 믿음에 이르기를 원한다. 이런 결과가 100퍼센트 보장된다면 우리의 필요와 일정을 비롯해서 그 어떤 변명거리보다도 다른 이들을 우선시하기로 선택하기가 그리 어렵지 않을 것이다. 문제는 우리가 우리 행동의 결과를 알지 못한다는 것이다.

우리 교회에서는 한 번에 한 사람에게 영향을 미치는 삶을 강조해 왔다. 그 결과 우리 교회는 인신매매에 희생된 여성들에게 다가가 그들을 보듬고 사랑해 주기 위해 노력해 왔다. 이 문제를 우리 교회 교인들에게 알리기 위해 행사를 개최한 적이 있다. 그날 밤 행사가 시작되기 몇 분 전, 두 명의 여성이 행사장으로 가다가 거리에 있는 한 주유소에 들렀다. 그때 두 여성이 이 행사에 관한 이야기를 하는 것을 한 젊은 여성이 우연히 듣고 자기도 갈 수 있냐고 물었다. 그 젊은 여성은 자동차 뒷좌석에 앉아 있었는데 그 차는 곧 떠나 버렸다.

그런데 그 여성이 어찌어찌해서 우리 교회 한 교역자의 이메일 주소를 알아내 메일을 보내 왔다. 알고 보니 그녀는 인신매매를 당한 사람이었다.

다음은 이 여성("D")과 우리 교역자("K")가 주고받은 이메일 대화 일부이다.

D : 당신이 좋은 분이었으면 정말 좋겠네요. 몇 가지 묻고 싶은 게 있어요. 이메일로 물어볼게요. 언제 연락이 끊길지 모르겠어요. 팔려 가고 싶지 않아요. 다른 곳으로 끌려 가고 싶지 않아요. 할 수 있는 한 계속 연락할게요. 빨리 데이터를 충전해야 해요. 제가

떠나려고 할 때 한 다치지 않도록 조심하라는 말은 저를 도우려던 말이란 걸 알아요. 하지만 그 말을 제대로 듣지 않아 다쳤어요.

K : 이해해요. 뭐든 물어보세요. 뭐든 상관없어요. 뭐든 답해 드릴게요. 데이터를 충전할 수 있나요?
나는 나쁜 사람이 아니니까 걱정하지 말아요. 그것은 제가 하나님, 예수님과 나누는 관계 때문이에요. 만나면 하나님과 예수님에 관해서 꼭 말해 주고 싶네요.
아가씨가 팔려 가거나 다른 곳으로 끌려 가지 않게 해 달라고 기도할게요. 이 상황에서 스스로 벗어날 수 없다면 어떻게든 경찰서에 전화를 해서 아가씨를 찾을 수 있게 하세요.

D : 어디든 도착해서 전화를 걸 수 있다면 해 볼게요.
하나님과 예수님이 어떤 관계인지 모르겠네요. 누가 누구인가요?

K : 그분에 관해 더 알고 싶나요? 좋아요. 꼭 데이터를 충전하세요. 차를 타고 있나요? 아니면 비행기 안인가요?
아가씨한테 연락이 오지 않거나 아가씨가 팔렸다는 사실을 알게 되면 다른 곳에 도움을 요청할게요. 알려 주세요.

D : 네, 그건 그렇고 그분에 관해서 알 수 있을까요? 지금 제

가방을 갖고 승합차 뒤에 타고 있어요. 밖은 캄캄해요.

K : 하나님에 관해서 더 알려 줄게요. 하나님은 우리를 완벽하게
지으셨어요. 그분과 함께 살고 그분을 닮게 지으셨죠. 하지만
우리는 그분을 거부하고 그분이 하신 말씀이 아니라 우리 눈에
옳은 대로 행했어요. 하나님은 우리가 돌아오기를 원하셨어요.
그분께 가까이 오기를 원하셨죠. 하지만 그러기 위해서는
규칙 같은 것이 아닌 다른 길을 마련하셔야 했어요. 규칙을
따르기만 해서는 구원받을 수 없기 때문이에요. 규칙을 통해서는
하나님께로 가까이 갈 수 없어요. 그래서 하나님은 아기 예수님을
보내셨어요. 예수님을 이 땅에 보내 우리와 같은 인간이 되게
하셨죠. 그래서 예수님은 옳게 행하는 것이 얼마나 어려운지를
잘 아세요. 하지만 예수님은 죄를 짓지는 않으셨죠. 모든 면에서
완벽하셨어요.
예수님은 완전하시고 그분께서 지으신 피조물인 우리를 지극히
사랑하시기 때문에 우리가 하나님께로 갈 수 있도록 죄를 대신
짊어지시고 궁극적인 죗값을 치르셨답니다. 예수님이 우리를
대신해서 고통 중에 돌아가신 덕분에 우리는 이제 다시 하나님께
가까이 다가갈 수 있어요. 하나님은 예수님을 통해 다시 우리를
완벽하고 옳은 존재로 봐주신답니다.
하지만 예수님은 돌아가신 채로 계시지 않았어요. 3일 뒤에 다시

살아나셨지요. 그래서 우리도 죽은 뒤에 천국에서 그분과 영원히

사는 것이 가능해졌어요.

정말 좋은 소식이지요. 당신이 믿기만 한다면 말이에요.

D : 저는 이곳 출신이 아니라서 아는 사람이 없어요.

다시 연락을 못할지도 모르지만 하신 말씀은 잘 기억할게요.

들키지 않으면 이 전화로 계속 연락할게요.

예수님을 알고 싶어요.

K : 예수님은 아가씨를 아신답니다. 예수님을 구주로 모시고

싶다면 아주 간단해요. 그분께 요청하기만 하면 돼요. 예수님은

아가씨의 말을 듣고 계세요. 사실 성경은 예수님이 마음이 상한

사람들에게 가까이 계신다고 말한답니다. 예수님은 악한 자를

거부하세요. 예수님은 완벽한 정의를 행하신답니다. 저들은 결국

예수님 앞에 서게 될 거예요.

예수님은 고통을 아신답니다. 잔혹하게 매를 맞으신 뒤에

십자가에 못 박히셨으니까요. 모함하는 자들에게 채찍도

맞으셨답니다. 하지만 예수님은 죽음을 이기셨어요. 그래서

우리도 죽음을 이길 수 있답니다.

D : 예수님이 제가 저들에게 공격당한 것을 아시나요?

제가 채찍에 맞을 때의 기분을 아시나요?

더 알고 싶어요. 어떻게 예수님과 이야기할 수 있는지 알려

주세요. 예수님이 제 말을 들으신다면 말이에요. 언젠가 선생님을

만나고 싶어요. 예수님이 저도 사랑하시나요? 예수님이

유일하게 안전한 분 같아요. 선생님과 같은 친구들이 있나요?

그분들도 이렇게 하나요? 그분들도 우리 같은 사람을

이해하나요?

K : 몇 명 있어요. 아가씨가 원하는 만큼 많지는 않고요.

몇 명이 더 있어요. 다들 내가 예수님을 가까이 따르면서 알게

된 사람들이에요. 아가씨를 만나고 싶네요! 어서 빨리 만나서

예수님에 관한 놀라운 이야기들을 다 들려주고 싶네요. 그래요.

예수님은 아가씨를 사랑하세요. 아가씨가 상상하는 것보다 훨씬

더 많이 사랑하신답니다. 예수님은 아가씨를 무조건적으로

사랑하신답니다. 아가씨와 함께하기 위해 생명까지 내놓으신

것을 보면 알 수 있지요.

정말 놀라운 대화다. 한 번에 한 사람을 사랑하는 삶의 훌륭
한 사례다. 하지만 결과는 알지 못한다. 이 젊은 여성이 애틀랜
타로 끌려가는 중이었다는 사실은 알고 있다. 애틀랜타에서 벌
어진 구조 작전 중에 D에게서 연락을 받았다. 그때 우리는 그녀

를 버스에 태우려고 했지만 실패했다.

그 뒤로 그 여성이 어떻게 되었는지는 알 수 없다. 하지만 한 가지 사실만큼은 확실하다. 아마도 난생처음으로 D는 자신이 누구인지를 알았다. 자신이 하나님의 귀하고 소중하고 사랑받는 딸이라는 사실을 알았다. 하지만 천국에 갈 때까지 결과는 알지 못할 가능성이 크다.

우리가 한 번에 한 사람에게 가까이 다가가 그 사람의 필요를 채워 줄 때 결과가 어떻게 될지는 알 수 없지만 우리는 믿음을 갖고 있다. 우리는 하나님께 결과를 믿고 맡긴다. 결과는 그 분께 달려 있다. 우리의 역할은 한 번에 한 사람을 사랑하는 것뿐이다.

참, 나는 한 결과를 안다. 매춘업계에서 나와 예수님을 따르기 위해 고군분투했던 케일리를 기억하는가? 우리 교회는 그녀에게 당장 급한 월세 등을 지원해 주었다. 하지만 솔직히 나는 그 정도의 지원으로 그녀가 옛 삶에서 완전히 빠져나오기는 힘들리라 판단했다.

그런데 내 판단이 틀렸다. 2년이 지나, 최근 그 친구 목사와 이야기를 나누었다. 그는 케일리가 친구들과 영적 대화를 나누고 가장 까다로운 질문들에 답하는 법을 배우기를 원해서 얼마 전에 만나게 되었다고 말했다. 현재 케일리는 어려운 사람들을 돕는 사역 팀을 이끌고 있다. 그뿐만 아니라 인종 화해를 촉진시키는 '다리 놓기'(Build a Bridge) 사역 팀을 이끌고 싶다는 뜻을 계속해서 내비치고 있다.

우리는 결과를 알지 못하고 결과를 책임질 필요도 없다. 하지만 우리의 평범한 사랑의 행위를 통해 하나님이 행하실 놀라운 일을 생각하면 언제나 사랑하기로 선택할 수밖에 없다. 우리는 씨앗을 뿌리고 물을 줄 뿐이지만 하나님이 자라게 해 주신다.

인생 끝 날,
'복음대로 사랑한 삶'만
남는다

천국에 가면 어떨지 상상해 보라. 당신이 천국에 갓 입성했다고 상상해 보라. 거대한 무도장으로 초대를 받는다. 도착해서 눈이 휘둥그레지게 만드는 애피타이저가 산더미처럼 쌓인 테이블로 걸어간다.

접시에 음식을 담고 있는데 누군가가 어깨를 두드린다. 고개를 돌려 보니 처음 보는 젊은 숙녀가 서 있다. "감사하다는 말씀을 꼭 드리고 싶어서 왔어요."

도대체 무슨 말을 하는지 알 수 없다. 혹시 사람을 착각한 게 아닐까? "저를 아시나요?"

"네. 사실 딱 한 번 뵈었죠. 그때 제 삶은 엉망진창이었어요. 아무런 희망도 없었죠. 하나님을 믿지는 않았지만 달리 기댈 곳이 없어 무작정 교회로 갔답니다. 떨리는 마음으로 문을 열고 들어갔죠. 너무 어색해서 몸을 돌려서 가려는데 선생님이 저를 보고 환하게 웃으며 다가오셨어요. 같이 앉아서 예배를 드리자고 하셨죠. 예배가 끝나고는 다음 주일에 꼭 다시 오라고 하셨어요. 저는 생각해 보겠다고 했고요. 그다음 주일에 다시 교회를 가지는 않았지요. 그런데 몇 달 뒤 어머니가 돌아가셨을 때 다시 교회에 가고 싶어졌어요. 그렇게 간 교회에서 예수님은 제 삶을 변화시켜 주셨죠. 어쨌든 선생님께 감사하다는 말씀을 꼭 드리고 싶어요. 저를 봐 주셔서 감사해요. 선생님 덕분에 교회를 안전하고 포근한 곳으로 느꼈어요. 그래서 다시 교회로 돌아가게 된 거예요."

숙녀가 당신을 포옹하고 나서 당신은 슬러시 기계를 발견한다. 천국에서는 찬 음식을 먹다가 머리가 순간적으로 띵해지는 현상이 없다고 믿고서 큼지막한 컵을 집어 든다.

컵을 채우는데 한 남자가 걸어온다. 아는 얼굴이다. 두어 해 동안 같이 일했던 사람이다. 그가 반가운 얼굴로 말한다. "저를 기억하시나요? 다른 나라에서 와서 당신과 함께 일했지요. 당시는 아는 사람이 아무도 없었고, 영어도 거의 할 줄 몰랐죠. 당신이 점심 식사에 초대해 주었던 날을 영원히 잊을 수 없습니다. 아는 이 한 명 없는 머나먼 타국에서 사는 것이 얼마나 힘드냐고 물으셨죠. 궁금한 것이 있으면 뭐든 물어보라고 하고, 교회에도 함께 가자고 하셨죠."

당신은 눈가가 촉촉해진 채로 그와 헤어진다. 슬러시를 마시며 훌쩍거리는 모습이 보기에는 좀 그렇지만 이 눈물은 기쁨의 눈물이다. 이런 일이 며칠 내내 계속된다. 하루에도 몇 번씩 반복된다. 당신이 생전에 해 준 일로 감사를 표시하는 사람이 끊이지 않는다.

어릴 적 같은 반이었던 친구가 학교 식당에서 홀로 앉아 있을 때 당신이 다가와 곁에 앉아 주었다며 연신 고맙다고 말한다. 그는 당신이 고개를 숙이고 식사 기도를 하는 것을 눈여겨봤다고 한다. 당신이 그가 태어나서 처음으로 만난 그리스도인이었다고 한다. 또 다른 사람이 다가와 당신을 반기며 자신을 소개한다. 그는 당신이 몇 년 동안 후원했던 과테말라에서 온 소년이었다.

단골 식당에서 서빙을 했던 사람이 항상 별일이 없냐고 물어봐 주고 두둑한 팁을 줘서 감사하다고 말한다. 그러면서 기도해 주길 원하는 것이 있냐고 물어본 것을 기억하냐고 묻는다. 그 일로 하나님이 자신을 늘 보고 계심을 확신하게 되었다고 고백한다. 당신이 보낸 문자 메시지, 당신이 나눈 대화, 당신이 해 준 포옹, 당신이 건넨 돈. 이런 것이 사람들에게 어떻게 뜻밖의 영향을 미쳤는지를 보여 주는 이야기가 꼬리에 꼬리를 문다.

물론 이것은 내가 거룩한 상상력을 발휘해서 그려 본 시나리오다. 하지만 하나님의 성품을 생각하면 얼마든지 가능한 시나리오다. 자, 이 천국에 관한 상상의 이야기에서 내가 가장 좋아하는 부분으로 마무리해 보자.

하루는 당신이 치킨을 먹고 있는데 당신의 삐삐가 울린다. 하나님에게서 온 메시지다(하나님이 이런 구식 기계를 사용하실 리가 만무하지만 나는 항상 삐삐를 갖고 싶었다. 그러니 그냥 넘어가 달라). 하나님이 천국 입구에서 당신을 보자고 하신다.

입구에 도착하니 가브리엘 천사가 자리에 앉으라고 말한다. 예수님이 무언가 보여 줄 것이 있으시다고 한다. 천국의 공식 의자인 최고급 안마의자에 푹 기대어 앉는다. 이윽고 가브리엘이 저 멀리까지 이어지는 길을 가리킨다. 당신이 아는 길이다. 그것은 이생에서 영생으로 이어지는 길이다. 가브리엘이 말한다. "잘 보세요. 꽤 볼 만할 겁니다."

천국 입구에서 그리 멀지 않은 지점에서 길에 서 계시는 예수님이 보인다. 누군가를 기다리고 계시는 것처럼 보인다. 저 멀리서 부지런히 길을 걸어오는 누군가의 작은 그림자가 보인다. 예수님이 그 사람에게로 걸어가기 시작하신다. 그러다 이내 달려가신다. 곧 둘이 와락 껴안고, 온 천사들이 축하하기 시작한다. 딱 한 사람일 뿐이다. 하지만 성대한 파티가 시작된다. 그 사람이 가까이 온다. 가만히 보니 당신이 아는 얼굴이다.

누구인가?

내게 이름을 알려 달라.

그리고 내게 한 번에 한 사람에 관한 이야기를 들려 달라.

주

Chapter 2

1. Mother Teresa, *In the Heart of the World* (Novato, CA: New World Library, 1997), 53-54. 마더 테레사, 《아름다운 선물》(샘터 역간).

2. John Ortberg, *All the Places to Go* (Carol Stream, IL: Tyndale, 2015), 70-72. 존 오트버그, 《선택 훈련》(두란노 역간).

3. Edmund Desmond, "Interview with Mother Teresa: A Pencil in the Hand of God," Time, 1989년 12월 4일, 11.

4. Ortberg, *All the Places to Go*, 70-72. 존 오트버그, 《선택 훈련》(두란노 역간).

5. Ortberg, *All the Places to Go*, 70-72. 존 오트버그, 《선택 훈련》(두란노 역간).

6. Ortberg, *All the Places to Go*, 70-72. 존 오트버그, 《선택 훈련》(두란노 역간).

Chapter 3

1. Miles Harvey, *The Island of Lost Maps: A True Story of Cartographic Crime* (New York: Broadway Books, 2001), xvi.

2. Matthew Barnett, *The Cause Within You: Finding the One Great Thing You Were Created to Do in This World* (Carol Stream, IL: Tyndale, 2011), 5장.

Chapter 4

1. "Kevin Carter," 2021년 3월 23일에 확인, en.wikipedia.org/wiki/Kevin_Carter.

2. Fred Craddock, "Who Cares?" *Preaching Today*, 2021년 5월 18일 확인, https://www.preachingtoday.com/sermons/sermons/2010/july/whocares.html.

3. Andrew Riley, "Slacktivism: 'Liking' on Facebook May Mean Less Giving,"

The University of British Columbia, 2013년 11월 8일, https://news.ubc.ca/2013/11/08/slacktivism-liking-on-facebook-may-mean-less-giving/.

4. "Compassion," Word Finder, 2021년 5월 19일에 확인, https://findwords.info/crossword/3239166.

Chapter 6

1. Caleb Kaltenbach, *Messy Grace: How a Pastor with Gay Parents Learned to Love Others without Sacrificing Conviction* (Colorado Springs: WaterBrook, 2015).

2. Matt Chandler and Jared C. Wilson, *Explicit Gospel* (Wheaton: Crossway, 2012), 206-208. 매트 챈들러, 제라드 C. 윌슨, 《완전한 복음》(새물결플러스 역간).

3. C. S. Lewis, *Mere Christianity*, The C. S. Lewis Signature Classics (New York: HarperCollins, 2017) 중 88-89. C. S. 루이스, 《순전한 기독교》(홍성사 역간).

4. Philip Yancey, *What's So Amazing About Grace* (Grand Rapids: Zondervan, 1997). 필립 얀시, 《놀라운 하나님의 은혜》(IVP 역간).

Chapter 7

1. Hugh Halter, "The Sacrament of Party," Small Groups, 2021년 5월 19일 확인, https://www.smallgroups.com/articles/2017/sacrament-of-party.html.

Chapter 8

1. Matthew Lieberman, *Social: Why Our Brains Are Wired to Connect* (New York: Crown, 2013), 59.

Chapter 9

1. Paul Brand and Philip Yancey, *The Gift of Pain: Why We Hurt & What We Can Do about It* (Grand Rapids: Zondervan, 1997). 폴 브랜드, 필립 얀시, 《아무도 원하지 않는 선물》(비아토르 역간).

2. DTE Staff, "Mother Teresa, the Saint Who Fought against Stigma of Leprosy," Down To Earth, 2016년 8월 26일, https://www.downtoearth.org.in/news/

health/mother-teresa-the-saint-who-fought-against-stigma-of-leprosy-55416.

3. Gary Chapman, *The 5 Love Languages* (Chicago: Northfield, 2015), 151. 게리 채프먼, 《5가지 사랑의 언어》(생명의말씀사 역간).

4. William Vanstone, *Love's Endeavour, Love's Expense: The Response of Being to the Love of God*, rev. ed. (London: Darton Longman and Todd, 2007).

5. C. S. Lewis, "On Forgiveness," *The Weight of Glory: And Other Addresses* (New York: HarperCollins, 2001) 중. C. S. 루이스, 《영광의 무게》(홍성사 역간).

Chapter 10

1. Joe Aldrich, *Lifestyle Evangelism: Learning to Open Your Life to Those Around You* (Colorado Springs: Multnomah Books, 1981).

2. Halter, "The Sacrament of Party"에 인용한 대로, https://www.smallgroups.com/articles/2017/sacrament-of-party.html.

Chapter 11

1. Cathy Free, "Florida High School Students Start Lunch Club So No One Eats Alone: 'Relationships Are Built From Across the Table'" *People*, 2017년 4월 7일, https://people.com/human-interest/florida-high-school-students-start-lunch-club-no-one-eats-alon /.

2. Free, "Florida High School Students Start Lunch Club."